Brinker · Der Ritter von der Drachenburg

Claudia Brinker

Der Ritter von der Drachenburg

Burgleben im Mittelalter

Artemis Verlag Zürich und München

Illustrationen von Nicole Viaud

für Jan und Cornelia

© 1988
Artemis Verlag Zürich und München
Printed in Germany
ISBN 3 7608 1000 4

Inhalt

Prolog

Woran denken wir, wenn wir das Wort *Mittelalter* hören? An Aussprüche wie: «Das ist ja wie im finstersten Mittelalter!», an gewaltige Dome, an Aberglauben und Hexenverbrennungen, an prachtvolles Ritterleben, schöne Burgfräulein, vielleicht sogar an geschichtliche Ereignisse: an Kreuzzüge etwa oder an das zähe Ringen um die Vorherrschaft zwischen Papst und Kaiser. Meistens bleibt unser Wissen aber ungenau und ist geprägt von Vorurteilen, von denen das Bild vom Mittelalter nie ganz frei war. Die Aufklärung im 18. Jahrhundert zeigte nur Verachtung für diese «mittlere» Zeit, die zwischen der strahlenden Antike und deren Wiedergeburt in der beginnenden Neuzeit ein kümmerliches Schattendasein fristete. Die Romantik umgab demgegenüber die Epoche mit einem Glorienschein, entdeckte in ihr die Ausprägung und das Ideal des «deutschen Menschen» und schwelgte in vermeintlicher Ritterlichkeit; eine Sicht, die sich in unserem Jahrhundert, im zwölf Jahre dauernden «Tausendjährigen Reich», so verhängnisvoll auswirken sollte. Lange war uns daher die Beschäftigung mit dem Mittelalter verstellt. In den letzten zehn Jahren ist aber das Interesse neu erwacht. Man hat erkannt, daß dieser Zeitraum von rund 1000 Jahren sehr viel bunter und facettenreicher ist, als angenommen wurde, und daß Pauschalurteile, in welcher Richtung auch immer, keine Berechtigung haben. Nur wenn man *unvoreingenommen* an die Quellen herangeht und sich mit ihnen auseinandersetzt, kann man erahnen, wie die Menschen im Mittelalter wirklich gelebt und gedacht haben.

Es gilt daher, die «stummen» Zeugen der Vergangenheit -- Ruinen, Dichtungen, Chroniken, Urkunden – zu befragen und zum Reden zu bringen, um den Lebensweg des edelfreien Ritters Herdegen von der Drachenburg zu zeichnen. Es hat ihn so nie gegeben, aber es hätte ihn geben können! Denn sein Leben ist typisch für das eines ritterlichen Burgherrn. Das Ziel des mittelalterlichen Menschen war es nämlich nicht, möglichst ungebunden ein «individuelles» Leben zu führen, das sich deutlich von anderen abhob, sondern sich in die durch Geburt zugewiesene soziale Gruppe einzufügen und ihre Lebensformen anzunehmen. Nur so wurde er von der Gesellschaft akzeptiert. Das heißt nun aber ganz sicher nicht, daß sich jeder in gleichen Situationen auch gleich verhalten hätte. Wie heute gab es auch im Mittelalter gewalttätige und friedfertige, schöne und häßliche, ehrliche und unehrliche, fleißige und faule, reiche und arme Menschen und alle Schattierungen, die zwischen diesen Extremen liegen! Aber es gab *Verhaltensnormen,* denen jeder genügen mußte und die ihm halfen, sich in einer Welt zu behaupten, in der Kriege und Gewalt, Naturkatastrophen, Hungersnöte und Krankheiten hautnah und allgegenwärtig waren. Das tägliche Leben war immer gefährlich, aber es hatte auch seine schönen Seiten. An den Höfen feierte man prachtvolle Feste; man erzählte sich phantastische Geschichten von glänzenden Helden, die sich sogar gegen Drachen und Riesen zu behaupten wußten und unsterblich zu sein schienen; man errichtete gewaltige Kirchen, in denen im einfallenden Licht Gold und Edelsteine funkelten. Die Menschen lebten, nach heutigen Begriffen, in Widersprüchen: roh, gewalttätig und grausam auf der einen Seite, mitleidend, barmherzig und gefühlvoll auf der anderen.

Herdegen soll uns stellvertretend zeigen, wie ein edelfreier Herr sein Leben meisterte. Aber: kann denn sein Leben typisch sein für das *ganze* Mittelalter? Sicher nicht. Lebensgewohnheiten haben sich

infantia: das Kind   bis zum achten Lebensjahr
pueritia: der Knabe   bis zum fünfzehnten Lebensjahr
adolescentia: der Jüngling bis zum achtundzwanzigsten Lebensjahr

auch damals im Lauf der Zeit geändert, wenn auch nicht so schnell wie heute. Deshalb soll unser Held in der ersten Hälfte des 13. Jahrhunderts leben, in einer Epoche, in der der Adel seine politische Macht hatte ausbauen können und gleichzeitig Lebensformen entwickelte, die für viele Generationen zu gesellschaftlicher Norm und zum Vorbild geworden sind.

Fast achthundert Jahre müssen wir uns zurückversetzen und manches vergessen, was für uns selbstverständlich ist. Wer kann sich heute noch vorstellen, daß das Leben weder von Wand- noch von Taschenkalendern geprägt war, daß es keine Agenden gab, in denen jede Minute des Lebens verplant wird, keine Uhren, die uns auf Schritt und Tritt begleiten und unseren Lebensrhythmus so nachhaltig bestimmen. Man mußte sich anders orientieren, am Wechsel der Jahreszeiten und am Stand der Sonne: Schien sie lange im Sommer, dann wurde bis zur einbrechenden Dunkelheit gearbeitet, schien sie kurz im Winter, verkürzte sich auch die Arbeitszeit. Zeit war relativ: eine Stunde im Sommer dauerte länger als eine Stunde im Winter. Machte der Schnee die Straßen unpassierbar, blieb man zu Hause; lachten die ersten Frühlingsstrahlen, erwachte die Reiselust wieder. Sogar der Krieg richtete sich nach solchen Gegebenheiten. Im Winter vermied man größere Auseinandersetzungen. In den anderen Jah-

iuventus:	der Mann	bis zum fünfzigsten Lebensjahr
gravitas:	der Alte	bis zum siebzigsten Lebensjahr
senectus:	der Greis	ab dem einundsiebzigsten Lebensjahr

reszeiten unterbrach man den Kampf, wenn es eindunkelte, und er wurde erst am nächsten Morgen fortgesetzt.

Das Jahr gliederte sich nach den großen und kleinen Kirchenfesten: Ostern, Pfingsten, Weihnachten, Heiligengeburtstage, Fastenzeit. Und nach welchen Kriterien wurde das menschliche Leben eingeteilt? Kannte Herdegen seinen Geburtstag? Wohl kaum. Niemand dachte in solch exakten Zeitdimensionen, aber *jeder fühlte sich eingebunden in die von Gott geschaffene Welt*. Die war in sechs Tagen erschaffen worden. Der Mensch galt als das höchste Lebewesen, war eine Welt im Kleinen. Was war naheliegender, als auch sein Alter in sechs Stufen einzuteilen. Isidor von Sevilla (dessen «Etymologiae» zum mittelalterlichen Bildungsgut gehörte) benennt nicht nur die Lebensalter, sondern gibt auch genau ihre jeweilige Dauer an.

Wir wollen nun Herdegen auf dem Weg durch diese Altersstufen begleiten, seine Lebenswelt kennenlernen, mit ihm auf Reisen gehen, seine Amtspflichten und Tätigkeiten beobachten und Anteil nehmen an seinen Krankheiten und schließlich an seinem Tod ...

Infantia: Das Kind

Ein Kind wird geboren

Man schreibt das Jahr 1197. Im ganzen Römischen Reich läuten die Glocken Sturm. Wie ein Lauffeuer verbreitet sich die Nachricht: Kaiser Heinrich ist tot! Auf der Jagd in den Wäldern Siziliens war er an Ruhr erkrankt, hatte nach anfänglicher Erholung einen Rückschlag erlitten und ist am 28. September mit nur 32 Jahren gestorben. Gerade war es ihm mit großer Mühe gelungen, in Sizilien, das er drei Jahre zuvor erobert hatte, einen Aufstand niederzuschlagen. Die Aufrührer hatte er auf grausame Art hinrichten lassen. So, glaubte er, werde seinen Gegnern die Lust auf weitere Umsturzversuche gründlich vergehen. Sein nächstes Ziel sollte nun die Sicherung der staufischen Erbfolge im Römischen Reich werden. Bereits kurz nach der Geburt seines einzigen Sohnes Friedrich, am zweiten Weihnachtstag 1194, hatte er mit verlockenden Angeboten die Fürsten des Reichs bewegen wollen, ihm diese zuzugestehen. Zu ihnen, den sogenannten Kurfürsten, gehörten die Erzbischöfe von Köln, Mainz und Trier, der König von Böhmen, der Markgraf von Brandenburg, der Pfalzgraf vom Rhein und der Herzog von Sachsen. Jeder römische König mußte von ihnen gewählt werden. Sie konnten allzu mächtig erscheinende Thronanwärter ausschalten, konnten Bewerber um die hohe Würde gegeneinander ausspielen und sich selbst größere Herrschaftsrechte und Privilegien zusichern lassen. Diese Macht waren sie jetzt nicht bereit, aus den Händen zu geben, und daher lehnten sie ab. Immerhin konnte Heinrich aber die Königswahl seines zweijährigen Sohnes erreichen.

Doch kaum ist der Kaiser tot, bildet sich eine Opposition gegen die staufische Nachfolge. Die Kurfürsten sind zerstritten und können sich nicht auf eine Person einigen. Die staufischen Anhänger versuchen sofort, den dreijährigen Friedrich ins Reich zu holen. Aber in Sizilien hat sich der Haß auf die deutschen Usurpatoren erneut in einem Aufstand entladen, es gibt keine Möglichkeit, zu dem Kind zu gelangen. Das erhöht die Chancen für den zweiten Thronanwärter: für Otto IV., den Welfen, der am englischen Hof aufgewachsen war und der vom mächtigen König Richard Löwenherz unterstützt wird. Doch da kommt Philipp, der Onkel Friedrichs, überraschend aus Italien zurück. Er läßt sich von seinen Anhängern überzeugen, selbst zu kandidieren, und erreicht es, mit Hilfe hoher Bestechungssummen, am 8. März 1198 von einem Teil der Reichsfürsten zum König gewählt zu werden. Und die anderen Fürsten, die ihm nicht die Stimme gegeben haben? Die waren empört! – und wählen am 9. Juni 1198 ihren eigenen König: Otto IV. Und so gibt es nun zwei Könige im Römischen Reich: den 18jährigen Staufer Philipp, der für sich in Anspruch nehmen kann, die Reichsinsignien zu besitzen, der aber am falschen Ort, nämlich in Mainz, gekrönt worden war, und den 14jährigen Welfen Otto, der vom Kölner Erzbischof in Aachen, am richtigen Ort, gekrönt worden ist, aber eben nicht mit der richtigen Krone.

Ja, es sind schlimme Zeiten. Die Weltordnung scheint empfindlich gestört. Alles deutet darauf hin, daß das Weltende, vor dem die Priester immer warnen, wirklich nahe ist. Und wem soll man sich nun anschließen? Wer hat die größeren Chancen, aus dem Kampf, der zweifellos folgen wird, als Sieger hervorzugehen?

Auch die Männer auf der Drachenburg, einem kleinen Adelssitz im Herzogtum Österreich, stellen sich diese Fragen. Ihr Landesherr, der mächtige Leopold VI., hat sich sofort auf die Seite des Staufers geschlagen. Er konnte nicht den Mann unterstützen, der von seinem Erzfeind Richard Löwenherz gefördert wurde. Vor wenigen Jahren war er auf dem Kreuzzug vom englischen König tödlich beleidigt worden. Und dann wollte es das Schicksal, daß der Engländer vor Aquileja Schiffbruch erlitt und als Pilger verkleidet versuchte, durch Österreich zu marschieren. Aber er wurde erkannt, gefangengenommen und dem Kaiser Heinrich überantwortet, der die märchenhafte Summe von 150 000 Silbermark für seine Freilassung forderte und auch erhielt! Nein, einem Günstling dieses Mannes konnte Leopold seine Stimme nicht geben. Aber, so überlegt der Herr der Drachenburg, was geschieht, wenn sich Otto doch durchsetzen sollte? Der Papst hatte ja eindeutig für ihn Stellung bezogen und alle Anhänger Philipps kurzerhand mit dem Bann belegt. Kann das dem Babenberger, dem eigenen Landesherrn, politisch schaden, und welche Auswirkungen wird sein Verhalten für den landsässigen Adel haben? Fragen über Fragen, und nur Gott weiß, wie man sie wird beantworten müssen.

In der Kemenate, einem Wohngemach, hat man andere Sorgen. Eilig tragen die Mägde Bottiche mit heißem Wasser und saubere Tücher herbei. Im Zimmer ist es drückend heiß. Auf einem breiten Lehnstuhl sitzt, sichtlich erschöpft, eine Frau. Es ist die Gemahlin des Burgherrn, die ihr viertes Kind zur Welt bringt. Viele Stunden schon dauern die Wehen, die Hebamme und die herumstehenden Frauen können nur wenig helfen. Leicht gekochter Fenchel und Gundelrebe, die die Hebamme warm auf den Rücken der Kreißenden legt, sollen ein wenig Erleichterung schaffen. Gebete werden gesprochen, in denen Gott um Gesundheit für Mutter und Kind angefleht wird.

Endlich – es ist schon lange Nacht geworden – kommt das Kind zur Welt. Es ist ein Junge, der zweite Sohn der Familie. Vorsichtig nimmt die Hebamme das schreiende kleine Wesen und betrachtet es genau. Gesund und kräftig scheint es zu sein – wichtige Voraussetzungen, um das erste Lebensjahr zu überstehen! Mit Salz reibt sie den Körper des Neugeborenen ein, denn man glaubte, ihn auf diese Weise abhärten zu müssen, und badet ihn anschließend im bereitgestellten Bottich. Sorgfältig werden Nase und Ohren gereinigt, in die Augen kommt ein wenig Öl, die Mundhöhle wird mit Honig massiert. Jetzt wird der Kleine gewickelt und angezogen, und das sieht etwas anders aus, als wir das heute gewohnt sind: Eine zum Dreieck gefaltete Windel wird fest um den Körper geschlungen. Mit einer langen Wollbinde umwickelt die Hebamme zunächst alle einzelnen Körperteile, legt ein weiches Wolltuch zwischen die Beine, um Reibungen zu verhindern, und bindet dann den ganzen Körper fest ein. Vorher hat sie die beim Neugeborenen zur Faust geballten Händchen geöffnet und die Arme fest an die Oberschenkel gelegt. Das Kind kann seine Gliedmaßen nicht mehr bewegen. Sogar der Kopf wird fest eingebunden, nur noch das kleine Gesichtchen ist zu sehen. Ein leichtes Tuch bedeckt die Augen. Helles Licht würde nach mittelalterlicher Auffassung zum Schielen führen. Vierzig, vielleicht sogar achtzig Tage wird der Säugling in diesem kokonartigen Wickelpaket verbringen. Höchstens einmal am Tag darf er beim Baden ein bißchen strampeln. Nur auf diese Weise seien Mißbildungen und körperliche Verformungen des von Natur aus schwächlichen Körpers zu verhindern, sagen die zeitgenössischen Ärzte.

Leise vor sich hinsummend wiegt die Amme das kleine Bündel in ihrem Arm. Sie wird in den nächsten zwei Jahren das Kind ernähren und pflegen. Sie wird ihm den Körper massieren, damit es gerade Gliedmaßen bekommt, sie wird ihm die ersten Schritte zeigen und die ersten Wörter vorsprechen. Wenn es krank ist, wird sie bei ihm sitzen und es trösten, und abends wird sie es in den Schlaf singen. Die Mutter ist von den vier rasch aufeinanderfolgenden Geburten zu erschöpft, um alle diese Aufgaben selbst übernehmen zu können. Dafür hat man eine kräftige junge Frau aus dem Dorf ausgesucht, deren eigenes Kind nach wenigen Tagen gestorben ist.

Inzwischen ist die Nachricht von der glücklichen Geburt eines gesunden Sohnes auch zu den Männern gelangt. Die Mutter sei zwar sehr geschwächt, heißt es, sie brauche Ruhe, werde sich aber erholen können. Dankbar und erleichtert vernimmt der Burgherr die Botschaft. Ein zweiter Sohn! Jetzt darf er hoffen, daß sein Geschlecht erhalten bleibt, es sei denn, Gottes unergründlicher Ratschluß würde ihm beide Söhne wieder nehmen. Eine Tochter war ihm ja gestorben, bevor sie laufen konnte, aber sie war schon bei der Geburt schwach gewesen. Die anderen Kinder sind sehr viel kräftiger, und wenn die Mutter sich von der letzten Geburt wieder erholen kann, dann steht nichts im Weg, noch mehr Kinder – möglichst Söhne – zu zeugen. Das Neugeborene spürt von all diesen Überlegungen nichts. Es tut, was alle Säuglinge zu allen Zeiten getan haben: schreien, wenn der Hunger quält, trinken, schlafen. Und dennoch unterscheiden sich sein Leben und seine Lebenserwartung erheblich von denjenigen heutiger Kinder. Kein Arzt hat es gründlich untersucht, keine Impfungen schützen es vor den gefürchteten Kinderkrankheiten und Seuchen. Hygiene ist ein unbekanntes Wort; niemand kennt den Zusammenhang zwischen mangelnder Sauberkeit und Infektionskrankheiten. Zwar betonen ärztliche Lehrbücher der Zeit immer wieder die Notwendigkeit des häufigen Badens und einer intensiven Körperpflege des Säuglings, ob und inwieweit diese Anweisungen aber befolgt wurden, wissen wir nicht, denn es gibt keine mittelalterliche Erzählung über das erste Lebensjahr. Noch war das Bleiben des kleinen Menschleins auf dieser Welt zu ungewiß, als daß man sich ihm intensiv zuwenden wollte. Der frühe Tod war allgegenwärtig. Hugo von Trimberg, ein Dichter vom Ende des 13. Jahrhunderts, erinnert mit einem Gleichnis daran: Ein Kind wird geboren, der Vater bestimmt einen gerade im Haus weilenden Gast zum Taufpaten. Auf die Frage, wer er denn sei, erhält er zur Anwort:

ich binz der tod
der manige angest unde nôt
in der werlde hât gemachet
und noch machet tac und naht.

Ich bin es, der Tod,
der allerlei Angst und Not

17

auf der Welt gemacht hat und
noch immer Tag und Nacht macht.

Glücklicherweise erhält der kleine Junge auf der Drachenburg freundlichere Taufpaten, Angehörige der «familia» des Burgherrn nämlich, zu der alle auf der Burg Wohnenden gerechnet werden. Feierlich begleiten sie ihn sechs Wochen nach der Geburt zusammen mit seiner Mutter in die Kapelle. Auch sie hat sich erholt und verläßt heute zum erstenmal das Wochenbett, um vor den Tisch des Herrn zu treten. Sechs Wochen durfte sie nicht aufstehen, denn sie galt als unrein und dem Teufel hilflos ausgeliefert, sobald ihr Fuß den Boden berühren würde. Sogar hartgesottene Kriegsleute nahmen daher auf Wöchnerinnen Rücksicht. Bei der Eroberung einer Burg in Frankreich, berichten uns Geschichtsschreiber, hätten die eindringenden Ritter im obersten Stock eine Frau gefunden, die gerade entbunden hatte. Sie töteten den Wächter, nahmen dann aber vorsichtig das Bett, in dem die Frau lag, und trugen sie darin an einen geschützten Platz, denn sie war noch nicht gesegnet und durfte daher den Boden nicht betreten.

Nun aber, vierzig Tage nach der Geburt, betritt die Herrin der Drachenburg in einem schlichten Gewand die Kapelle, wo sie vom Priester erwartet wird. Er führt sie vor den Altar, betet für sie und erteilt ihr den Segen, mit dem sie von ihren Sünden befreit ist.

Inzwischen ist der kleine Junge aus seinem Wickelpaket geschält worden. Nackt wird er in das Taufwasser getaucht. Und jetzt erhält er den Namen, der ihn ein Leben lang begleiten wird: *Herdegen* soll er heißen, wie schon viele seiner Vorfahren. Die Taufe ist wie eine zweite Geburt, denn mit ihr ist das Kind in die christliche Gemeinschaft aufgenommen worden und darf im Fall seines Todes auf die ewige Seligkeit hoffen, die ihm als ungetauftem «Heidenkind» versagt geblieben wäre.

Viele Male wird sich auf der Drachenburg dieser Ritus wiederholen. Die hohe Kindersterblichkeit zwang dazu, zahlreiche Nachkommen zu haben. Noch im 15. Jahrhundert berichten Familienchroniken, daß von zehn Kindern nur zwei den Vater überlebt haben, alle anderen vor ihrem zwölften Lebensjahr gestorben sind. Außer-

dem war es auch die Kirche, die einen reichen Kindersegen forderte. Nur zu diesem Zweck durfte eine Ehe geschlossen werden. Herdegen wird daher noch viele Geschwister bekommen, aber wenige wird er wirklich kennenlernen können.

Kinderalltag

Schon mancher Sommer ist ins Land gegangen. Herdegen ist ein lebhafter Junge geworden, der viel Leben in die Frauengemächer bringt. Bis zum siebten Lebensjahr wird er ausschließlich von Frauen erzogen. Ab und zu darf er sich zu den Männern setzen und hört dann voller Staunen von den vielen Abenteuern, die sie auf ihren großen Reisen zu bestehen hatten. Wie beneidet er sie, wenn sie sich wieder die Pferde satteln lassen, um zu neuen Taten aufzubrechen. Die Welt, das muß etwas Aufregendes sein! Die Form einer Scheibe habe sie, so groß, daß niemand sie jemals durchmessen konnte.

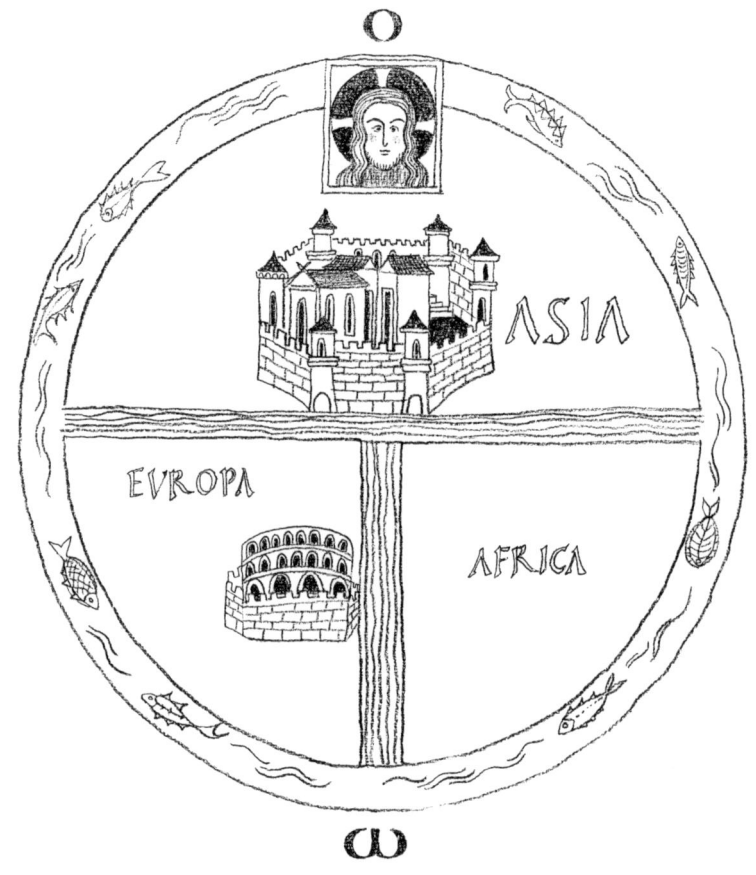

Unbeweglich liege sie in einem riesigen Wasser, dem Ozean, umkreist von der Sonne und den Planeten. Im Zentrum der Welt stehe Jerusalem, die heilige Stadt, die von Europa aus nur über ein breites Meer zu erreichen sei. Weit weg, im Süden Afrikas, den noch nie einer der auf der Drachenburg weilenden Gäste erreichen konnte, soll es ganz merkwürdige Wesen geben: mehrköpfige Tiere, Menschen mit Hundeköpfen, ja sogar Menschenfresser. Und ganz im Osten, auf einem hohen Berg, den eine Flammenwand umlodert, da liegt das Paradies, das Land, in dem es weder Alter noch Krankheit, weder Hunger noch Durst, weder Angst noch Not gibt. Kein Mensch kann es jemals vor seinem Tod betreten, aber jeder weiß, daß es dort ist. Nicht ganz einig kann man sich darüber werden, was auf der anderen Seite der Scheibe zu finden sei. Manche glauben, es gebe nur Wasser, andere sind der Ansicht, dort lebten «Gegenfüßler», Leute, deren Füße nach aufwärts zeigen und deren Köpfe abwärts hängen, bei denen die Bäume nach unten wachsen und der Regen hinauffällt.

Wie eng und beschränkt ist doch da der Lebensraum des kleinen Herdegen. Nur ganz selten hat er bisher die Burg verlassen, wenn er etwa mit den Mägden an den nahen Bach ging, wo die Wäsche gewaschen wurde. Und während sie schrubbten, spülten und die schweren Kleidungsstücke auswrangen, ist er schon mal über die Wiese gelaufen und hat sich ein paar Schritte in den Wald gewagt! All seinen Mut hat er dabei zusammennehmen müssen, denn wie oft war ihm von den Gefahren erzählt worden, die im dunklen Dickicht lauerten: wilde Tiere gebe es und Räuber, aber auch Feen, Drachen und Kobolde, die den Menschen bedrohten oder ihren Schabernack mit ihm trieben. Später, wenn er ein tüchtiger Krieger ist, dann wird er gegen diese unheimlichen Wesen bestehen können, aber jetzt sprang er recht gerne wieder aus dem unheimlichen Wald zurück auf die helle Wiese. Dort zielte er mit seinem kleinen Pfeilbogen auf Vögel, und wenn er einmal traf, trug er stolz seine Jagdbeute nach Hause.

Die meiste Zeit verbringt er im Burgbereich. Einen Kinderspielplatz oder gar einen Kindergarten kennt Herdegen nicht. Er wächst völlig selbstverständlich unter den Erwachsenen auf und lernt durch Beobachtung und Nachahmung ihre Lebensformen. Es gibt keine Trennung zwischen Kinderwelt und Erwachsenenwelt. Kinder sind

einfach da, sie werden nicht besonders beachtet, aber sie werden auch nicht in ein entferntes Kinderzimmer abgeschoben, sie haben ihren selbstverständlichen Platz im Alltagsleben. Langweilig ist es Herdegen selten. An warmen Sommertagen läßt er im Burghof seinen Kreisel tanzen. Laut knallt die Peitsche, mit der er den *topf,* den Holzkreisel, vor sich her treibt. Gerne gräbt er kleine Gruben in den festgestampften Lehmboden und wetteifert mit den Geschwistern sowie den Kindern der Knechte und Mägde um den Sieg beim Murmelspiel. Auch einen Ball gibt es auf der Drachenburg, eine weiche Kugel aus Leder, die mit Haaren und Federn gefüllt ist. Häufig spielt man Jägerball, und nicht nur die Kinder, auch die Erwachsenen vergnügen sich beim Werfen, Fangen, Wegrennen und Abschlagen.

Beliebt ist «Plumpsack», ein Spiel, das wir noch heute kennen. Die Kinder sitzen im Kreis. Singend läuft eines um diesen Kreis herum. Es trägt ein Tuch, das es plötzlich hinter einem Kind fallen läßt. Sofort muß dieses aufspringen und versuchen, den Mitspieler zu fangen. Gelingt es ihm nicht, so erhält er den «Gurtulli», und das Spiel beginnt von neuem. Auch «Blinde-Kuh» wurde damals genauso gerne gespielt wie heute. Viel gibt es bei all diesen Fang-, Ringel- und Pfandspielen zu lachen. Manchmal wird Herdegen deshalb von seiner Amme oder seiner Mutter zurechtgewiesen. Zu viel Lachen ziemt sich nicht für ein adelig geborenes Kind, denn »*lachen ist der tôren spil*«. Meistens lassen sie ihn aber gewähren, denn im Spiel lernt Herdegen manches, was er später gut wird brauchen können – vor allem körperliche Ausdauer und Geschicklichkeit, die Freude am Kampf und am Wettstreit mit anderen.

22

Herdegen erforscht die Burganlage

Besonders gern reitet Herdegen auf seinem Steckenpferd in die ver-
stecktesten Winkel der Burg. Bald ist ihm jeder Stein vertraut. Am
liebsten beginnt er seinen Ausritt in der Küche. Sie liegt im Erdgeschoß des mehrstöckigen Wohnturms. Auf dem Rost über der offenen Feuerstelle stehen Tontöpfe, in denen es brodelt und brutzelt und
verlockend duftet. Manchmal fällt ein kleines Stückchen Fleisch oder
eine Schmalznudel für Herdegen ab, das sind herrliche und seltene
Genüsse, denn ein Kind wird hauptsächlich mit Milch, Brot, Hirse-
oder Griesbrei ernährt.

Im Rauchabzug über dem Herd hängen Würste zum Räuchern.
Hühner, die für den Mittagstisch bestimmt sind, gackern in einem
kleinen Verschlag. Vor allem, wenn Gäste kommen, herrscht
geschäftiges Treiben. Da werden auf einem Steintisch Hühner
geschlachtet, ausgenommen und gerupft, daneben knetet eine Magd
Teig und formt kleine, flache Brote, die im nahen Backhaus gebacken
werden. Seit dem frühen Morgen ist der Ofen geheizt worden, jetzt
glühen die Steine. Mit einer langen, flachen Schaufel werden die
Brote hineingeschoben. Schon nach kurzer Zeit sind sie knusprig
braun. Wasser wird vom Brunnen im Burghof geholt. Tief, sehr tief
hat man hinuntergraben müssen, bis man auf Grundwasser stieß.
Aber dafür ist die Versorgung jetzt auch in Trockenzeiten und bei

Belagerungen gesichert. Benachbarte Burgherren hatten da nicht so großes Glück. Sie sind vom Regenwasser abhängig, das sie in Zisternen sammeln. In sehr trockenen Sommern kann da schon Wassermangel auftreten...

Das Wasser wird zum Kochen benötigt, aber auch zum Abspülen. Zu diesem Zweck ist ein steinerner Trog an die Wand gebaut, durch die auch die «Dole», das Abflußrohr, ins Freie führt.

Die Küchengeräte sind hauptsächlich aus Holz, Ton und Eisen. Porzellan ist noch unbekannt, man ißt und trinkt aus Holzschüsseln und -bechern oder aus irdenem Geschirr. Das Feuer wird mit Feuerstein und dem *fiur isin,* einem Stück Stahl, angezündet. Damit es gut brennt, legt der Koch die Holzscheite quer über Feuerböcke, *brandreiden,* und der Blasebalg facht die Glut an. Über dem Feuer steht der Dreifuß, darauf liegt der Rost zum Kochen. Fleisch wird direkt am Spieß über dem Feuer gebraten. Ein Reibeisen, einige Kannen, mehrere Schüsseln, Holzkellen, Essig- und Wasserkrug, ein Mörser, der Feuerhaken und eine lange eiserne Gabel gehören auch zum Inventar. Nicht zu vergessen das Salzfaß, dessen Inhalt sorgfältig gehütet wird, denn Salz ist selten und teuer. Nur der Adelige kann es sich leisten. Rechts neben der Küche ist die Kornkammer. Hier werden Dinkel, Gerste, Hirse und das bereits gemahlene Mehl gelagert.

Aufregend ist es für Herdegen, die steile Stiege in den Vorratskeller hinunterzusteigen. Dunkel und kühl ist es dort. Auf Holzgestellen, hoch über dem Boden, um Mäuse und Ratten fernzuhalten, stehen die Kisten mit Äpfeln, Birnen und Nüssen. Daneben liegen Kohlköpfe, Zwiebeln und Erbsen. Aus dem Honigtopf möchte Herdegen am liebsten etwas naschen. Honig ist der einzige Süßstoff. Noch werden keine Zuckerrüben angepflanzt, Zuckerrohr ist weitgehend unbekannt. Wohlriechende Gewürze wie Nelken und Wacholder und als große Kostbarkeit Pfeffer, der von fremden Händlern teuer erstanden werden muß, sind hier gelagert. In der Ecke sind zwei große Weinfässer zu erkennen. Ihr Inhalt reicht gerade aus, den Durst der Burgbewohner bis zur nächsten Weinlese zu löschen. Auch Bier ist ein beliebtes Getränk. Es wird aus allen Getreidesorten gebraut und in großen Tonkrügen aufbewahrt, ist aber nur kurze Zeit lagerfähig.

Nie versäumt es Herdegen, einen Blick durch die runde Öffnung im Boden zu werfen. Zwar ist es so dunkel, daß er nicht bis auf den Grund sehen kann. Aber er weiß, da unten ist das Verlies, in das der Vater seine Gegner werfen läßt, um sie erst gegen ein Lösegeld oder nach dem Schwören der Urfehde wieder freizulassen. Wer einmal dort steckte, hatte keine Möglichkeit mehr zur Flucht, denn eine Treppe gab es nicht. An einem Seil war der Gefangene vier bis fünf Meter durch das Loch, das nicht von ungefähr «Angstloch» genannt wurde, hinuntergelassen worden.

Tief atmet der Junge auf, wenn er den unheimlichen Ort wieder verlassen hat und draußen im hellen Sonnenlicht steht. Schnell macht er einen Besuch im Stall, den sein Vater an die Ringmauer hat bauen lassen. Früher waren die Tiere in einem Raum direkt neben der Küche untergebracht. Mit der Zeit wurde der Platz zu eng, daher entschloß man sich, ein eigenes Holzgebäude zu errichten.

Die Tiere sind liebe Freunde für Herdegen. Er weiß, wann die Kuh kalben wird, er streichelt die weichen Schafe, und er begrüßt die großen Artgenossen seines Reittiers. Bald schon wird er sich nicht mehr mit einem Steckenpferd begnügen müssen, sondern darf richtig reiten lernen. Manchmal hebt der Stallbursche den Kleinen auf eines der Rösser. Heissa, da fühlt er sich groß und stark! Sicher ist er auch manchmal traurig, wenn eines der Lämmer geschlachtet wird, aber niemand nimmt das sehr ernst, und Herdegen wendet seine Zuneigung schnell wieder einem anderen Tier zu.

Beim Weiterreiten jagt er ein paar Hühner, die im Hof scharren und picken, so daß sie laut gackernd davonstieben, und lenkt sein Pferd in Richtung Tor. Es ist der einzige Zugang zur Burganlage, die von einer Mauer umgeben ist. Bis zu zwei Meter dick sind ihre Quadersteine. Sie haben so manchem Angriff schon standgehalten. Das Tor, ein turmartiger Bau, wird immer von einem Torwärter bewacht. Er bewohnt einen kleinen Raum neben dem Eingang und beobachtet von dort aus jeden, der sich der Burg nähert. Erst wenn der Fremde mit dem außen angebrachten Klopfring Einlaß begehrt und sich als friedlicher Reisender ausgewiesen hat, wird das schwere Eichentor geöffnet. Angreifer, die mit Rammböcken das Tor einrennen wollen, werden weniger freundlich begrüßt. Aus dem Gußerker, einer nach unten offenen Mauerausbuchtung direkt über dem Eingang, schüttet die Burgbesatzung Pech, siedendes Öl oder stinkenden Kot auf die ungebetenen Gäste.

Herdegens Ausritt geht seinem Ende entgegen. Es ist heiß geworden. Nur die große Linde neben dem Brunnen spendet erfrischenden Schatten. Staub liegt in der Luft, aufgewirbelt bei jedem Schritt vom hartgestampften Lehmboden. Wenn es regnet, verwandelt sich dieser schnell in tiefen Morast, in dem sich nur noch die Schweine «sauwohl» fühlen. Oft muß man Bretter auslegen, um etwas bequemer den Wohnturm erreichen zu können. Es gibt auch spezielle Holzsandalen, die «Trippen», die mit Riemen unter dem Schuh festgebunden waren. Herdegen läuft aber im Sommer meist barfuß. Heute ist es angenehm kühl, als er von seinem Ausflug zurückkommt. Die dicken Mauern lassen selbst an den heißesten Sommertagen keine Wärme durch. Nur langsam gewöhnen sich die Augen des Kindes an das Dämmerlicht. Glasfenster sind zu seiner Zeit eine kostbare Rarität. Es gibt im ganzen Haus nur schmale Mauerritzen, die wenig Licht hereinlassen. Die Kälte halten sie nicht ab, daher werden im Winter Holzläden von innen eingesetzt, und dann ist es ganz dunkel.

Herdegen stellt sein Steckenpferd in die Ecke – es hat Ruhe verdient – und rennt die steile Treppe nach oben. Er wirft einen Blick in das Zimmer im ersten Stock. Es ist fast leer. Nur ein paar Bänke stehen da und eine Truhe, in der Tisch- und Handtücher aufbewahrt werden. Kein Feuer brennt im Kamin gegenüber dem Eingang. Neben diesem führt eine enge, niedrige Tür in die Burgkapelle, einen kleinen Raum, der nur schwach vom ewigen Licht erleuchtet ist, das einen Steinaltar und ein Kruzifix erkennen läßt.

An den unverputzten Wänden des Raumes hängen bunte Teppiche. Jetzt kommt jemand die Treppe herauf. Es sind zwei Mägde, die Holzböcke aufstellen. Gehobelte Bretter werden darübergelegt, und schon sind die Tische fertig. Herdegen geht jetzt lieber, denn er weiß, wenn zum Essen gerichtet wird, steht er nur im Weg.

Im zweiten Stock trifft er seine Mutter, die zusammen mit der Amme und einem jungen Mädchen näht. Der Raum ist sehr viel kleiner und niedriger als die darunterliegende Halle. Möbel gibt es auch hier nur wenige: ein paar Stühle, eine große Truhe, in der die Kleider versorgt werden – Schränke kannte man noch nicht – und ebenfalls

26

einen Kamin. In diesem Zimmer spielt sich ein Großteil des Alltagslebens ab. Hier werden Kinder geboren, Kranke gepflegt und zur Ader gelassen, und hier dürfen sich im Winter die Kammerfrauen und die Kleinkinder aufwärmen.

Die Schlafräume, die sich im gleichen Stockwerk befinden, sind alle nicht heizbar. Wie froh war man da manchmal, die Wärme des Bettgenossen spüren zu können. Herdegen teilt sein Bett, ein breites Holzgestell mit einer Strohmatratze, mit drei Geschwistern. Das ist ganz selbstverständlich. Kaum jemand hatte ein Bett für sich alleine.

Einen wichtigen Raum hat Herdegen auf seinem Rundgang bisher noch ausgelassen, den Aborterker. Keine Toilette mit Wasserspülung, sondern ein auf zwei Stützbalken ruhender Erker an der Außenmauer hinter den Schlafräumen, mit einer Öffnung nach unten! Kein Wunder, daß es vor allem an heißen Tagen aus dem Burggraben stinkt, um so mehr als auch alle Küchenabfälle entweder dort oder auf dem Misthaufen neben dem Stall landen. Es gab auch Häuser, die alle Fäkalien in einer Kloake direkt im Wohnhaus lagerten. Wie uns ein Chronist meldet, hatte dies im Jahr 1183 fatale Folgen für viele Teilnehmer eines Reichstags in Erfurt: Dort brachen die Balken des Saales und ein Großteil der Anwesenden stürzte in die darunterliegende Düngergrube. Acht Fürsten, viele Edle und über hundert Ritter starben in der stinkenden Brühe.

Unsere Nasen würden sich heute sehr irritiert fühlen von den «Düften», die im Mittelalter selbstverständlich waren. Wir sind es gewohnt, menschliche Gerüche mit peinlichster Körperpflege, Spraydosen und Deodorants zu bekämpfen. Zum Ausgleich haben wir uns an Abgas- und Industriegerüche gewöhnt, vor denen wohl jeder mittelalterliche Mensch Reißaus genommen hätte...

Bis zum Bad und Essen ist noch ein wenig Zeit, und so steigt Herdegen noch schnell hinauf zur Wehrplatte, vorbei an den Wohnräumen des Gesindes. Von dort oben kann er, wenn er sich auf die Zehenspitzen stellt, über die Zinnen weit ins Land sehen. Von allen Seiten ist die Burg von Wald umschlossen. Ein Fluß schlängelt sich durch das Dickicht, an seinem Ufer führt eine Straße von der Burg weg und verliert sich am Horizont. Wenn einer der Wächter den Jungen hochhebt, kann er ein kleines Dorf am Fuß des Burghügels erkennen, und er sieht, daß rund um die Mauer ein Graben angelegt ist, über den nur eine schmale Brücke zum Tor führt.

Als Herdegen zurück in die Frauenkemenate kommt, ist das Bad bereits gerichtet. Eine Kufe, ein ovaler Holzbottich, ist im Zimmer aufgestellt und mit heißem Wasser gefüllt worden. Voller Vergnügen planschen die Kinder darin. Anschließend setzt sich die Mutter ins Bad. Hemmungen vor den umstehenden Frauen kennt sie nicht. Nacktheit ist ganz natürlich. Noch bis ins späte Mittelalter ist es in Dörfern und Städten selbstverständlich, leicht oder gar nicht bekleidet ins nahe Badhaus zu gehen und dort gemeinsam – Frauen und Männer gemischt – in den verschiedenen Holzbadewannen zu sitzen, zu plaudern und sich zu amüsieren. Aus der Literatur kennen wir viele Beispiele, in denen der Held nach überstandenem Abenteuer von adeligen Frauen im Bad gewaschen und massiert wird. Dabei unterhalten sie sich sehr frei, bewundern das wunderschöne Gesicht, den makellosen Körper, die starken Gliedmaßen und die ausgeprägte Männlichkeit des Helden. Auch wer reiste und in einer Herberge übernachtete, schlüpfte ganz selbstverständlich nackt in das Bett, in dem bereits zwei oder drei unbekannte Männer oder Frauen sich zur Ruhe gelegt hatten.

Herdegen ist müde geworden. Beim Essen fallen ihm fast die Augen zu. Er kann kaum noch seinen Brei löffeln. Wie von ferne hört er die Unterhaltung der Männer und Frauen. Alle Burgbewohner sind anwesend. Sie essen gemeinsam, wenn auch eine strenge Tischordnung genau die hierarchische Gliederung wahrt: Ganz oben sitzen Hausherr und Hausfrau, neben ihnen dürfen die Ritter und Knappen Platz nehmen, am unteren Ende die Kinder, die Amme und das Gesinde.

Noch bevor es dunkel wird, bringt die Amme den Jungen ins Bett. Dort träumt er selig von seinem Erkundungsritt und von all den Abenteuern, die er als großer Ritter einmal erleben wird.

Kalte Wintertage

Nur allzuschnell vergehen die warmen Sommermonate. Der Herbst mit seinen Stürmen läßt ahnen, daß die dunkle, kalte Zeit des Winters nicht mehr lange ausbleiben wird. Selten kann Herdegen draußen herumstreifen, meist bleibt er bei den Frauen, kuschelt sich in die Nähe des Kamins, in dem jetzt Tag und Nacht ein großes Feuer brennt, und läßt sich von den Frauen, die unermüdlich spinnen, nähen und sticken, Lieder vorsingen oder spannende Geschichten erzählen.

Er hört von dem großen König Artus, der zwölf Ritter für seine Tafelrunde auserwählt hat. Jeder von ihnen hat sich im Kampf besonders hervorgetan, hat wilde Abenteuer bestanden und im Dienst einer schönen Dame sein Leben gewagt. Besonders gut gefällt ihm die Geschichte von Iwein, der im Kampf Askalon tötet und beinahe von dessen Anhängern gefangen wird. Aber kurz bevor er entdeckt wird, gibt ihm Lunete, die Zofe der schönen Laudine, der Witwe des toten Askalon, einen Ring, mit dem er sich unsichtbar machen kann. So entkommt er seinen Häschern, Laudine verliebt sich in seine Schönheit, er wird Herr über das Reich Askalons. Doch schon bald wird ihm das Leben auf der Burg zu eintönig, ein Tafelrundenritter darf nicht müßig bleiben, darf sich nicht *verligen,* er muß auf *Aventiure* ziehen. Er verspricht seiner Frau, genau in einem Jahr wieder zurückzukommen, aber o weh, er vergißt sein Versprechen. Und noch einmal muß er sich die Liebe seiner Frau erobern! Herdegen wird es jedes Mal ganz heiß, wenn von den vielen Gefahren berichtet wird, die er nun besteht. Vor allem den Kampf mit dem Drachen muß man ihm immer wieder erzählen: Iwein kommt gerade recht, um einen Löwen, der von einem Drachen angegriffen wird, zu retten. Gräßlich ist das feuerspeiende Untier anzusehen. Aber Iwein zögert nicht, zieht sein Schwert und erschlägt den Drachen. Und was macht der Löwe? Muß Iwein auch noch gegen ihn kämpfen? Nein, der Löwe zeigt ihm große Dankbarkeit, unterwirft sich dem tapferen Ritter und wird sein treuer Begleiter, der ihm in aller Gefahr beisteht. Mit seiner Hilfe gelingt es Iwein, auch die schwierigsten Situationen zu meistern. Erleichtert vernimmt Herdegen, daß am Schluß auch Laudine bereit ist zu verzeihen und die beiden glücklich und zufrieden leben.

Mit zwei gepanzerten Ritterfiguren, die sich an Schnüren bewegen lassen, trägt er alle die tollkühnen Kämpfe aus, von denen er gehört hat. Kleine Reiter- und Tierfiguren aus Ton sind dabei die Begleiter seiner Helden.

Bei solch spannenden Erzählungen und Spielen läßt sich schon mal die Kälte vergessen, die durch Mauerritzen und Fenster eindringt. Die Tage sind kurz, man steht erst auf, wenn es hell wird, und geht oft schon bei Einbruch der Dunkelheit schlafen. Oder man versammelt sich um den großen Kamin in der Halle. Das Feuer wirft gespenstische Schatten an die Wände, und nur sehr ungern geht Herdegen von dort hinauf in die dunkle, kalte Schlafstube. Der Winter ist für alle Menschen eine schlimme Zeit. Wochenlang sind sie auf den Burgen und in den Dörfern von der Außenwelt abgeschnitten. Der meterhohe Schnee läßt keinen Weg mehr erkennen. Jeder Ausritt birgt große Gefahren. Man kann sich verirren oder von wilden Tieren angefallen werden. Pelzmäntel und pelzgefütterte Schuhe können sich nur reiche Männer leisten. Gewalkte Wollmäntel schützen unzureichend vor den eisigen Schneestürmen; so mancher Reisende ist schon erfroren. Aber auch in der Burg fallen die Temperaturen teilweise unter den Gefrierpunkt! Herdegen trägt über seinem Leinenkleid jetzt immer einen Mantel aus dickem, grobem Wollstoff. Die Füße stecken in Filzschuhen. Manchmal zieht er darüber noch Holzschuhe an.

Folgt auf einen verregneten Sommer und eine schlechte Ernte im Herbst ein harter, langer Winter, dann wird die Versorgung schwierig. Auch die Bewohner der Drachenburg müssen sorgfältig die Vorräte einteilen, und so manchmal geht Herdegen mit knurrendem Magen ins Bett. Von schweren Hungersnöten bleibt Herdegen in seiner Kindheit verschont. Anders ging es der Bevölkerung Thüringens, die 1205 in ihrer Verzweiflung sogar Gras aß und ihre Hunde, Katzen und Pferde schlachtete. Trotzdem starben viele an Unterernährung.

So ist jeder froh, wenn im Frühling die ersten warmen Sonnenstrahlen wieder freundlichere Zeiten ankündigen. Der Mai ist der

Inbegriff der friedlichen Natur, die nicht mehr dem Menschen schaden will, sondern ihn aus den muffigen Stuben ins Freie holt und ihm wieder frische Nahrung bietet. Unermüdlich besingen daher die Dichter die Schönheit dieses Monats, der zu Tanz, Spiel und Fest einlädt:

Fröut iuch, junge und alte.
der meie mit gewalte
den winter hât verdrungen;
die bluomen sint entsprungen;
wie schôn diu nahtegal
ûf dem rîse
ir süeze wîse
singet, wunneclîchen schal.

Freut euch, jung und alt.
Der Mai mit Macht
hat den Winter vertrieben;
die Blumen sind aufgegangen;
wie schön die Nachtigall
im Gezweig
ihre süße Weise
singt, herrlichen Gesang.

Krankheit und Tod

Nicht immer ist das Leben unbeschwert. Es gibt Tage, an denen die Frauen sorgenvolle Gesichter machen. Auf einer Matratze liegt Herdegen mit glühend heißem Kopf, neben ihm sein älterer Bruder. Masern, Windpocken, Mumps und Scharlach, alle diese Kinderkrankheiten müssen durchgestanden werden ohne Fieberzäpfchen, Schmerzmittel oder gar Antibiotika. Feuchtkühle Umschläge und lindernde Kräuter sind die einzige Medizin. Der Bader im Dorf versteht sich zwar aufs Zähneziehen und Zur-Ader-Lassen, mehr medizinische Kenntnisse hat er aber nicht. Viele Kinder überstehen zwar eine oder zwei dieser Krankheiten, bleiben aber zu schwach, um neuen Ansteckungen Widerstand leisten zu können. Besonders gefürchtet ist die Rachitis, eine – wie wir heute wissen – Vitaminmangelkrankheit, die zu völliger Verkrüppelung führte. Magen- und Darmerkrankungen, hervorgerufen durch unsauberes Wasser und mangelnde Hygiene, und die großen Epidemien, wie zum Beispiel Pocken, die oft ganze Landstriche entvölkerten, sind dauernde Lebensbedrohungen.

Da man so wenig über die Ursachen von Krankheiten weiß, gelten sie als Strafen für die Sündhaftigkeit des Menschen, die von Gott verhängt wurden. Darum sagt der Kaplan, daß es allein in der Hand des Herrn liege, die kleinen Patienten gesund werden zu lassen. Mitunter helfe es, einen Heiligen anzurufen. So habe man gehört, daß der heilige Anno große Wunder vollbringen könne. Vielen Müttern, die ihn in höchster Not angerufen haben, seien sogar tote Kinder wieder zum Leben erweckt worden. Und so sitzen die Frauen denn Stunden um Stunden am Krankenlager, sprechen Gebete, wechseln Umschläge, geben zu trinken, trocknen schweißnasse Gesichter, singen den Kindern beruhigende Lieder vor und erzählen, wenn es ihnen ein wenig besser geht, Geschichten. Wie froh sind dann alle, wenn die schlimmsten Tage überstanden sind und nach und nach die Kräfte wiederkehren.

Herdegen hat sich schnell erholt. Bleich und schmal ist er geworden, aber mit jedem Tag wachsen die Lebensgeister, und schon bald ist er unten im Burghof zu finden. Sehr viel größere Sorgen macht Herdegens älterer Bruder. Das Fieber will bei ihm einfach nicht weichen. Die Mutter verläßt kaum noch sein Bett. Hilflos muß sie zusehen, wie er jeden Tag schwächer wird. Schwere Hustenanfälle quälen den kleinen Körper. Wilde Fieberphantasien wechseln mit kurzem, unruhigem Schlaf und Zeiten völliger Teilnahmslosigkeit. Der Kaplan wird gerufen. Alle haben sich im Krankenzimmer versammelt. Nach einer kurzen Messe segnet der Priester das todkranke Kind – die Umstehenden weinen, jeder zeigt seine Trauer. Noch eine Nacht muß der Junge mit seiner Krankheit ringen, dann hat er Ruhe gefunden: Der älteste Sohn auf der Drachenburg ist tot. Laut ist die Klage. Niemand versteckt seinen Schmerz. Auch wenn der Tod im Mittelalter allgegenwärtig ist, gleichgültig wird er von den Menschen nicht hingenommen.

Die Mutter kann es nicht fassen, daß sie nie mehr die Stimme und das vergnügte Lachen ihres Ältesten hören soll. Das Schicksal ist grausam. Schon dreimal hat sie eines ihrer Kinder sterben sehen. Nun muß sie auch noch den Tod des Erstgeborenen verschmerzen, auf den das ganze Geschlecht all seine Hoffnungen gesetzt hat. Wie soll sie ihrem Mann diese Nachricht mitteilen? Er befindet sich irgendwo im heidnischen Land auf einem Kreuzzug, den der Papst hat ausrufen lassen. Wer weiß, vielleicht wird sie auch ihn nie mehr wiedersehen...

Unter großem Wehklagen wird das tote Kind begraben. Auch Herdegen ist traurig, er vermißt den großen Bruder, mit dem er so oft fröhlich gespielt hat. Die Tragweite des Geschehens ist ihm aber noch nicht bewußt: Jetzt ist *er* der älteste Sohn, *er* wird zum Erben und Nachfolger seines Vaters. Seine Zukunft hat sich damit schlagartig verändert. Als Zweitgeborener wäre er entweder im Kloster untergebracht worden, oder er hätte sich seinen Lebensunterhalt als Ritter in der Fremde verdienen müssen. Die großen Höfe sind voll von diesen Abenteurern, deren ganzes Sinnen und Trachten nur darauf gerichtet ist, sich bei ihrem Herrn unentbehrlich zu machen und sich so auszuzeichnen, daß sie irgendwann ein eigenes Lehen erhalten oder mit einer reichen Witwe verheiratet werden. Nur der Älteste hat ein Anrecht auf den väterlichen Besitz, denn dieser soll nicht aufgeteilt werden: Aufteilung bedeutet Schwächung der Macht.

Schnell sind Herdegens Kinderjahre vergangen. Sieben Jahre hat er bei den Frauen in großer Freiheit verbracht. Jetzt ist es Zeit, Abschied zu nehmen von diesem ersten Lebensalter. Die Kindheit ist vorbei, er muß auf sein ritterliches Leben vorbereitet werden. Und diese Aufgabe übernehmen die Männer. Herdegen wechselt aus der behüteten Welt der Frauen in die kämpferische Welt der Männer.

Pueritia: Der Knabe

Erste Ausbildung

In den folgenden Wochen ist es ein wenig ungewohnt für Herdegen, nicht mehr im vertrauten Kreis der Frauen und Mägde zu leben. Niemand tröstet ihn, wenn er hinfällt, niemand nimmt ihn auf den Schoß, wenn er müde ist, und singt ihm leise Lieder vor, bis er in den Schlaf fällt. Natürlich sieht er seine Mutter jeden Tag, und abends sitzen sie wie immer zusammen, aber der Platz an ihrer Seite ist längst von kleineren Geschwistern eingenommen worden, er gehört zu den Männern, und die nehmen kaum Rücksicht auf sein Alter.

Mit sieben Jahren galt ein Kind als erwerbsfähig. Waisenkinder mußten von diesem Alter an ihren Lebensunterhalt selbst verdienen, in der Stadt kamen die Knaben in die Lehre, auf dem Land wurden sie zur Feldarbeit herangezogen.

Herdegens Vater hat Rudolf, einen seiner Gefolgsleute, seinem Sohn als Lehrmeister zugewiesen. Mit ihm verbringt er in den nächsten Jahren die meiste Zeit, und wenn dieser auch keine so zärtlichen Töne anschlägt wie die Mutter, wird er für Herdegen doch eine geliebte Bezugsperson.

Und wo findet der Unterricht statt? Nicht in einer Schulstube, sondern im Wald, am See oder Fluß, auf der Wiese, je nachdem, welche Ausbildung auf dem Programm steht. Was ein rechter Ritter werden will, der muß nicht rechnen und schreiben können! Dazu sind die vielen Mönche und Geistlichen da. Herdegens jüngerer Bruder ist bereits vor einem Jahr einem Kloster übergeben worden. Dort lernt er zunächst schreiben, lesen, singen und ein wenig rechnen; dann wird er in den «sieben freien Künsten» unterrichtet, der Grundausbildung für jeden Kleriker.

Ein angehender Ritter muß vor allem körperlich gut trainiert sein, um sich in späteren Kämpfen ausdauernd und geschickt bewähren zu können.

Als erstes wird Herdegen von seinem Lehrer buchstäblich ins kalte Wasser geworfen. Schwimmen soll er lernen und tauchen. Wohin es führt, wenn ein Mann diese Disziplin nicht beherrscht, zeigt warnend das Schicksal des großen Kaisers Friedrich Barbarossa. Und Rudolf erzählt dem Jungen, wie der Kaiser 1189 mit einem riesigen Heer aufgebrochen ist, um einen vernichtenden Schlag gegen die Heiden zu führen. Bevor er aber seinen Plan hatte ausführen können, ist er beim Baden im Salef, einem Fluß weit weg von der Drachenburg in Kleinasien, ertrunken.

Herdegen gibt sich große Mühe, die Schwimmbewegungen seinem Lehrer nachzumachen. Immer wieder taucht er unter, schluckt Wasser und muß im letzten Moment von einem starken Arm herausgezogen werden. Doch kaum hat er wieder ein wenig Luft geholt, wird er unerbittlich erneut ins Wasser geschickt. Widerrede duldet der Lehrmeister nicht. Nach einigen Wochen versteht Herdegen seine anfänglichen Schwierigkeiten nicht mehr. Schwimmen, das ist doch die leichteste Sache der Welt, denkt er, wenn er sich mit einem kühnen Kopfsprung ins Wasser stürzt. Aber so geht es halt mit allen Dingen. Wenn man sie erst einmal beherrscht, erscheinen sie einfach

und selbstverständlich. Bis es aber in allen «Schulfächern» soweit ist, vergehen einige Jahre von Herdegens Leben.

«Heute werden wir mit dem Reitunterricht beginnen», verkündet Rudolf. Herdegen freut sich, im Stall hat er sich immer gern aufgehalten. Wie oft haben ihn die Knechte früher auf ein Pferd gehoben, er hat sich in der Mähne festgekrallt und sich im Hof herumführen lassen. Jetzt muß er solch gutmütige Hilfe entbehren. Zunächst läßt ihn der Lehrer das Pferd zäumen und satteln. Die kleinen Hände haben noch kaum genügend Kraft, den Sattelgurt fest anzuziehen. Um Trense und Zügel anzulegen, muß Herdegen auf eine Bank steigen. Immer und immer hat Rudolf etwas auszusetzen. Als er das Pferd endlich in den Hof führen kann, ist er schon rechtschaffen müde. Aber die eigentliche Arbeit kommt erst jetzt. «Aufsitzen», befiehlt Rudolf. Wie um alles in der Welt soll er ohne Hilfe in den Sattel kommen. Das Pferd merkt die Ungeschicklichkeit des kleinen Reiters, es wird ungeduldig, bleibt nicht ruhig stehen. Herdegen ist vor Anstrengung schweißgebadet, bis es ihm gelingt aufzusteigen. Und nun kommen die Anweisungen des Lehrers: «Gerade sitzen, Zügel festhalten, Schenkeldruck geben!» Noch im Traum hört Herdegen die strenge Stimme. Sie begleitet ihn Tag und Nacht in den folgenden Jahren.

Herdegen lernt ausdauernd und geschmeidig zu laufen, über Hecken zu springen, behende auf Bäume und Felsen zu klettern. Beim Steinestoßen trainiert er seine Armmuskeln. Mit Pfeil und Bogen durchstreift er die Wälder, zielt auf Bäume in verschiedensten Entfernungen, bald einmal auch auf Hasen und Vögel. Die richtige Handhabung des Jagdspeers will genauso geübt sein wie das Hetzen der Hunde.

Mit zwölf Jahren ist Herdegen ein kräftiger Bursche geworden, der fest im Sattel sitzt, auch ein wildes Pferd zu lenken weiß und mit großer Kraft den Speer schleudert.

Sein Lehrer ist recht zufrieden mit ihm. Natürlich hat er manches Mal hart durchgreifen müssen, wenn Herdegen trotzig und widerspenstig war und seinen Anweisungen nicht gehorchen wollte. Da hat er dann nicht lange gefackelt und dem Buben mit ein paar kräftigen Rutenschlägen den Kopf wieder zurechtgesetzt und ihm gezeigt, wem er Gehorsam schuldig ist. Manchmal hat es ihm selbst weh getan, wenn der Junge weinend seinen Rücken rieb, und er hätte ihn am liebsten getröstet. Aber er ist immer hart geblieben. Schließlich wollte er sich nicht den Vorwurf machen lassen müssen, er habe seinen Zögling verzärtelt und ihn damit untauglich gemacht für den harten Lebenskampf. Denn, es steht ja schon in der Bibel: «Wer seine Rute schont, der haßt seinen Sohn; wer ihn aber lieb hat, der züchtigt ihn bald.»

Kaum jemand wäre im Mittelalter auf die Idee gekommen, daß Schläge die Entwicklung eines jungen Menschen hemmen könnten, und wenn solche Äußerungen wirklich einmal überliefert sind – etwa von dem heiligen Anselm –, dann wurden sie ungläubig und verständnislos aufgenommen. Schließlich (so meint ein Traktat aus dem 13. Jahrhundert) sei noch nie ein Kind durch Züchtigung zugrunde gegangen, viele aber, weil sie eine schlechte Erziehung genossen hätten. Und «schlechte Erziehung» heißt übergroße Liebe zum Kind, die es hochmütig werden läßt und ihm nicht die Möglichkeit gibt, den Unterschied von Gut und Böse zu erkennen. Daher empfiehlt Berthold von Regensburg, ein Prediger Mitte des 13. Jahrhunderts, allen Eltern und Erziehern:

Von der Zeit an, wenn das Kind die ersten bösen Worte spricht, sollt ihr ein kleines Rütlein bereithalten, das jederzeit an der Decke oder in der Wand steckt; und wenn es eine Unart oder ein böses Wort sagt, sollt ihr ihm einen Streich auf die bloße Haut geben. Ihr sollt es aber nicht mit der Hand an den bloßen Kopf schlagen, sonst könntet ihr es zu einem Toren machen; nur ein kleines Reislein, das fürchtet es und wird wohl erzogen. Tut ihr das nicht, so werdet ihr Schlechtes an ihnen erleben. Und wenn sie durch eure Schuld mißraten, weil ihr ihnen nicht von Kindheit an Zucht und Tugend beigebracht und es gegen Gott und die Welt erzogen habt, dann müßt ihr euch am jüngsten Tag für eure eigenen Kinder wie ein Propst, ein Abt und ein jeglicher Klostermeister für seine Zöglinge verantworten.

Aber trotz dieser Drohungen scheint es vielen Jugendlichen an einer strengen Erziehung gefehlt zu haben, denn «anders als in früheren Zeit, in denen junge Menschen den Alten Achtung entgegengebracht haben», klagt Walther von der Vogelweide, «haben heute die Jungen die Alten verdrängt und verspotten die Alten». Klingen diese Klagen nicht recht bekannt in unseren Ohren? Seit dem Mittelalter, scheint es, waren alle Jugendlichen ungezogener als die der vorangegangenen Generationen. Oder sind die Unarten früherer Zeiten nur schneller vergessen? Auch Herdegens «Zuchtmeister» ist überzeugt, als junger Mensch viel folgsamer gewesen zu sein als sein Schüler. Um so wichtiger erscheint es ihm, diese «modernen Unarten» aus dem jungen Burschen herauszuprügeln. Zeitlebens konnte Herdegen die Schläge nicht vergessen, und dennoch hat er später bei seinen eigenen Kindern die gleichen Methoden angewandt. Auch er wollte sich nicht einmal vorwerfen lassen müssen, er habe in ihrer Erziehung Wichtiges versäumt. Schließlich ist er ja dank der Schläge ein tüchtiges Mitglied der Gesellschaft geworden. Oder sollten wir sagen – trotz der Schläge?

Tischmanieren

Keinem Kind und Jugendlichen ist es je erspart geblieben, von den Eltern zu anständigem Benehmen bei Tisch ermahnt zu werden. «Sitz gerade», «schlürf nicht», «mach den Mund zu, wenn du kaust», «iß langsam»! Jeder von uns dürfte solche Worte schon einmal gehört haben. Auch Herdegen muß immer und immer wieder die Ermahnungen seines Lehrers hören. Selbst wenn es noch so gut schmeckt, der Anstand muß gewahrt bleiben. Allerdings verstand man anderes darunter als heute. Viele Regeln haben sich erst im Lauf der Zeit herausgebildet, andere sind verlorengegangen. Offensichtlich gab es seit dem 13. Jahrhundert vermehrt das Bedürfnis, sich gute Tischsitten anzueignen, denn seit dieser Zeit kennen wir «Tischzuchten», kleine Büchlein, in denen Anweisungen für richtiges Benehmen gegeben werden. Ob Herdegen wohl ähnliche Verhaltensregeln gepredigt wurden, wie den Lesern eines dieser Lehrbücher um 1230?

Kein edler Mann soll aus der Schüssel saufen. Wer das Getränk so in sich hineinschüttet, als ob er rasend wäre, der benimmt sich nicht höfisch, genausowenig wie der, der sich über die Schüssel hängt und wie ein Schwein ißt, schmatzt und rülpst.

Ungezogene beißen vom Gericht ab oder nagen ein Hühnerbein an und legen es wieder in die Schüssel zurück.

Auch wer sich in das Tischtuch schneuzt, beweist keine feinen Manieren.

Reden und Essen gleichzeitig geht nicht gut.

Wenn euch ein Salzfaß gebracht wird, so greift nicht mit der bloßen Hand hinein.

Trinkt nicht mit vollem Munde, auch sollt ihr nicht in den Trank blasen. Bevor ihr trinkt, wischt euch den Mund ab.

Ihr sollt euch auch nicht kratzen mit der bloßen Hand. Nehmt dazu einen Teil eures Gewandes, so daß die Hand nicht dreckig wird.

Greift euch auch nicht in die Ohren und Augen, wie man es so manchmal beobachten kann.

Ihr sollt nicht mit dem Messer in den Zähnen herumstochern.

Wer sich am Tisch schneuzt und den Rotz in die Hand reibt, der ist ein Schmutzfink.

Wer ungewaschen zum Essen kommt, dem mögen die Finger lahm werden.

Es soll Leute geben, die so gierig essen, daß sie sich in den Finger beißen. Recht geschieht denen!

Wegen unmäßigen Essens gibt es während der Fastnacht und den Ostertagen viele Leiden. So mancher hat sich schon zu Tode gefressen.

Wer nicht rechtzeitig in seiner Jugend lernt, sich in Essen und Trinken zu mäßigen, der lernt es auch im Alter nicht mehr und wird ein törichter Mensch.

Über vieles können wir uns amüsieren. Kaum einem würde es wohl heute einfallen, sich ins Tischtuch oder in die Hand zu schneuzen, schließlich gibt es ja Papiertaschentücher.

Es fällt auf, wie stark betont wird, die Hände sauber zu haben. Um das zu verstehen, müssen wir uns die Eßkultur jener Zeit vor Augen halten: Es gab keine Gabel, man aß, wie auch heute noch zum Beispiel in Indien, mit den Fingern, meist aus einer gemeinsamen Schüssel. Auch zum Trinken benutzten mehrere den gleichen Becher, so daß die Forderungen, nur mit sauberem und leerem Mund zu trinken, mehr waren als Etikette und Konvention. Aber unser Verfasser fordert gute Tischsitten nicht bloß aus hygienischen Gründen. Er ist davon überzeugt, daß ein gefräßiger Mensch, der schlechte Manieren hat, niemals in den Himmel kommen kann, denn wer nur auf seinen Bauch achtet, der wird nie wirklich erwachsen werden und seine Gedanken auf wichtigere Dinge lenken. Richtige Eßmanieren gehören zu einem gottgefälligen Leben genauso wie Nächstenliebe, Demut oder Buße.

Herdegen beherzigt nicht immer die Ermahnungen des Lehrers, denn er kann nur zu oft beobachten, wie wenig die Erwachsenen die Regeln beachten, vor allem, wenn der Weinkonsum bereits gestiegen ist. Hat Rudolf gute Laune, sieht er seinem Schützling manches nach. Aber sobald Herdegen mit einem Tischnachbarn zu flüstern beginnt, während des Essens laut lacht, unaufhörlich redet, ohne gefragt zu sein, oder seinen Erzieher nicht anschaut, wenn dieser ihm etwas zu sagen hat, dann wird er ungehalten. Junge Leute haben den Erwachsenen Achtung entgegenzubringen.

Gute Lehre

Schon wieder ist es Winter geworden. Nur selten geht Herdegen nach draußen. Viel lieber sitzt er am warmen Kaminfeuer und läßt sich von Rudolf in die Regeln des Schachspiels einführen. Am Abend wird viel gemeinsam gesungen und Geschichten erzählt. Die tapferen Taten der Artusritter erscheinen Rudolf zur Erziehung sehr geeignet, zeigen sie doch edles, ritterliches Verhalten. Immer noch verfolgt Herdegen die Abenteuer der Helden in atemloser Spannung. Manche Begriffe, die in allen Romanen eine große Rolle spielen, versteht er aber noch nicht so recht. Und so entspinnt sich eines Tages ein langes Gespräch zwischen Herdegen und Rudolf:

«Sag, Rudolf, in all den Geschichten wird immer die Ehre der Ritter so betont. Meistens müssen sie in der Fremde kämpfen, weil sie durch ihr Verhalten ehrlos geworden sind. Warum ist sie so wichtig?»

«Wir alle leben doch in einer Gemeinschaft, und wir wollen dort einen möglichst wichtigen Platz einnehmen. Das kann uns aber nur gelingen, wenn wir uns so verhalten, wie es die anderen von uns fordern. Höchstes Anliegen muß es daher einmal für dich sein, dir Ehre, das heißt Ansehen bei deinen Standesgenossen zu schaffen. Das kannst du erreichen, wenn du dich anständig benimmst und das Richtige zur richtigen Zeit tust.»

«Woher weiß ich aber, was das Richtige ist? Gibt es denn nicht immer mehrere Möglichkeiten?» meint Herdegen.

«Natürlich gibt es oft verschiedene Wege, aber wenn du die wichtigsten Grundtugenden beachtest, kannst du nie etwas ganz Falsches machen. Höre nur genau hin bei den Geschichten von *Parzival,* von *Iwein* und *Erec* und wie sie alle heißen. Da erfährst du vieles, was dir in deinem späteren Leben großen Nutzen bringen kann. Erinnerst du dich an die Worte, die der Vater auf dem Sterbebett zu seinem Sohn Gregorius spricht:»

wis getriuwe, wis stæte,
wis milte, wis diemüete,
wis vrävele mit güete,
wis diner zuht wol behuot,
den herren starc, den armen guot.

wis den wisen gerne bi
vliuch den tumben swa er si.
vor allen dingen minne got,
rihte wol durch sin gebot.

Sei treu und beständig,
sei freigebig und demütig,

sei mutig voller Güte,
achte auf dein Benehmen,
sei mächtig zu den Herren,
wohltätig zu den Armen.
Umgebe dich mit Weisen,
fliehe überall die Törichten,
vor allem liebe Gott,
richte weise gemäß seinem Gebot.

«Diese Geschichte hast du mir erst kürzlich erzählt. Ich erinnere mich gut. Trotzdem kann ich mir nicht genau vorstellen, was alle diese Begriffe heißen. Daß ich nicht dumme, einfältige Menschen um mich sammeln soll, ist eigentlich selbstverständlich. Und wie wichtig es ist, Gott aus ganzem Herzen zu lieben, das haben mir die Mutter und der Kaplan schon in meiner Kindheit erklärt. Aber was bedeutet *triuwe?* Heißt das, ich soll dir zeit meines Lebens treu sein?»

«Auch, ja, aber nicht nur! Treue zeigt sich in den verschiedensten Ausprägungen. Wenn du in wenigen Jahren zu einem fremden Herrn kommen wirst, dann mußt du dich ihm gegenüber absolut loyal verhalten: du mußt ihm helfen, wenn er in Gefahr gerät, du darfst hinter seinem Rücken nichts Schlechtes über ihn sagen, du mußt seine Befehle sorgfältig ausführen. Bist du erst mal selbst Herr der Drachenburg, dann kannst du zwar bestimmen, aber nicht willkürlich, sondern immer mit Blick auf deine Untergebenen. Für sie mußt du sorgen, mußt dich ihnen gegenüber freigebig, *milt,* erweisen, auch das ist Treue. Untreu verhält sich, wer es mit der Wahrheit nicht so genau nimmt. So einer hat schnell seine Glaubwürdigkeit und damit seine Ehre, sein Ansehen verloren.»

«Wenn ich dich recht verstehe, dann kommt es darauf an, möglichst überlegt und ruhig zu handeln und nicht nur seine eigenen, sondern auch die Bedürfnisse der anderen im Auge zu behalten.»

«Ganz richtig. Es gibt nichts Schlimmeres, als willkürlich und spontan zu entscheiden und sich ganz seinen Gefühlen zu überlassen. *Stœte,* also beständig sein, das ist das Zauberwort, mit dem du durch das Leben kommst. Wer nicht wankelmütig ist, nicht einmal ‹hü› und ein anderes Mal ‹hott› sagt, und wer die rechte *maze,* das heißt das richtige Mittelmaß zwischen Extremen kennt, der findet überall Freunde und ist in der Welt ein angesehener Mann. Vor Gott kann er aber nur bestehen, wenn er nicht der Todsünde der Überheblichkeit verfällt – glaubt, aufgrund seiner Beliebtheit auch Ansprüche auf das ewige Leben stellen zu können. Gott sieht in die Herzen, und nur das, in dem er Demut findet, nimmt er zu sich.»

«O je», stöhnt Herdegen, «wie soll ich das jemals alles behalten und beherzigen können. Selbst wenn ich mir noch so sehr die *Artusritter* zum Vorbild nehme, nie werde ich so vollkommen werden.»

«Ja», meint Rudolf, «in diesen Zeiten wird es immer schwieriger, ein guter Ritter zu sein. Früher war es viel besser. Da versuchte jeder sein Bestes zu geben. Heute herrscht überall, wohin man sieht, Neid, Mißgunst und Zwietracht, die es dem einzelnen erschweren, ein gottgefälliges Leben zu führen. Dies soll dich aber nicht irre machen. Denke jeden Tag über die Tugenden nach, fürchte die Hölle und den Teufel, der immer wieder versuchen wird, dich in seine Fänge zu ziehen, und sei brav und anständig, dann kannst du den schlimmen Zeiten auch in Zukunft trotzen.»

Noch oft wird sich Herdegen in seinem Leben nach den «guten alten Zeiten» sehnen, genauso wie wir heute, obwohl es sie nie auf dieser Welt gegeben hat.

Herdegen wird verlobt

Wohin reitet Herdegens Vater so früh am Morgen zusammen mit dem Kaplan und zwei Gefolgsleuten? Er wählt den Weg zum Sitz des Chuonrat von Horndorf. Mit ihm hat er schon manche Fehde ausgetragen, da sich beide nicht über die genaue Grenzmarkierung ihrer Ländereien einigen konnten. Nach der letzten Auseinandersetzung hatte Chuonrat aber einsehen müssen, dem Drachenburger unterlegen zu sein, und sich zu Zugeständnissen bereit erklärt. Diese sollen in einem Abkommen geregelt werden. Ihre Übereinkunft wollen beide besiegeln mit einem Ehevertrag zwischen der fünfjährigen

Tochter Anna des Horndorfers und dem zehnjährigen Sohn des Drachenburgers – unserem Herdegen. Der Kaplan schreibt auf, was ihm von den Männern diktiert wird:

Ich, Chuonrat von Horndorf, gebe meine Tochter Anna dem Sohn Herdegen des Hertneid von der Drachenburg zur Braut. Sie wird bis zu ihrem fünfzehnten Jahr bei mir erzogen und dann der Familie des Bräutigams übergeben. Als Mitgift soll sie das Land erhalten, das zwischen dem Murbach und den Grenzsteinen des Drachenburgers liegt, sowie drei Ballen feinsten Linnens.

Ich, Hertneid von der Drachenburg, nehme die Tochter Anna des Chuonrat von Horndorf als Braut für meinen Sohn Herdegen an. Er wird sie am vereinbarten Termin abholen und sie als seine Hausfrau auf der Drachenburg einführen. Nur sie wird er als Mutter legitimer, erbberechtigter Kinder anerkennen. Als Morgengabe nach der Hochzeitsnacht wird er ihr fünf Goldtaler, ein Reitpferd und das Nutzungsrecht einer Mühle übergeben.

Zwei Siegel bekräftigen die Abmachung, die von allen mit einem tüchtigen Schluck gefeiert wird, bevor Hertneid sich mit seinem Gefolge wieder auf den Rückweg macht.

Am Abend – Herdegen liegt schon lange im Bett – berichtet Hertneid seiner Frau von der Abmachung, die er mit dem Horndorfer getroffen hat: «Wir haben da wirklich zwei Fliegen mit einer Klappe geschlagen. Das Mädchen ist, soweit ich sehen konnte, ein gesundes, kräftiges Kind. Mit ihr wird unser Herdegen hoffentlich viele Nachkommen zeugen, die unser Geschlecht weiterleben lassen. Und vom Horndorfer haben wir wohl auch nicht mehr viel zu befürchten, denn Anna wird als Mitgift das Land erhalten, um das wir uns seit Jahren streiten.» Zufrieden lehnt er sich zurück und nimmt einen tiefen Schluck aus dem Humpen. Auch Herdegens Mutter freut sich über die gute Partie, die ihr Sohn machen kann. Nur einer scheint nicht sehr glücklich, der Kaplan. «Ihr wißt doch», wagt er einzuwerfen, «daß die Kirche solche Eheschließungen verbietet. Sie verlangt die Einwilligung beider Ehepartner, und Ihr habt nicht einmal Euren Sohn, geschweige denn das Mädchen nach ihrem Willen gefragt.» «Ach,

papperlapapp. Ihr mit Euren neumodischen Ideen», fällt ihm Hertneid ins Wort. «Ich bin mit acht Jahren von meinem Vater verlobt worden, das gleiche geschah mit ihm, mit meinem Großvater, meinem Urgroßvater und so fort. Alle haben wir gute Ehefrauen bekommen, niemandem hat es geschadet. Es ist doch geradezu lächerlich, eine Frau nach ihrem Willen fragen zu wollen. Sie muß froh sein, wenn sie den Schutz eines Mannes bekommt. Nein, nein, Kaplan, diese Forderungen kann die Kirche nicht durchsetzen!»

Wie recht Hertneid mit diesen Äußerungen hatte! Bis ins Spätmittelalter, ja eigentlich bis zum letzten Jahrhundert wurden Ehen zum Nutzen zweier Familien geschlossen und nicht, weil zwei Menschen sich frei für eine Verbindung entschieden. Besonders in Adelskreisen verheiratete man die Söhne und Töchter aus dynastischen und machtpolitischen Gründen. Eine geschickte Heiratspolitik konnte einen größeren Machtzuwachs bringen als mancher lange Krieg; ein Friedensschluß, der mit einer Verlobung besiegelt wurde, hielt unter Umständen länger als mit einem sorgfältig ausgearbeiteten Vertrag.

Maximilian I., der im 15. Jahrhundert die Weltmachtstellung des Hauses Habsburg begründete, hat die gesamte Verwandtschaft zielstrebig für seine Pläne eingesetzt. Seine Tochter Margarete wurde bereits im Alter von drei Jahren mit dem französischen Thronfolger verlobt und an den französischen Hof gebracht. Mit dreizehn schickte man sie wieder ihrem Vater zurück. Fünf Jahre später verheiratete sie der Vater mit einem spanischen Prinzen, nur wenige Monate danach war sie das erste Mal Witwe. Auch Philibert von Savoyen, ihr nächster Ehemann, starb nach kurzer Zeit. Die Ehen der Enkel Maximilians brachten eine dauerhafte Verbindung mit dem spanischen Königshaus: «Laß andere Kriege führen, du, glückliches Österreich, heirate!» hieß es bald in ganz Europa.

Ganz so große Ziele hat Hertneid nicht, aber irgendeinen Vorteil soll Herdegens Ehe schon bringen, und außerdem gibt es andere gute Gründe, die gegen eine freie Wahl des Ehepartners sprechen. «Stellt Euch doch einmal vor», fordert Hertneid den schon ganz eingeschüchterten Kaplan auf, «was passieren würde, wenn alle jungen Leute nach Lust und Laune heiraten würden. Da säße dann plötzlich mein jüngerer Sohn mit Frau und Kindern da und verlangte Aufnahme auf der ohnehin zu engen Burg. Oder Herdegens Wahl fiele auf eine Frau minderwertiger Abstammung, die nur schwächliche Kinder zur Welt bringen könnte. Und dann, dann wäre ja wohl das Chaos da!»

Diesen Argumenten kann sich der Kaplan nicht entziehen. Er sieht ja ein, daß es wichtig ist, Heiratsbeschränkungen aufzuerlegen. Natürlich darf es nur dem Ältesten erlaubt sein, zu heiraten. Jüngere Brüder müssen entweder die geistliche Laufbahn einschlagen, oder sie werden in die Welt hinausgeschickt, um dort ihr Glück zu versuchen und vielleicht irgendwo reich einheiraten zu können, damit sie nicht länger dem Vater zur Last fallen. Das sind dann die *Glücksritter,* die fremde Länder bereisen und gefährliche Abenteuer bestehen müssen, wie uns dies etwa Wolfram von Eschenbach von *Gahmuret,* dem Vater Parzivals, erzählt: Als Zweitgeborener verläßt er die väterliche Burg, gewinnt aufgrund kühner Heldentaten die schwarze Heidenkönigin Belakane, verläßt sie, um neue Abenteuer zu bestehen, und findet schließlich sein Glück bei der christlichen Königin

Herzeloyde, bevor er im ritterlichen Kampf fällt. Sein Sohn Parzival muß vaterlos aufwachsen.

Daß solche Lebensläufe nicht nur literarische Erfindung waren, zeigt die Biographie des Guillaume de Maréchal, der in der zweiten Hälfte des 12. Jahrhunderts gelebt hat und auf ganz ähnliche Weise zu Reichtum und Macht gekommen war. Als er im hohen Alter von 64 Jahren starb, stand er in Rang und Ansehen gleich hinter dem englischen König.

Der *älteste Sohn* einer Familie war dazu ausersehen, den weiteren Bestand des Geschlechts zu garantieren. Die Frau, die ihm dabei helfen sollte, mußte sorgfältig ausgewählt werden, denn man glaubte, bei der ersten Vereinigung vermische sich das Blut der Ehepartner unauflöslich. Schlechtes, minderwertiges Blut müsse daher zwangsläufig zu schwächlichen Nachkommen führen, und das will natürlich niemand. Daher beeilt sich der Kaplan zu versichern, er habe selbstverständlich nichts gegen die Wahl Hertneids, nur, man hätte die Kinder doch eigentlich zusammenkommen lassen sollen, damit sie sich wenigstens kennenlernen. Und noch etwas liegt dem Kaplan auf dem Herzen: Ist nicht die Frau des Horndorfers eine weitläufige Verwandte von Hertneid? «Ach», meint dieser, «irgendwie verwandt sind wir doch alle. So viele Adelshäuser gibt es ja gar nicht, daß nicht irgendwann gemeinsame Vorfahren festzustellen sind. Ich glaube, der Bruder der Urgroßmutter von Anna und die Tochter der Schwester meiner Urgroßmutter waren miteinander verheiratet.» Der Kaplan rechnet nach. Eigentlich war eine Eheschließung verboten, wenn das Brautpaar im siebten Grad miteinander verwandt war. Die wenigsten konnten aber so gut rechnen und sich so weit zurückerinnern, daher gestattet die Kirche eine Ehe ab dem vierten Verwandtschaftsgrad. Der Kaplan ist erleichtert, daß Anna und Herdegen diese Vorschrift erfüllen. Er kennt viele Fälle, in denen der Papst ausdrücklich eine Verwandtenehe hat genehmigen müssen, oder andere, in denen ein Mann seiner Frau überdrüssig geworden war und beim Papst die Annullierung der Ehe verlangte mit dem Argument, er sei zu nahe mit ihr verwandt. Die meisten hatten Erfolg damit und konnten sich scheiden lassen, obwohl doch die Kirche ausdrücklich eine Scheidung untersagte.

Hertneid gähnt laut. Das Gespräch dauert ihm schon viel zu lange und ist langweilig geworden. Herdegen ist gut verlobt, für beide Familien bringt die Verbindung Vorteile, was soll da noch das ganze Gerede! Die Kerze ist fast heruntergebrannt und wirft nur noch einen schwachen Schein auf die Gesichter. Herdegen schläft tief und fest oben zwischen seinen Geschwistern und ahnt nichts von den tiefsinnigen Gesprächen, die seinetwegen geführt worden sind.

Adolescentia: Der Jüngling

Harte Lehrjahre

Herdegen geht in die Fremde

Herdegen ist inzwischen vierzehn Jahre alt geworden. Es wird nun höchste Zeit, ihn in die Welt hinaus zu schicken. Zwar ist er in den letzten Jahren schon häufig mit den Rittern seines Vaters unterwegs gewesen und hat bei kleineren Streitigkeiten auch mitgekämpft, aber jetzt muß er seine Fähigkeiten vervollkommnen. Er wird in die «Lehre» geschickt. Den Ort dazu hat Herdegens Vater sorgfältig ausgewählt, nur das Beste ist gut genug: Es ist der Hof der Babenberger in Wien!

51

Und so verläßt Herdegen an einem warmen Sommertag im Jahr 1212 die Drachenburg und reitet einem neuen Lebensabschnitt entgegen. Als er nach zwei Tagen müde und verschwitzt in der Residenz Herzog Leopolds VI. ankommt, nimmt niemand Notiz von ihm. Im Innenhof herrscht geschäftiges Treiben. Es wird gerufen, gelacht und geflucht. Ein Schmied formt über einem hellodernden Feuer Hufeisen, ein anderer beschlägt gerade ein Pferd. Im Zwinger jaulen und bellen die Hunde. Herdegen wird geknufft und gepufft und zur Seite gestoßen. Überall scheint er im Weg zu stehen. Er weiß nicht so recht, an wen er sich wenden soll.

«Bist du fremd hier», fragt ihn plötzlich eine Stimme hinter seinem Rücken. Herdegen dreht sich um. Ein etwa gleichaltriger Jüngling steht vor ihm. Sicher komme er als Knappe, meint dieser, wie so viele junge Adelige des Landes. Auch er habe hier seinen Lehrmeister gefunden, dem er nun schon seit drei Jahren diene und mit dem er recht weit in der Welt herumgekommen sei. Herdegen ist froh, jemanden gefunden zu haben, der sich auskennt und ihn in der Burg herumführt. Friedrich, so heißt sein neuer Freund, kann ihm sagen, wo er den Grafen findet, den sein Vater ihm genannt hat und dem er seine Dienste anbieten will. Graf Ulrich ist weitläufig mit der Mutter Herdegens verwandt und als solcher verpflichtet, für ihn in den nächsten Jahren zu sorgen. Als Ratgeber des Herzogs verbringt er – wie so viele adelige Herren – die meiste Zeit des Jahres am Babenberger Hof, er ist sehr einflußreich und hat selbst dreißig Ritter unter seinem Banner versammelt. Herdegen ist nicht der einzige, der zu ihm geschickt wird. Graf Ulrich nimmt die halbwüchsigen Jungen gerne auf, denn mit ihnen zieht er sich loyale Parteigänger heran, die ihm beim Ausbau seiner Macht behilflich sein können. Allerdings, einen Schwächling kann er nicht brauchen, und so mustert er Herdegen eindringlich. «Du kannst bei mir bleiben», meint er schließlich. «Such dir einen Platz zum Schlafen und achte darauf, immer in meiner Nähe zu sein.»

Und so beginnen sechs harte Lehrjahre für Herdegen. Noch fast zweihundert Jahre später weiß *Oswald von Wolkenstein,* der einäugige Haudegen, Politiker und Dichter, ein Lied von den Entbehrungen der Jugendzeit zu singen:

Es füegt sich, do ich was von zehen jaren alt,
ich solt besehen, wie die welt wär gestalt.
mit ellend, armuet mangen winkel haiss und kalt
hab ich gepaut pei cristen, kriechen, haiden.
Drei pfennig in dem peutel und ain stücklin prot
das was von haim mein zerung, do ich loff in not.
[...]
Zwar renner, koch so was ich doch und marstallär,
auch an dem rueder zoch ich zue mir, das was swär,
in Kandia und anderswa auch wider här.
vil mancher kitel was mein pestes klaide.

Es fügte sich, als ich zehn Jahre alt war, daß ich die Welt, so wie
sie war, besehen wollte. In Not und Armut habe ich seither in
manchem heißen und kalten Winkel bei Christen, Griechen und
Heiden gehaust. Drei Pfennige im Beutel und ein Stückchen
Brot, das war meine Wegzehrung, als ich von daheim in die
Fremde lief. [...] Laufbote, Koch und Pferdeknecht war ich, auch
ruderte ich mühselig bis nach Kreta und wer weiß wohin und
wieder zurück. Oft war ein Kittel mein bestes Kleid.

Dank dem erfahrenen Friedrich findet Herdegen einen Schlafplatz
im Stall. Neugierig wird er von allen Seiten gemustert. Einsam muß er
sich nicht fühlen, stellt er fest, eine große Anzahl Altersgenossen hat
es sich ebenfalls im Stroh bequem gemacht. Sie sind alle aus dem gleichen Grund hier. Bis ins Spätmittelalter werden die Söhne an fremden Höfen erzogen, denn nur dort, glaubte man, konnten sie das Notwendige lernen. Eine Familie in unserem Sinn kannte man nicht,
wohl aber die *familia*, die sich aus allen Bewohnern einer Burg
zusammensetzte. Jeder hatte in diesem System seinen Platz mit
Rechten und Pflichten. In dem sozialen Geflecht war er geborgen und
vor der feindlichen Außenwelt geschützt.
   Die jungen Burschen wollen von dem Neuankömmling so manches wissen: wie er heiße, woher er komme, in wessen Dienst er
trete? Bereitwillig gibt Herdegen Antwort und vergißt dabei seinen

knurrenden Magen. Zu essen hat er heute noch nichts gehabt, und er war zu schüchtern, um seinen neuen Herrn danach zu fragen. Aber die anderen versprechen ihm, morgen das Nötige zu besorgen und ihm zu zeigen, wo man sich Eßbares verschaffen kann. Kaum dämmert es am nächsten Morgen, wird Herdegen geweckt. Draußen im Burghof herrscht ein emsiges Hin und Her. Pferde warten bereits gesattelt auf ihre Reiter, Lasttiere sind vollbepackt. Und schon hört Herdegen die wütende Stimme seines Herrn: «Wo zum Teufel steckst du? Bei Sonnenaufgang reiten wir los. Kümmere dich gefälligst um meine Ausrüstung!» Er zeigt auf ein Lastpferd, das mit dicken Ledersäcken beladen ist. Herdegen hat kaum Zeit, sein eigenes Pferd zu satteln und ein wenig Mus zu löffeln, das herumgereicht wird – und schon wird das Zeichen zum Aufbruch gegeben. Er führt das Lasttier am Zügel und bemüht sich, dicht neben dem Grafen zu bleiben. Dessen Miene hellt sich zusehends auf, und er beginnt Herdegen zu erzählen: Auf ein Turnier soll es gehen, das habe er ihm wohl gestern vergessen zu sagen. Für heute wolle er es ihm noch einmal nachsehen, nicht zur Stelle gewesen zu sein. Aber ab jetzt habe er sich sorgfältig um die Rüstung und die Waffen zu kümmern. Er wolle nirgendwo eine Roststelle entdecken. Und beim Essen verlange er anständig bedient zu werden. Auf Reisen sei es Herdegens Aufgabe, eine geeignete Unterkunft zu finden und mit dem Wirt einen günstigen Preis auszuhandeln. In Kämpfen müsse er immer in seiner Nähe sein mit einem Reservepferd und notfalls auch eingreifen, wenn die Situation bedrohlich werde.

Herdegen schwirrt der Kopf. Wie soll er das nur so plötzlich können? Da wird es wohl manche Backpfeife setzen, bis er alles zur Zufriedenheit ausführt.

Am Abend, als Graf Ulrich schon lange einen kräftigen Rausch ausschläft, sitzt Herdegen im Stall und poliert den wertvollen Helm. Zuvor hat er die Pferde von ihren Lasten befreit und versorgt und ist in die nahe Burg geritten, um das Erscheinen seines Herrn am nächsten Morgen anzukündigen. In voller Rüstung wolle er dort auftreten, hat Ulrich gemeint, und glänzen müsse diese in der Sonne, daß die Zuschauer geblendet würden. Und so reibt Herdegen immer und immer wieder das Metall blank, bis kein Stäubchen mehr zu sehen ist und er sich darin spiegeln kann. Ganz genau prägt er sich die Verschlüsse ein, damit er morgen keine Schwierigkeiten hat, seinem Herrn beim Anlegen behilflich zu sein.

Ein Ritter wappnet sich

Heute hat sich Herdegen nicht verschlafen. Noch bevor sein Herr aufwacht, bringt er die Rüstung, das *îsengewant,* und vergewissert sich, nichts vergessen zu haben. Und dann beginnt die mühevolle Prozedur des Anlegens.

Um sich nicht wundzuscheuern, zieht Graf Ulrich eine dick gepolsterte Unterkleidung an: das *senftenier,* das den Unterleib schützt, das *huffenier* um die Hüften, den *wams,* eine dicke Jacke, das *spaldenier,* eine Schulterpolsterung, und schließlich das *kollier,* den weichen Stehkragen um den Hals.

Bereits diese Aufzählung zeigt, woher die ritterliche Ausrüstung übernommen wurde. Alle Worte sind französischen Ursprungs. Frankreich war *das* große Vorbild für höfisch-ritterliche Lebensformen. Vor allem in der Dichtung galt es als ausgesprochen chic, sich möglichst vieler französischer Wörter zu bedienen. Herbort von Fritzlar gelingt es, bei der Beschreibung der bewaffneten Trojaner nur ein einziges deutsches Wort zu benutzen, wenn er erzählt, sie hätten *pancier* (Panzer), *kollier, crocanier* (Helmschmuck), *testier* (Kopfbedeckung des Streitrosses), *Armysen vú pláte* (Armeisen aus Metallplatten). Andere versehen sogar ursprünglich deutsche Wörter mit einer französischen Endsilbe, um ihnen einen modernen Klang zu geben, zum Beispiel wird der Brustschutz der Pferde *brustenier* genannt.

Unser kleiner Exkurs hat Herdegen Zeit gegeben, die Unterkleidung gut zu verschnüren, so daß sie nicht mehr verrutschen kann. Graf Ulrich hat jetzt Ähnlichkeit mit einem heutigen Eishockeyspieler. Allerdings ist die Polsterung aus Filz sicher nicht so weich gewesen wie Schaumstoff und Plastik unserer Zeit. Auch durfte man keine empfindliche Haut haben, wollte man den kratzenden Wollstoff darauf vertragen.

Zum Anziehen der *îsen*-Hosen legt sich der Ritter hin. Nur mit großer Anstrengung kann Herdegen die aus ineinandergeflochtenen und vernieteten Panzerringen bestehenden «Strümpfe» über Füße und Beine rollen und an dem *lendenier,* dem Lendengürtel, mit Schnüren befestigen. Beim Aufstehen muß sich Ulrich von seinem Knappen helfen lassen. Nachdem ihm Herdegen die goldenen Sporen umgeschnallt hat, schützt er die Knie mit *cnielingen* oder *hurtenier,* starken Metallplatten, die oft bis über die Schienbeine herabgezogen wurden. Im Kampfgedränge waren die Knie der Reiter besonders in Gefahr, von Pferden zerdrückt oder beim Aufprall zerschmettert zu werden.

Die Leibrüstung, der *harnasch,* ist ein ähnlich wie die Hosen geflochtenes und vernietetes Panzerkettenhemd. In der Literatur wird es *halsberc* oder *brünne* genannt. Bis heute weiß niemand ganz genau, welcher Unterschied zwischen beiden bestand. Man nimmt an, daß der Halsberc im Gegensatz zur Brünne eine angearbeitete Eisenkapuze, das *hersenier,* besaß.

Graf Ulrich trägt demnach einen Halsberc. Die Kapuze läßt sich von unten bis über das Kinn ziehen. Das Hemd ist knielang, am Hals wird es mit Metallhaken geschlossen. Über den bis zu den Handgelenken reichenden Ärmeln befestigt Herdegen die *armeisen* oder *musenier,* eiserne Schienen, die die Muskeln des Unterarms decken.

«Hast Du kontrolliert, ob die Nieten in Ordnung sind», fragt Ulrich seinen Helfer. «Wenn sie bereits rostig oder beschädigt sind, genügt ein Schwertschlag, und die Ringe rieseln zu Boden.» Herdegen kann ihn beruhigen. Das hat er schon daheim gelernt, daß die schwächste Stelle der Panzerung die Vernietung ist, auf die man bei der Pflege besonders achten muß. Allerdings kannte er nicht die raffinierte Art der Verflechtung der Ringe. Beim Harnisch seines Vaters waren die Metallringe auf Leder genäht und vernietet.

Über das Kettenhemd läßt sich Ulrich zusätzlich eine Brustplatte schnallen. Er ist inzwischen ganz schön ins Schwitzen gekommen, denn unter dem über 100 Kilogramm schweren Panzer ist es drückend heiß. Für uns ist es heute unvorstellbar, wie man mit diesem Gewicht überhaupt noch kämpfen konnte. Das Metall heizte sich unter der Sonne glühend heiß auf. So mancher Ritter hat nicht im

Kampf den Tod gefunden, sondern ist in diesem Backofen erstickt oder einem Hitzschlag zum Opfer gefallen.

Ein wenig Linderung soll der bunte, seidene Waffenrock bringen, der über dem Harnisch getragen wird und notdürftig Sonnenstrahlen und Regen, der das Metall rosten läßt, abhält. Die eingewebten Wappen sind Erkennungszeichen, denn in der Rüstung sehen Ritter alle gleich aus. Zusätzlich ist dieses Kleidungsstück ein Mittel zur Selbstdarstellung. Jeder wetteifert, den schönsten *wapenroc* zu tra-

gen, um Bewunderung und Anerkennung hervorzurufen. Meist läßt er für sein Pferd eine gleichfarbige *covertiure,* eine Pferdedecke nähen, die seine Erscheinung noch bunter macht. Zusätzlich dient auch sie als Schutz für das Pferd.

Mit Ausnahme der Hände und des Gesichts ist der ganze Körper nun in ein Kettengeflecht gehüllt. Die gepanzerten Fäustlinge und den Helm wird Graf Ulrich ganz zum Schluß anlegen. Zuerst läßt er sich seine Waffen bringen. Ehrfürchtig trägt Herdegen das Schwert, die Hauptwaffe eines jeden Ritters, herbei. In den kurzen Griff, die *helze,* sind kostbare Edelsteine eingelegt. Die Parierstange glänzt golden. Auf der langen Klinge mit breiter Blutrinne und gerundetem Ende erkennt Herdegen eine Inschrift. Schade, daß er uns diese nicht vorlesen kann. Vielleicht lautet sie ähnlich wie die im Schwert des Konrad von Winterstetten, das sich erhalten hat:

CHVNRAT VIL WERDER SHENKE VON VINTERSTETTEN HOH-GEMVT HIE BI DV MIN GEDENKE. LA GANZ GEHAINE ISENHVT.
Hochgemuter Schenke von Winterstetten, denke an mich. Laß keinen Helm ganz!

Das Schwert war mehr als nur eine Waffe, es war gleichzeitig Symbol der Gerichtshoheit und der Macht und Standeszeichen. Das Prunkschwert Friedrichs II. können wir noch heute in der Wiener Schatzkammer bewundern. Es wurde ihm bei feierlichen Anlässen vorangetragen, als sichtbares Zeichen seiner Herrschaft. Bauern war es bei Strafe verboten, ein Schwert zu tragen. «Wird ein Schwert bei ihm gefunden, soll man ihn gefesselt zum Kirchenzaun führen. Dort soll man den Bauern festhalten und ihn an Haut und Haaren strafen», heißt es in der Kaiserchronik um 1150.

Auch Herdegen wird es während seiner Knappenzeit nicht erlaubt sein, ein Schwert zu führen. Er erhält einen Dolch, mit dem er im Kampf die Pferde der Gegner zu Fall bringen kann.

Den Ritter begleitete sein Schwert überall hin. Er trug es am Wehrgehänge, dem *vezzel.* Meist war dies ein schlichter Ledergürtel, dessen eines Ende zwei lange Schlitze hatte, durch die das andere gespaltene Ende gezogen und verknotet wurde.

Welch enge Beziehung zum eigenen Schwert bestand, zeigt sich in den vielen Geschichten, in denen von wunderkräftigen Schwertern erzählt wird. Dem kühnen Kämpfer Roland sei das Schwert «Durndart» direkt von Gott übergeben worden, weiß der Pfaffe Konrad zu berichten, Rolands Kampfgefährte sei mit «Altclere» unbesiegbar.

Immer wieder werden berühmte Schwertschmieden genannt. Ob es sich bei Madelgêr von Regensburg im Rolandslied oder bei Kîûn von Munleûn, der im Willehalm auftritt, um historische oder erfundene Personen handelt, können wir nicht mehr entscheiden. Zweifellos waren aber Länder wie Bayern und Orte wie Poitiers, Vienne und Soissons berühmt für die hohe Qualität der dort gefertigten Schwerter.

Graf Ulrich prüft die Schärfe der Klinge, bevor er sie in die Schwertscheide steckt, den Behälter aus lederüberzogenem Holz. Bisher hat er sich nicht den Luxus erlauben können, diese aus Gold anfertigen zu lassen, wie er es auf seinen Reisen oft bei hochgestellten Personen gesehen hat.

Die wichtigste Angriffswaffe ist die *Stoßlanze*, die fest unter dem Arm eingeklemmt wird. Im Turnier versucht man den Gegner damit vom Pferd zu stoßen, im Kampf ihn zu durchbohren. Der Schaft aus Eschenholz ist in den Wappenfarben Ulrichs bemalt und mit der *baniere*, einem Fähnlein, geschmückt. Anstelle des *Speereisens*, der scharfen Eisenspitze, läßt Ulrich heute das *Krönlein*, eine runde Scheibe aufsetzen, mit der der Gegner zwar vom Pferd geholt, nicht aber ernsthaft verletzt werden kann.

Natürlich waren diese langen, dünnen Holzstangen sehr zerbrechlich. Herdegen hat daher einen ganzen Vorrat mitgenommen. Bei Kampf- und Turnierschilderungen ist das laute Krachen und Splittern der Lanzen immer ein Zeichen für die Heftigkeit des Zusammenpralls der gegnerischen Parteien und Ausdruck der Tapferkeit der Helden. Für Poydwiz von Raabs, rühmt Wolfram im Willehalm, müßte der ganze Schwarzwald abgeholzt werden, um ausreichend Lanzen für ihn zu liefern.

Doch die härteste Rüstung und die besten Waffen können nichts ausrichten, wenn sich der Ritter nicht mit einem guten Helm schützt.

Aus einem Stück muß er geschmiedet sein und mit Eisen- oder Stahlbändern verstärkt werden. Ulrich hat einen dieser modischen Topfhelme, die oben leicht abgerundet sind, damit gegnerische Schwerter abrutschen. Vorne reicht er über das Kinn, hinten bis zum Nacken hinunter. Er wird über die Eisenkapuze gesetzt und sorgfältig festgebunden. Ulrich kann sich rühmen, bereits eine sensationelle Neuerung zu besitzen. Nur Könige und hohe Adelige tragen diesen neuen Helmteil, die *barbiere,* den metallenen Gesichtsschutz, der fest mit dem Helm verschmolzen ist. Zwei schmale Schlitze bleiben frei für die Augen, und ein paar Löcher ermöglichen das Atmen. Die meisten Ritter dieser Zeit mußten sich noch mit altmodischen Helmen begnügen, die lediglich ein Nasenband als Gesichtsschutz hatten, denn Rüstungen waren unverhältnismäßig teuer, so daß man sie nicht beliebig gegen ein neueres Modell austauschen konnte. Schon aus dem achten Jahrhundert kennen wir Aufstellungen, die deutlich machen, daß eine Rüstung soviel kostete wie 15 Stuten oder 23 Ochsen. Eine solch ungeheure Summe konnten nur sehr wenige reiche Adelige aufbringen. Bis ins Spätmittelalter hat sich daran nichts geändert. Rüstungen wurden in den Familien vererbt, und jeder, der sich neue Teile anschaffte, zeigte damit seinen Reichtum.

Graf Ulrich wird allmählich ungeduldig. Über zwei Stunden schon dauert das Anziehen. Herdegen braucht viel Zeit für die ungewohnten Handgriffe. Noch einmal kontrolliert er die Verschnürung und den festen Sitz. Zum Schluß gibt er seinem Herrn die Verteidigungswaffe in die Hand, den *Schild.* Aus Holz ist er gefertigt und mit Leder überzogen. Eisenbeschläge am Rand und an der vorderen Fläche, die *buckel,* verstärken ihn. Mit einem Lederband, dem *schiltvezzel,* hängt ihn Herdegen seinem Herrn um den Hals. Die linke Hand des Grafen greift den Handriemen. Auf der Innenseite können wir eine gemalte Jagdszene erkennen. Die Außenseite trägt Ulrichs Wappen. Verzierungen der Schilde hat es zu allen Zeiten gegeben. Erst im 13. Jahrhundert bekommen sie aber heraldische Bedeutung. Weitere hundert Jahre später hat sich sogar eine Fachsprache entwickelt, die es möglich machte, jedes Wappen mit Worten genau zu erläutern. Noch heute können wir so beschriebene Wappen, ohne sie gesehen zu haben, nachzeichnen.

Warum haben Wappen gerade in dieser Zeit so große Bedeutung erhalten? Zum einen sicher deswegen, weil die vollständige Panzerung ein Erkennungszeichen forderte. Niemand hätte sonst in einem Kampf Freund oder Feind unterscheiden können. Zum anderen können wir darin aber auch ein gesteigertes Selbstwertgefühl erkennen. Immer bewußter fühlt sich der ritterliche Adelige als politischer Herrschaftsträger und als Leitfigur des ganzen Gesellschaftssystems. Obwohl oder gerade weil in dieser Zeit neue Entwicklungen zu erkennen sind. Vor allem die Stadt und ihre Bürger werden zur gefürchteten Konkurrenz. Ihr kann man durch verbale Verunglimpfungen begegnen, aber auch durch eine Verfeinerung der Lebensformen, durch ein Zur-Schau-Stellen der eigenen Führungsposition. Und so ist es dem Adel bis ins 14. Jahrhundert gelungen, zu vertuschen, wie ungeeignet zum Kampf dieser unförmige, schwerfällige Panzerreiter eigentlich ist. Erst neue Kampftechniken – etwa der Einsatz von Armbrustschützen zu Beginn des französisch-englischen Hundertjährigen Kriegs um 1350 oder die Niederlagen gegen die Schweizer Bauern – haben Zweifel an der Effektivität des ritterlichen Einzelkämpfers aufkommen lassen und seine politische Vormachtstellung ins Wanken gebracht. Gesellschaftliches Leitbild ist der Adel allerdings bis weit in die Neuzeit geblieben.

Von all diesen Veränderungen der kommenden Jahrhunderte können Herdegen und Graf Ulrich nichts ahnen. Schwerfällig rasselnd schreitet Ulrich in den Hof und besteigt sein Pferd, das dort bereits wartet. Dem Anlaß entsprechend ist es sein bestes Streitroß, ein *spanjôl,* aus einer spanischen Zucht stammend. Der Sattel ist vorn und hinten mit hohen Wülsten versehen, damit der Ritter im Lanzenkampf beim Aufprall nicht so leicht aus dem Sattel gehoben werden kann. Die Bauch-, die Ober- und die Brustriemen hat Herdegen genau auf ihren festen Sitz kontrolliert. Ein Reißen vor allem des Brustriemens beim Lanzenstoß bedeutet unweigerlich, daß sich der Reiter hinter seinem Pferd auf dem Boden wiederfindet. Kostbares Zaumzeug, die bunte Pferdedecke und ein wippender Federbusch als Kopfschmuck, die *gugerel,* vervollständigen das prachtvolle Bild, das Ritter und Pferd dem Betrachter bieten.

Tief atmet Herdegen auf, als sein Herr zum Turnierplatz reitet.

Die erste Bewährungsprobe hat er bestanden! Bis heute abend gibt es nicht mehr viel zu tun, er kann in Ruhe das Kampfgeschehen beobachten. Ulrich möchte ihn noch nicht dabei einsetzen. Erst muß er ihn daheim in die Grundregeln des Kampfes einweihen und ihm auch höfische Lebensart beibringen.

Ritterliche Grundausbildung

Die kommenden Wochen und Monate stehen ganz im Zeichen eines intensiven Trainings. Herdegen lernt zusammen mit vielen Altersgenossen, tadellos zu reiten. Im Kampf müssen die Hände frei bleiben für Schild und Schwert oder Lanze. Das Pferd wird durch Schenkeldruck gelenkt und angetrieben. Blitzschnelle Wendemanöver aus vollem Galopp verlangen neben einem guten Gleichgewichtssinn auch viel Kraft. Bisher war Herdegen überzeugt, ein kühner Reiter zu sein. Doch wenn er sich jetzt am Abend die blauen Flecken reibt, muß er sich eingestehen, wie weit er noch davon entfernt ist.

Kaum sind die Manöver eingeübt, kommt schon die nächste Schwierigkeit. Ulrich gibt jedem Schild und Lanze in die Hand und fordert die jungen Burschen auf, erneut ihr reiterliches Können zu zeigen. Keinem gelingt es! Wieder braucht es Wochen, bis alle die richtige Schildhaltung und das Einlegen der Lanze unterm Arm beherrschen. Neiderfüllt seufzen sie, wenn sie an die Erziehung *Parzivals* denken: In zwei Wochen soll er sich von einem ungehobelten Bengel zu einem perfekten Ritter gemausert haben. Aber vielleicht übertreibt hier Wolfram doch ein bißchen ... Schließlich hat Parzival vor vielen hundert Jahren gelebt, und ein bißchen dichterische Freiheit wird sich Wolfram schon genommen haben, auch wenn er immer wieder Quellen nennt, die ihm angeblich die Geschichte berichten.

Die ersten Übungskämpfe untereinander enden für viele schmerzhaft. Mit zusammengebissenen Zähnen humpeln sie über den Burghof und müssen sich zu allem Überfluß noch die spottenden Bemerkungen der Alten gefallen lassen. Am Abend würden die meisten am liebsten gleich ins Bett fallen, aber dann kommen die gesellschaftlichen Pflichten. Herdegen schläft manchmal fast ein, wenn er hinter seinem Herrn steht, um ihn beim Essen zu bedienen. Oft holt ihn erst eine schallende Ohrfeige wieder in die Wirklichkeit zurück. Glücklicherweise hat er in seiner Knabenzeit doch einiges gelernt. So bereitet es ihm keine Mühe, das Fleisch richtig zu zerkleinern und es Ulrich in mundgerechten Stücken anzubieten. Er ist darauf bedacht, guten Wein auszusuchen und ohne viel Worte immer in seiner Nähe zu sein. Ulrich schätzt es, sich von Herdegen vorsingen zu lassen oder ihn zu einer Partie Schach zu fordern. Bei solchen Gelegenheiten erzählt er ihm dann oft, worauf er als zukünftiger Ritter besonders achten muß. Die meisten Ermahnungen kennt Herdegen schon von daheim, ihn interessieren mehr die Schilderungen von den großen Reisen und den Kämpfen, die Ulrich mehr oder weniger siegreich bestanden hat. Er fiebert dem Tag entgegen, an dem er endlich mitgenommen wird. Über ein Jahr muß er darauf warten.

Der erste Kampf

Seit dem Jahr 1209 kommt es immer wieder zu Kriegszügen gegen die Albigenser. Sie leben in Südfrankreich und lehnen bestimmte Lehrmeinungen der katholischen Kirche ab. Der Aufforderung des Papstes folgend, nehmen viele europäische Adelige den Kampf gegen die Ketzer auf. Da beschließt auch Herzog Leopold, sich daran zu beteiligen und sammelt Leute um sich, die ihn bei seinem Vorhaben unterstützen. Zur Rekrutierung eines Heeres hat Leopold verschiedene Möglichkeiten. Zum einen bittet er seine Verwandten, ihm auf eigene Kosten beizustehen, außerdem wirbt er Söldner an, die er ausstatten läßt und die nach der Schlacht Lohn von ihm zu erwarten haben. Boten schickt er in das Land, die alle Lehensleute auffordern, ihm zu Hilfe zu kommen. Nicht immer wird diesen Aufrufen Folge geleistet. Krieg führen ist teuer. Eine Mannschaft will ausgerüstet sein, nicht alle können so hohe Geldsummen aufbringen.

Graf Ulrich gehört zu den begüterten Adeligen. Er schließt sich mit seinen Leuten dem Babenberger an und gibt den Befehl, alles für den Aufbruch vorzubereiten. Als seinen persönlichen Begleiter wählt er diesmal – unseren Herdegen! Wie schon so oft vorher werden Pferde gesattelt und beladen mit Lanzen, Rüstungen und einem Lebensmittelvorrat. Drei verschiedene Pferde nimmt Ulrich mit: das *pferit* für die Reise, das *mœrhe* oder *runzît* als Lasttier und das *ors,* das wertvolle Streitroß. Pferde waren das wichtigste Fortbewegungsmittel, für jeden Ritter wertvoller Teil seiner Ausrüstung. Kutschen und Wagen finden noch wenig Verwendung. Auf die Pferdezucht legte man größten Wert, benutzte je nach Anlaß verschiedene Rassen und bezeichnete jede mit einem anderen Namen.

Albertus Magnus, ein Naturwissenschaftler des 13. Jahrhunderts, kennt vier Arten von Pferden: die Kriegs- oder Streitrosse, die große Sprünge machen können und mit Beißen und Schlagen in die Schlachtreihen einbrechen; die bequemen Reitpferde für die Reise; die besonders schnellen Pferde, die sich für Boten oder auf Verfolgungsjagden eignen; schließlich die Lastpferde.

Kaum ein Dichter hat es unterlassen, ausführliche Pferdebeschreibungen zu liefern. Dabei zeigt sich, daß schon damals als edelstes Tier der *Araberhengst* galt, der über Kreuz- und Pilgerzüge in den deutschsprachigen Raum gelangte. Sehr geschätzt wegen ihrer Größe und Ausdauer waren auch die spanischen Pferde, die *spanôl* und *kastelân.* Die durchschnittliche Größe war allerdings sehr viel geringer als heute. Auf Abbildungen sehen wir häufig kleine gedrungene Pferde, die stark genug waren, das große Gewicht des gepanzerten Reiters zu tragen. Im Spätmittelalter, als auch das Pferd eine Panzerung erhielt, mußte es ungefähr 170 Kilogramm erdulden. Um es frisch zu halten, wurde es daher nur unmittelbar im Kampf geritten. Auf der Reise hatte es ein Knappe, in unserem Fall Herdegen, an der Koppel mitzuführen.

Ein besonders bequemes Reisepferd war der *Zelter,* der im Paßgang den Reiter sanft schaukelte. Weniger begüterte Adelige und Knappen nahmen auch durchaus mit einem Maultier vorlieb.

Über eine Woche ist Ulrich mit seinen Leuten unterwegs. Nachts kehrt man entweder bei bekannten oder verwandten Burgherren ein oder sucht eine Herberge auf. Herdegen reitet jeweils voraus, kündigt die Ankunft seines Herrn an und kümmert sich um Essen und Trinken. Komfortabel dürfen wir uns dieses Reisen nicht vorstellen. Die Herbergen und wohl auch die Burgen waren voll ungebetener Gäste, die in der Nacht die Schlafenden zwickten und zwackten. Oswald von Wolkenstein weiß so manches Lied von den Laus- und Flohattacken zu singen:

Zu Ungern wol
der kinder vol
genant mit siben füessen
die tretten mich
und yetten mich
und knetten mich
und fretten mich
das ich mein sünd möcht büessen.

In Ungarn hier
manch liebes Tier
mit sieben Füßen,
die treten mich,
die jäten mich
und kneten mich
und fretten mich,
daß ich meine Sünden büßen kann.

Sanitäre Einrichtungen sind unbekannt. Gewaschen hat man sich bestenfalls die Hände. Auch ans Essen dürfen keine hohen Ansprüche gestellt werden: Erbsenmus, Hirsemus, Bohnenmus; gepökeltes Fleisch in der Suppe ist ein seltener Leckerbissen. Wein gibt es dafür ausreichend. Graf Ulrich hat dafür gesorgt, daß immer ein volles Faß als Vorrat mitgeführt wird. Die Abende vertreibt man sich mit Würfelspielen oder auch mit den Frauen, die zur Unterhaltung aufgeboten werden. Sehr gesittet geht es nicht zu. Da diese Mädchen nicht dem Adelsmilieu entstammen, muß man sich keinerlei Zurückhaltung auferlegen.
Am Schlachtort angekommen, schlagen Ulrichs Leute Zelte auf.

Von allen Seiten kommen Gesinnungsgenossen Herzog Leopolds, der selbst auch schon eingetroffen ist. Sie alle brennen darauf, gegen die Feinde des rechten Glaubens anzutreten.

Wieder einmal sitzt Herdegen bis spät in die Nacht und poliert die Rüstung. Als Kampftag wurde der kommende Montag festgesetzt. Bis ins Spätmittelalter war es Pflicht, den Schlachttag miteinander auszuhandeln. Die komplizierte Ausrüstung gestattete keine überfallartigen Angriffe. Man brauchte Zeit zur Vorbereitung. Allerdings gab es auch Finten, mit denen der Gegner in eine Falle gelockt werden konnte. Als Albrecht von Österreich, der spätere König Albrecht I., gegen den abgesetzten römischen König Adolf von Nassau vorging, täuschte er einen Rückzug vor, lockte damit das gegnerische Heer in einen Hinterhalt und konnte so den Sieg erringen.

Am Morgen des Kampftages erklärt Ulrich seinem Knappen, während er sich die Rüstung anlegen läßt, worauf es bei einer Schlacht ankommt:

«Wir werden in Rotten reiten. Jede dieser Rotten, die aus zwanzig bis dreißig Mann besteht, hat ihren Befehlshaber und ihr eigenes Banner. Ich befehlige natürlich meine Leute. Oberbefehlshaber ist Leopold. Er wird sich wohl etwas weiter hinten aufhalten, um den Überblick nicht zu verlieren. Wahrscheinlich wird er acht bis zehn Rotten zu einer Schlachtreihe nebeneinander aufstellen lassen, so daß sie eine rechteckige Formation von drei Reihen mit jeweils siebzig bis achtzig Mann bildet. Diese Formationen werden zusätzlich gestaffelt in eine Vorhut, ein Zentrum und eine Nachhut.

Beim Vorrücken ist ganz entscheidend, daß alle Einheiten dicht nebeneinander reiten, so daß sich die Pferde fast berühren. Nur so wird die Wucht des Aufpralls gewaltig. In den Geschichten, die du ja immer wieder hörst, ist oft die Rede von den tapferen Einzelkämpfern, die die Schlacht schlußendlich zu ihren Gunsten entscheiden. Davon träumen wir natürlich alle, so tapfer zu sein, daß überall von unseren Heldentaten erzählt wird. Meistens ist es aber viel wichtiger, eine geschlossene Einheit zu bilden, kollektiv vorzugehen, dem Gegner gar keine Möglichkeit zu geben, in unsere Rotte einzudringen. Das wichtigste Orientierungsmittel für uns ist dabei unser Banner. Du weißt, wie sorgfältig ich es behandeln und bewachen lasse. Ohne

Fahne sind wir hilflos. Unter unseren Helmen sehen wir nicht besonders viel. Die Fahne zeigt uns den Weg, auf dem wir vorrücken; um sie können wir uns erneut sammeln, wenn wir bei einem Angriff zersprengt worden sind. Du wirst beobachten können, daß wir und auch unsere Feinde alles daran setzen werden, die gegnerischen Bannerträger zu Fall zu bringen, denn dies würde einen bedeutenden Vorteil bringen, ja unter Umständen sogar die Schlacht entscheiden. Daher ist es immer der tapferste und beste meiner Leute, dem das Amt des Bannerträgers übertragen wird. Streng dich nur tüchtig an, vielleicht erhältst du in ein paar Jahren diese ehrenvolle Aufgabe. Heute hast du allerdings noch andere Pflichten. Paß jetzt gut auf, was ich dir sage. Nur wenn sich jeder absolut diszipliniert verhält, haben wir Aussicht auf Erfolg. Mein Streitroß werde ich erst im letzten Moment besteigen, um es ganz frisch zu halten. Wir sammeln uns bereits hier und legen die Schlachtreihen fest. Du bist mit dem Streitroß, meinem Schwert, Schild und Lanzen dicht neben mir, genauso wie sich alle anderen Knappen bei ihren Herren befinden. Am Schlachtfeld angekommen, wechsle ich das Pferd, in leichtem Trab geht es dem Feind entgegen, du bist immer noch neben mir. Erst unmittelbar vor dem Angriffsritt gibst du mir Schwert und Lanze und verschwindest aus den Streitlinien. Ganz genau mußt du dann den Schlachtverlauf beobachten. Wenn du Verwirrung in den gegnerischen Reihen bemerkst oder mich in Gefahr siehst, darfst du mit den anderen Knappen eingreifen und am Boden liegende Feinde abführen, Pferde einfangen oder mich aus der Gefahrenzone herausschlagen. Hast du alles verstanden? Dann kann es losgehen. Halt, beinahe hätte ich es vergessen: Unser Schlachtruf wird heute sein: Sankt Jörg! Daran kannst du uns immer erkennen. Möge uns der heilige Georg, der Patron der Ritter, bei unserem Tun gewogen sein.»

Beim langsamen Anreiten an den Feind läßt sich Herdegen noch einmal alle Befehle durch den Kopf gehen. Er ist sehr aufgeregt, doch auch bei den anderen steigt die Erregung fühlbar. Schon kann man die feindlichen Banner sehen, das Heer setzt sich in Bewegung. Unaufhaltsam rücken sich die Parteien näher. «Mein Streitroß, schnell», hört Herdegen seinen Herrn. Erstaunlich gewandt schwingt er sich mit der schweren Rüstung auf das Pferd, die Gangart

wird schneller, «jetzt die Waffen und dann weg mit dir.» Fast mechanisch führt Herdegen die Befehle aus, und dann findet er sich wieder auf einer leichten Anhöhe, von der aus er alles gut beobachten kann. Graf Ulrich hat recht gehabt. Leopold läßt sein Heer in einer langen Schlachtreihe gegen den Feind anrennen. Schon ist die Luft erfüllt von dem Donnern der Hufe, Staub legt sich über das ganze Feld. Machtvoll prallen die Parteien aufeinander. Die ersten fallen vom Pferd, liegen zwischen den wirbelnden Hufen, haben keine Möglichkeit mehr aufzustehen. Ein Angriff folgt dem anderen. Da, das erste Banner der Gegner fällt: Jubelschrei der Österreicher! Einige Knappen neben Herdegen werten ihn als Zeichen zum Eingreifen. Mit ihren Dolchen stürzen sie auf wehrlos am Boden liegende Krieger. Die Ritterehre, nur gegen einen gleichwertigen Gegner zu kämpfen, ist vergessen. Die Aussicht auf Beute steht im Vordergrund. Wer nicht aufgrund seiner Wappen, die ihn als Mitglied einer reichen Familie ausweisen, ein gutes Lösegeld als Gefangener verspricht, wird mitleidlos niedergemetzelt. Waffen und Rüstungen werden ihm ausgezogen, nach der Schlacht liegt eine Vielzahl nackter Leichen auf dem Kampfplatz.

Herdegen schaut dem Treiben fassungslos zu. Das entspricht so gar nicht den Vorstellungen von ritterlichem Kampf, wie er sie sich nach all den Ritterlehren gemacht hat. Plötzlich taucht Friedrich, sein erster Freund auf der Babenberger Burg, neben ihm auf: «Entsetzt?» fragt er, «das geht allen von uns beim ersten Mal so! Aber man gewöhnt sich schnell daran, schließlich handelt es sich ums pure Überleben. Nur wer seinen Vorteil wahren kann, hat Chancen aufzusteigen. Und außerdem sind es ja Ketzer, sie gehören nicht zu uns, sie haben sich selbst zu Heiden gemacht. Für sie gibt es keinen ritterlichen Ehrenkodex!»

Plötzlich sieht Herdegen die Fahne seines Herrn schwanken, ja fast untergehen. Das ist wohl das Zeichen, einzugreifen. Mutig, wenn auch mit klopfendem Herzen, stürzt er sich neben Friedrich ins Kampfgetümmel. Mühevoll bahnt er sich seinen Weg zu Ulrichs Rotte. Mit seinem Dolch sticht er vor allem nach ungeschützten Pferdekörpern, zusammen mit den anderen Knappen gelingt es ihm, Graf Ulrich und seinen Leuten den Rücken zu decken, ihnen den

Rückzug und ein erneutes Sammeln zu ermöglichen. «Gut gemacht», ruft Ulrich, und Herdegen spürt plötzlich eine eigenartige Erregung in sich aufsteigen. Das Kampffieber hat ihn gepackt, alle Angst ist verflogen, er sieht nicht mehr die Grausamkeiten um sich herum, sein Ziel ist es jetzt zu jagen, seinem Herrn vielleicht auch ein gutes Stück Beute zuführen zu können. Viele Stunden dauern die Kämpfe, Meter für Meter werden die Feinde zurückgedrängt. Bei Sonnenuntergang ist die Schlacht zu Ende. Die Toten werden von ihren Kampfgenossen unter lautem Wehklagen aufgebahrt, Verwundete gepflegt, selbst gestattet man sich einen großen Schluck Wein, um die von Staub und Durst ausgetrocknete Kehle zu «ölen».

Die Rüstungen haben all ihren Glanz verloren, sie sind mit einem Gemisch von Staub und Blut bedeckt. Krieg ist eine brutale Angelegenheit – gerade auch im Mittelalter. Es gibt noch kein abstraktes Töten durch raffinierte Fernwaffen, die zwar die Zahl der Opfer ins Unermeßliche steigen lassen, den Anblick des Todes dem einzelnen aber entziehen. Man ist mit dem Feind in Körperkontakt, das Ziel ist, seine Kampfkraft auszuschalten, und das geht nur über eine mehr oder weniger schlimme, persönlich zugefügte Verwundung. Zart besaitet waren dabei die Kämpfer sicher nicht, es gehörte zu ihrem Handwerk, zu töten und zu verstümmeln, niemand hätte dies in Frage gestellt.

Allerdings hatte man auch schon im Mittelalter erkannt, daß andere Methoden der Kriegsführung sehr viel effektiver sein können. So ließ Mitte des 13. Jahrhunderts der aragonesische König im Krieg gegen die Franzosen das Wasser der Pferdetränke vergiften, so daß Tausende von Pferden qualvoll zugrunde gingen. In einer anderen Auseinandersetzung bauten die Flamen Fallgruben mit spitzen Pfählen, auf denen sich die anreitenden Franzosen regelrecht aufspießten. Im Vordergrund stand aber doch bis ins späte Mittelalter der klassische Reiterkampf, der für jeden Ritter Inbegriff seines Lebens war. Ein französischer Dichter des zwölften Jahrhunderts bekennt, nichts erfreue ihn so, weder Essen noch Trinken noch Schlafen, wie Schlachtrufe zu hören und das Wiehern der reiterlosen Pferde im Schatten und die Angstschreie: «Helft mir! Helft mir!» und die Toten zu sehen, die von dem Holz der fahnengeschmückten Lanzen durch-

71

bohrt sind! Und weiter: «Ich mag das Schlachtengetümmel der blaugekrönten Schilde, die Feldzeichen und die buntfarbenen Banner, die prunkvollen, in der Ebene aufgeschlagenen Lagerzelte, brechende Lanzen, gelöcherte Schilde, die prächtigen Männer, die sich aufspießen, die Schläge, die man austeilt und die man bekommt.»

Am Abend bauen die Sieger ihr Nachtlager auf dem Schlachtfeld auf. Kein sehr gemütlicher Ort, würden wir meinen, für den Ritter aber ein wichtiger demonstrativer Akt, seinen Sieg deutlich sichtbar zu machen. Man ißt und trinkt, diskutiert den Schlachtverlauf und ist froh, heil davongekommen zu sein.

Die Gefangenen sind an einen sicheren Ort in der Nähe gebracht worden. Mit ihnen hofft so mancher hohe Herr, seine Finanzen wieder etwas aufbessern zu können. Lösegeldzahlungen gehörten zur Konvention. Wer zahlungskräftig war, hatte entschieden größere Chancen, nicht umgebracht zu werden. Auch Könige waren davon nicht ausgenommen, wie wir am Beispiel von Richard Löwenherz ja bereits gehört haben.

Graf Ulrich ist mit Herdegen sehr zufrieden. «Von nun an wirst du bei all meinen Kämpfen dabei sein», meint er. Damit beginnen für unseren jungen Helden Jahre des Umherziehens. Trotz der Mühsal, die das Reisen im Mittelalter mit sich bringt, sind die Menschen erstaunlich mobil.

Herdegen muß eine harte Schule durchmachen. Geschont wird niemand. Immer mehr verbessert er seine Reiterkunst und seinen Kampfstil. Seine Reisen führen ihn an viele Orte im Römischen Reich. Er erlebt staunend die Krönung Friedrichs II. in Aachen 1215, lernt viele fremde Kulturen kennen und schnappt Brocken der verschiedenen Sprachen auf.

Ein bißchen dürfte Oswald von Wolkenstein schon übertrieben haben, wenn er von seinen ausgedehnten Reisen berichtet, aber dennoch können wir sein unstetes Leben als typisch für das eines mittelalterlichen Ritters ansehen:

Gen Preussen, Littwan, Tartarey, Türkey uber mer
gen Frankreich, Lampart, Ispanien mit zwaien kunges her
traib mich die minn auf meines aigen geldes wer;

Ruprecht, Sigmund baid mit des adlers streiffen.
Franzoisch, mörisch, katlonisch und kastilian
teutsch, latein, windisch, lampertisch, reuschisch und roman,
die zehen sprach hab ich gebraucht, wenn mir zerran;
auch kund ich fidlen, trumen, paukgen, pfeiffen.
Ich hab umfarn insel und arm, manig land
auf scheffen gros.

Nach Preußen, Litauen, Tartarei, Türkei und übers Meer,
Nach Frankreich, Spanien, in die Lombardei trieb mich die Minne
auf eigene Rechnung mit dem Heer zweier Könige, mit Ruprecht
und Sigmund mit dem Adlerstreifen,
Französisch, Maurisch, Katalanisch, Kastilisch,
Deutsch, Latein, Windisch, Lombardisch, Russisch und Roman,
Zehn Sprachen brauchte ich, wenn ich in Not war.
Auch konnte ich fiedeln, trommeln, pauken, pfeifen.
Ich habe umfahren Inseln und Landzungen und manches Land
auf großen Schiffen.

Das Fest

Die Schwertleite

Herdegens Lehrzeit ist zu Ende. Nach knapp sechs Jahren harter,
entbehrungsreicher Knappentätigkeit läßt Herzog Leopold verkün-
den, er wolle am kommenden Pfingstsonntag – es ist nach unserer
Rechnung im Jahr 1218 – dreiundzwanzig jungen Knappen das
«Schwert leiten»: ihnen in einer feierlichen Zeremonie den Rittertitel
verleihen. Herdegen ist einer von ihnen! Gesehen hat er ein solches
Ereignis noch nie, aber gehört hat er schon viel von der prachtvollen
Ritterweihe Leopolds VI. im Jahr 1200, er kennt die ausführliche
Schilderung in einem der neuesten Literaturwerke, dem «Tristan»,
eines *Meister Gottfried,* der in der Stadt Straßburg leben soll:

Zusammen mit Tristan sollen dreißig junge Männer die Ritterweihe empfangen. Alle sind sie mit kostbaren Rüstungen und
Kleidern ausgestattet worden. Nach der Messe und der Segnung
legt Marke, der Onkel Tristans, ihm Schwert und Sporen an und
erinnert ihn an die Pflichten, die er aufgrund seiner neuen Würde
zu erfüllen hat. Es sind ganz ähnliche Ermahnungen, wie sie Herdegens Lehrmeister seinem Zögling gegeben hat:

wis diemüete und wis unbetrogen,
wis wârhaft und wis wolgezogen;
den armen den wis iemer guot,
den rîchen iemer hochgemuot;
ziere und werde elliu wîp;
wis milte unde getriuwe

Sei bescheiden und aufrichtig,
wahrhaftig und wohlerzogen,
sei gütig zu den Armen,
und stolz zu den Reichen,
ehre und liebe alle Damen,
sei freigebig und zuverlässig.

Nach diesen Worten reicht ihm Marke Speer und Schild, küßt und
segnet ihn. Danach stattet Tristan seine Gefährten mit den ritterlichen Insignien aus.

Ob Leopold sich wohl ebenso großzügig wie Marke erweisen
wird? Mit der Wahl des Tages hat er sich an die Tradition gehalten.
Pfingsten ist in der Artusliteratur die Zeit, in der Feste und Hochzei-
ten, Turniere und Schwertleiten gefeiert werden. Aber auch historisch ist dieser Brauch bezeugt: das große Mainzer Hoffest 1184
wurde an Pfingsten abgehalten, 1192 empfingen Konrad von Schwaben und Ludwig I. von Bayern am Pfingsttag das Schwert.

An diesem Tag feiert die Christenheit die Ausgießung des Heiligen Geistes, durch die jeder einzelne in die Gemeinschaft Jesu aufgenommen ist. Schon im zehnten Jahrhundert gibt es Darstellungen,
die darauf hinweisen, daß dieses gemeinsame Leben in Jesu nicht

nur eine Gemeinschaft des Geistes, sondern auch irdische Lebensgemeinschaft bedeutet. Und wie könnte diese besser gefeiert werden als durch ein gemeinsames Fest und die Aufnahme junger Männer in den ritterlichen *ordo,* in den Ritterstand? Zusätzlich fällt der kirchliche Feiertag in den so vielbesungenen Monat: in den Wonnemonat Mai! Nach den Schrecken des Winters bringt er neue Lebensfreude. Der warme Sonnenschein läßt nicht nur Bäume grünen und Blumen blühen, er lockt auch die Menschen aus ihren Häusern, wärmt die klammen Glieder und taut die Herzen auf.

Je näher der große Tag rückt, um so ungeduldiger wird Herdegen. Die Zeit scheint viel langsamer zu vergehen als sonst. Aber plötzlich ist es dann doch so weit. Bei Tagesanbruch wird Herdegen geweckt. Knappen bringen einen Helm, eine Halsberge, den Harnasch und eine Lanze und helfen dem jungen Helden beim Anlegen. Wie oft hat er diese Handgriffe bei seinem Herrn gemacht, jeder Ring, jeder Haken ist ihm vertraut. Und doch ist es jetzt ungewohnt, die schweren «Kleidungsstücke» selbst anzuziehen, die jede Bewegung mühsam machen und im wahrsten Sinne des Wortes auf die Bürde hinweisen, die der neue gesellschaftliche Rang mit sich bringen wird.

Draußen wartet ein Pferd, geschmückt mit kunstvoll geflochtenem Zaumzeug und einer kostbaren Decke. Elegant schwingt sich Herdegen, ohne die Steigbügel zu benutzen, in den Sattel und reitet zur Kirche, wo seine Kameraden bereits auf ihn warten. Alle haben sie vom Herzog die gleiche Ausrüstung erhalten. In einer langen Reihe knien sie vor dem Altar. Dreiundzwanzig Schwerter, dreiundzwanzig Lanzen und dreiundzwanzig Schilde werden vom Priester gesegnet. Dann ist der große Augenblick gekommen! Der Herzog bindet jedem der jungen Männer das Schwert um, legt ihm eigenhändig die Sporen an und gibt ihm den Schild in die Hand. Mit diesem Akt sind sie volljährig geworden, sie haben «*ritters namen enphahen»,* den Ritternamen empfangen.

Halt, werden einige einwenden, da fehlt noch etwas. Jeder kennt doch aus Abenteuerfilmen und Büchern über Richard Löwenherz oder die drei Musketiere den Schlag an den Hals mit der flachen Schwertklinge – den Ritterschlag.

Nun, es *kann* sein, daß zu Herdegens Zeit ein solcher Brauch bereits bestand, es gibt aber keinen einzigen Bericht, der ausdrücklich davon spricht. Wir sind überhaupt im deutschsprachigen Raum sehr schlecht unterrichtet über den Ablauf einer Ritterweihe. Aus England und Frankreich sind sehr viel genauere Schilderungen überliefert: Dem jungen Gottfried Plantagenet von Anjou wurde zunächst ein Bad bereitet. Danach kleidete er sich kostbar und trat mit seinen Kameraden vor die Gesellschaft. Pferde und Waffen wurden verteilt, Gottfried erhielt eine wertvolle Rüstung, goldene Sporen, den Schild mit Wappen, den Helm und eine Lanze.

Chrétien von Troyes, einer der bedeutendsten französischen Dichter vom Ende des zwölften Jahrhunderts, beschreibt in seiner Gralsdichtung zwei verschiedene Formen: Perceval wird von seinem Gastgeber der rechte Sporn angeschnallt und das Schwert angelegt, nachdem Knappen ihn gewappnet haben. Ein Kuß besiegelt die Aufnahme in den Ritterstand. Gauvain läßt fünfhundert Knappen ein Bad bereiten und sie kostbar kleiden. Eine ganze Nacht wachen sie stehend in der Kirche. Am Morgen erhalten sie von Gauvain Schwert und Sporen, und er gibt jedem den Ritterschlag.

Hier hören wir zum ersten Mal von dieser Zeremonie. Interessanterweise läßt *Wolfram von Eschenbach,* der mit Sicherheit Chrétiens Perceval gekannt hat, in seinem Parzivalroman diese Schilderungen aus. Vielleicht weil ihm das Protokoll unbekannt war?

Die deutschsprachige Dichtung schildert seit dem 13. Jahrhundert immer wieder einen ähnlichen Ritus: auf die Einkleidung folgt die Umgürtung mit dem Schwert, anschließend vergnügt man sich mit Reiterspielen. Erst 1377 wird ausdrücklich ein Ritterschlag erwähnt, von einem Spruchdichter, der wie Herdegen am österreichischen Hof zu finden ist, jetzt aber unter habsburgischer Herrschaft. Dieser Peter Suchenwirt schildert als Augenzeuge die Ritterweihe Herzog Albrechts III. mitten im heidnischen Preußenland:

Der graf von Tzil Herman genant
Daz swert auz seiner schaide tzoch
Und swencht ez in di luften hoch
Und sprach tzu hertzog Albrecht:
«Pezzer ritter wenne chnecht!»
Und slug den erenreichen slag.

Der Graf Hermann von Cilli
zog das Schwert aus der Scheide,
schwenkte es hoch in die Luft
und sprach zu Herzog Albrecht:
«Besser Ritter als Knecht!»
und schlug den ehrenvollen Schlag.

Im weiteren Verlauf spricht Suchenwirt von 108 Kämpfern, die den *ritterslag* erhalten haben. Etwa zur gleichen Zeit finden wir auch bildliche Darstellungen dieser symbolischen Handlung. Doch zurück zu unserem Herdegen. Noch ist der Festakt nicht beendet. Wie Marke seinen Neffen Tristan, weist auch Leopold die jungen Ritter auf den Ehrenkodex hin, dem sie sich zu verpflichten haben: Niemals dürfen sie den Schwachen, vor allem Witwen und Waisen, ihren Schutz versagen; sie müssen einen aufrechten, ehrlichen Charakter zeigen, sich absolut loyal zu ihrem Herrn verhalten; der Kirche sollen sie gegen jeden Angreifer tatkräftig beistehen; niemals geizig das Erreichte für sich behalten, sondern in großer Freigebigkeit alle daran teilnehmen lassen; den Frauen schließlich haben sie mit aufmerksamer Höflichkeit zu begegnen.

Wie wenig diese Forderungen oft in der Realität erfüllt wurden, zeigt leider die Geschichte. Warum dann aber immer wieder in den Geschichtsquellen und den Dichtungen die Betonung dieses Ethos? Warum die große Bedeutung der Ritterweihe für jeden jungen Adligen? Was ändert sich denn überhaupt durch die Aufnahme in den Ritterstand?

Wir wollen, während Herdegen sich für die folgenden Spiele umkleidet, diesen Fragen etwas nachgehen.

«du nennest ritter, was ist daz?»

«Du nennst dich Ritter, was ist das?» fragt der junge Parzival, der im Wald von seiner Mutter aufgezogen worden ist und vorher nie einen gewappneten Menschen gesehen hat, den Fürsten Karnahkarnanz. Und dieser gibt ihm zur Antwort, daß er seine Ritterschaft von König Artus erhalten habe, daß er seine Rüstung und sein Schwert benötige, um im Kampf bestehen zu können, und daß er sich gerne unter die Gebote Gottes stelle. Im weiteren Verlauf der Unterhaltung wird der Reiter aber immer als Fürst, nie als Ritter bezeichnet.

Vier Dinge müssen uns auffallen: die «Ritterschaft», also die «Ritterwürde», wird von einer *weltlichen Instanz* verliehen; die Aufgabe eines Ritters ist der Kampf; seine Haltung ist demütig, denn er *unterwirft sich einer göttlichen Macht;* «Ritter sein» ist *keine ständische Einordnung.* Als Fürst bleibt er in der Hierarchie über seinen Gefolgsleuten, obwohl auch sie Ritter genannt werden. Das Wort *rîter* begegnet uns zum ersten Mal in Texten aus dem Ende des elften Jahrhunderts. Um 1170 steht eine neue Form daneben: *ritter.* Bis zum Beginn des 13. Jahrhunderts wird dieses Wort nur selten benutzt, dann nimmt es plötzlich in der höfischen Dichtung einen vorrangigen Platz ein.

In seiner ursprünglichen Bedeutung bezeichnet «rîter» oder «ritter» den Soldaten. Ab 1170 wird mehr und mehr darunter der schwergepanzerte Krieger zu Pferd verstanden. Es wäre aber völlig verfehlt, in diesen Panzerreitern einen abgeschlossenen sozialen Stand zu sehen. Könige, Fürsten, Grafen und niedere Adelige sind zwar Waffengefährten im Kampf, Herrschaft und Dienst bleiben aber scharf voneinander getrennt. Entsprechend ihrer ursprünglichen Funktion als Soldaten waren Ritter zum Kriegsdienst verpflichtet. Im Bedarfsfall ging ein Aufgebot durch das Land, die Ritter eilten von überall herbei. Die Reichen unter ihnen hatten ihre eigenen Rüstungen und konnten ihrerseits Panzerreiter ausstatten; die Armen mußten Helm, Harnasch und Pferd bei ihrem Herrn ausleihen. Es findet also keine Aristokratisierung des Kriegertums statt, sondern eine Aristokratisierung der Bewaffnung. Panzer und Pferd, die schon in der Antike Kennzeichen adeliger Herren waren, gehören ab etwa 1200 auch zur Ausrüstung eines niederen Dienstmannes.

Wenn wir den literarischen Quellen glauben dürfen, dann umgaben sich hohe Herren gerne mit einer großen Anzahl von Rittern. Sie dienten als Kämmerer, Truchsesse und als Marschälle, waren bei der Begrüßung von Gästen dabei und halfen ihnen beim Aus- und Anziehen. Auch sie gehörten ganz verschiedenen Geburtsständen an, das heißt sie konnten als Freie bezeichnet werden oder sogar als «eigen», als Unfreie nichtadeliger Herkunft. Allen diesen Rittern gemeinsam ist nur die *Bindung an einen Herrn.* Von einem Ritter-stand im Sinn einer sozial genau abgegrenzten Gruppe dürfen wir auf keinen Fall sprechen.

Worin bestand dann aber das große Interesse des gesamten Adels, sich Ritter nennen zu dürfen?

Am Ende des zwölften Jahrhunderts bekommt das Wort «Ritter» eine weitere Bedeutung, die die ursprüngliche Verwendung bald in den Hintergrund drängt. «Ritter» wird zu einem *Ehrentitel für jeden Adeligen,* sei er hoch oder niedrig. Und mehr noch, er wird zu einem *Zentralbegriff einer Kultur, die von der höfischen Gesellschaft getragen wird.* Der erste, der sich in aller Konsequenz dieser neuen erweiterten Bedeutung bedient, ist Hartmann von Aue. Er nennt seinen Helden Erec im gleichnamigen Roman einmal «ritter», einmal «herre» oder auch «künec». Die Adeligen reden sich untereinander mit «ritter» an, und höchstes Ansehen vor der Gesellschaft genießt, wer sich als bester Ritter ausweisen kann.

Aus einer Berufsbezeichnung, die auf jeden Krieger anwendbar war, wird ein Titel, der einen vollkommenen Mann bezeichnet. Während man als Fürst, als Graf, als Herzog oder gar als König geboren wird, muß man sich den Titel «Ritter» erringen, nicht nur durch große Tapferkeit und Geschicklichkeit im Kampf, sondern auch durch «anständiges» Benehmen, wie es das Hofzeremoniell vor-schreibt, und durch die Beachtung christlicher Grundtugenden, etwa die Beherrschung der eigenen Leidenschaften und Wünsche oder den Schutz körperlich oder sozial Schwächerer.

«Ritterlich» bezeichnet bestimmte Lebensformen und erscheint in den verschiedensten Verbindungen. Er war «*ein rehter adamas rîterlicher tugende*», er war ein Edelstein an ritterlicher Tugend, weiß Hartmann von Iwein zu berichten. Andere Helden zeigen «rit-terliche Treue», «ritterliche Ehre», «ritterliche Würde». Gäste wer-den «ritterlich empfangen», Männer und sogar Frauen tragen «rit-terlich gewant», ja sie können sogar «ritterlich baden». Ihr ganzes Leben wird zu einem «ritterlichen leben». Wer die höfische Moral verletzt, hat seinem Ritternamen Schande gemacht und die Berechti-gung, ihn zu tragen, verwirkt. «*Vür einen triuwelosen man*» erklärt Lunete *Iwein* vor versammeltem Hof, und sie meint, der König müsse sich «*iemer schamen, hât er iuch mêre in rîters namen*» – er müsse sich für alle Zeiten schämen, wenn er ihn den Namen eines Ritters behalten lasse. Auf eine so ungeheure Anschuldigung, die Iwein in seiner gesellschaftlichen Existenz in Frage stellt, kann er nur mit Wahnsinn reagieren. Und so irrt er durch die Wälder, bis endlich eine barmherzige edle Dame ihn heilt.

Die *Schwertleite* ist der zeremonielle Akt, mit dem der Adelige den Ritternamen erhält. Schon in karolingischer Zeit gab es die Tradition, den jungen Mann wehrhaft zu machen. Mit der Umgürtung des Schwertes war er in die Erwachsenenwelt aufgenommen. Wahrscheinlich unter dem Einfluß der Kirche wurde die Schwertübergabe dann mit dem Erwerb des Ritternamens verknüpft. Die häufige Ausrichtung der Schwertleite an Pfingsten, die kirchliche Segnung der Waffen und die seit dem elften Jahrhundert bestehende Liturgie für diesen Anlaß zeigen, daß die Kirche ein Interesse daran hatte, den adeligen Kämpfer einzubinden in die Aufgaben des Christentums. Besonders drastisch wird dies im Kreuzzug deutlich, in dem der weltliche Ritter zu einem *Gottesstreiter* wird. Die Forderung nach Schutz der Schwachen und Unterdrückten knüpft zwar an das alte Herrenamt an, Friede und Recht zu schützen, erhält aber gleichzeitig eine christliche Ausprägung. Thomasin von Zerklære, ein Geistlicher, der um 1215 eine Tugendlehre für den Adeligen schreibt, spricht den Sinn des Rittertums deutlich aus:

wil ein rîter phlegen wol
des er von rehte phlegen sol,
sô sol er tac unde naht
arbeiten nâch sîner maht
durch kirchen und durch arme liute.

Will ein Ritter sich so verhalten,
wie er es von Rechts wegen tun soll,
so muß er Tag und Nacht
sich mit all seinen Kräften abmühen:
für die Kirche und für arme (schwache) Menschen.

Dieser Gedanke muß für die damalige Zeit revolutionär gewesen sein! *Nicht Herrschen* ist die höchste Form adeliger Selbstverwirklichung, *sondern das Dienen.* Der Rittername wird damit zu einem eigentlichen Erziehungsprogramm. Daß diese Idealvorstellungen nicht immer in die Tat umgesetzt worden sind, versteht sich von selbst. Zahlreich sind die Klagen über die Niedertracht der Ritter. Um 1200 schreibt Petrus de Blois, Prinzenerzieher am sizilianischen Königshof: «Statt mit Waffen beladen die jungen Ritter ihre Lastpferde mit Wein, nicht mit Lanzen, sondern mit Käse, nicht mit Wurfspeeren, sondern mit Bratspießen. Man meint, daß sie zu einem Gelage ziehen, nicht zu einem Krieg.» Und weiter führt er aus, wie oft die Ritter zu feige seien zum Kämpfen, wahllos plünderten und sich am Schmerz anderer erfreuten.

Unterscheidet sich die Welt im Mittelalter mit dieser Diskrepanz von Wirklichkeit und Ideal tatsächlich so von unserer? Auch wir haben ja durchaus Vorstellungen davon, wie es richtig wäre zu leben, ohne uns im Alltagsleben immer an diese Prinzipien zu halten. Vielleicht hat aber gerade die harte Wirklichkeit des Mittelalters – in der Gewalt, Raub, Verrat, Brandschatzung, Hunger alltäglich waren – ein Gegengewicht in Form einer einenden Idee des Rittertums gebraucht, um das Leben erträglich zu machen.

Einen Ritterstand im Sinn einer sozialen Berufsschicht hat es nie gegeben, wohl aber die Erziehung verschiedenster Gruppen im Sinne ethischer Werte, die wir auch heute noch als ritterlich bezeichnen.

Der bûhurt

Herdegen hat inzwischen genügend Zeit gehabt, seine Rüstung gegen einen leichten Waffenrock zu vertauschen. Nur ungern trennt er sich von seinem Schwert, das ihn sein ganzes zukünftiges Leben begleiten soll. Der *bûhurt* aber wird ohne Waffen ausgetragen, und so übergibt er es einem Knappen zur sorgfältigen Aufbewahrung. Das Publikum will heute keinen harten Kampf sehen, sondern ein farbenprächtiges Spektakel. Den Buhurt scheint es im deutschsprachigen

Raum sehr viel früher gegeben zu haben als das Turnier. In der Kaiserchronik erzählt der unbekannte Autor, die Römer hätten zu Ehren ihres Gottes Saturn ein Fest gefeiert, auf dem großer Lärm herrschte *«von bûhurt und von springen, von tanzen und von singen».* Dies heißt natürlich nicht, daß die Römer tatsächlich bereits eine derartige Form des Reiterspiels kannten, sondern nur, daß zur Entstehungszeit der Kaiserchronik der Buhurt bekannt war. Sogar die Kirche, die Kampfspielen eher abgeneigt war, erlaubte den Buhurt als notwendige Übung auch für die Tempelritter, die ritterlichen Mönche, die im Heiligen Land gegen die Heiden kämpften.

Auf dem Festplatz stellen sich die jungen Ritter in Zweierformation auf. Jeder trägt seinen Schild, die meisten werden von Fahnenträgern eskortiert. Gemessenen Schrittes reiten sie an den Zuschauern vorbei. Begeistert werden sie beklatscht. Man ist sich einig: es sind schöne junge Männer, die heute den Tag ihrer Volljährigkeit feiern. Ihre Namen werden sicher in den kommenden Jahren oft genannt werden.

Sie beginnen Figuren zu reiten, die bunten Fahnen kreuzen sich, drehen sich im Kreis, die Pferde und ihre Reiter verschmelzen zu einer Einheit, trennen sich wieder. Aus dem Schritt wechseln sie in schnellen Trab und in Galopp, rennen gegeneinander, die Schilde prallen aufeinander, blitzschnell wenden die Pferde, neue Formationen beginnen. Immer mehr erhitzen sich die Gemüter. Kampflust kommt auf. Schwer krachen die Schilde. Manch einer fällt vom Pferd und gerät in Gefahr, in dem Gedränge von einem Huf getroffen zu werden. Herdegen hatte bisher Glück. Das Pferd, das er heute morgen geschenkt bekommen hat, ist wendig, ausdauernd und gut zu führen. Und so gelingt es ihm, den Buhurt ohne Sturz oder eine Verletzung zu überstehen. Auch die Zuschauer sind zufrieden. Die Parade der neuen Ritter hat ihnen gefallen. Wenn sie auch morgen so tapfer ihren Mann stehen, dann verspricht das Turnier spannend zu werden. Aber zunächst ist noch das große Festessen auf dem Programm. Da will niemand fehlen ...

Herdegen kleidet sich

Wer zu einem Fest gehen will, muß sich festlich kleiden, denn «Kleider machen Leute», das wußte man schon im Mittelalter. Der Landesherr hat einmal mehr seine Freigebigkeit bewiesen und die jungen Ritter reich ausstatten lassen. Alle werden sie heute die gleichen Kleider tragen, und die Frauen werden flüstern und tuscheln, wenn sie kommen, und werden Ausschau nach dem schönsten unter ihnen halten. Um vor ihren kritischen Blicken bestehen zu können, muß man höchste Sorgfalt auf die Ausstaffierung verwenden, und so läßt sich Herdegen viel Zeit. Zunächst kräuselt er mit einer Brennschere sein schulterlanges Haar. Sehr zu seinem Bedauern ist es braun und nicht blond, denn gelockt und blond, das ist der letzte Modeschrei. Manche seiner Freunde helfen der Natur etwas nach und blondieren ihre Haare mit einem Schaum aus Holunderrinde, Ginsterblüte, Safran und Eigelb. Herdegen begnügt sich damit, seine Frisur mit einer Pomade aus Öl und zerstoßenen Bienen zum Glänzen zu bringen.

Mit einem scharfen Messer rasiert er die ohnehin spärlichen Bartstoppeln ab. Junge Männer zeigen ein glattes Gesicht. Nur die Alten lassen sich einen Vollbart wachsen, den sie auf Festen gerne mit Goldfäden verzieren oder auch zu Zöpfen flechten. Daß die Jungen keine Bärte tragen, ist aber nicht nur eine Mode, sondern hat auch waffentechnische Gründe. Wolfram von Eschenbach berichtet im «Willehalm», der alte Heinrich von Narbonne habe einen Helm ohne *barbiere,* das heißt ohne Visier getragen. Nur ein Nasenband schützte das Gesicht. Warum der Graf diesen altmodischen Helm benutzt, erklärt Wolfram mit dessen langem Bart, der nicht in den Kinnlatz einer Kettenkapuze paßte.

Schnell schlüpft Herdegen in die *bruoch,* die weite, kurze Hose aus kräftigem Leinen. An das rechte Bein zieht er einen roten, an das linke einen grünen Beinling und verknüpft beide mit Bändern an der Bruoch. Strümpfe sind noch unbekannt, aber die Hosenbeine müssen ganz eng, wie *gelîmet* sitzen. Die Schönheit eines Mannes bemißt sich auch nach seinen geraden, schlanken Beinen, und daher muß ihre Form deutlich sichtbar bleiben. Manche Männer verzichten ganz auf Beinlinge und lassen ihre Beine nackt unter dem Obergewand hervorscheinen. Herdegen gefällt sich aber sehr gut in seinen modischen Hosen. Er zieht das Untergewand über, die *cotte,* ein knielanges Kleid aus Leinen. Am Ausschnitt ist es mit leuchtend roten Knöpfen verziert. Sie werden nicht zum Schließen benutzt, das Knopfloch ist noch unbekannt, dazu dienen Bänder an den Seiten. Ein junger Page kommt Herdegen zu Hilfe. Das lose fallende Hemd muß nämlich jetzt in Form gebracht werden. Mit den Bändern wird Herdegen fest eingeschnürt. Erst wenn das Hemd in leichten Falten die Brust umspannt, ist er zufrieden. Den Saum des Kleides ziert eine farbenprächtige Borte. Zu Hause wird Herdegen meist nur die Cotte tragen, heute aber wäre dies ein unangemessener Aufzug.

Das eigentliche Prunkgewand liegt noch vor ihm auf der Truhe. Roten Scharlach aus dem flandrischen Gent, einem der großen Tuchzentren Europas, hat Herzog Leopold besorgen lassen, dazu einen schweren grünen Wollstoff aus der Nachbarstadt Ypern. Leopold selbst kleidet sich am liebsten in Seide, die Kaufleute aus dem Orient mitbringen, aber für seine Lehensleute wäre dieser Stoff doch zu kostbar. Schließlich muß ja sichtbar bleiben, wer Herrscher im Lande ist! Der am Hof beschäftigte Schneider hat aus den beiden Stoffen ein wunderschönes Kleid genäht. Im Schnitt entspricht es der französischen Mode, die schon damals Vorbild für die Kleidung deutscher Adeliger war. Wieder ist das Oberteil hauteng, der Rock dagegen fällt in weitem Faltenwurf bis fast auf den Boden. Vorne ist er bis zur Hüfte geschlitzt, so daß die Beine und die Borte des Untergewandes sichtbar bleiben. Die beiden Stoffe sind «mi-parti» verarbeitet, also wie die Beinlinge auf der einen Seite rot, auf der anderen grün. Die bis zum Ellbogen anliegenden Ärmel springen nach unten trichterförmig auf und fallen überlang nach hinten. Die Taille wird mit einem perlenbesetzten Gürtel geschmückt. Der ganze Rock ist mit Goldpailletten bestickt, am Saum sogar mit Pelz verbrämt. Ein tiefer, ebenfalls mit Borten verzierter Ausschnitt läßt die schönen Knöpfe des Untergewandes sichtbar bleiben. Zufrieden blickt Herdegen an sich hinunter. So kann er sich wohl sehen lassen. Nur noch die eleganten Schnabelschuhe angezogen, den goldenen Haarreif auf den Kopf gesetzt und die weichen, bestickten Handschuhe übergestreift. Erwartungsvoll reitet Herdegen zur Festwiese, auf der sich schon viele Gäste eingefunden haben.

«gên wir schouwen ritterliche vrouwen»

Schon oft hat Herdegen über die Pracht und den Reichtum gestaunt, der bei festlichen Anlässen entfaltet wird. Heute fühlt er sich zum ersten Mal wirklich dazugehörig und mustert genau, wer ihn an Luxus übertrifft. Zufrieden kann er feststellen, daß nur wenige besser gekleidet sind als er, und denen steht es aufgrund ihres Standes durchaus zu. Niemand darf schließlich so vermessen sein, sich kostbarer kleiden zu wollen als der im Rang Höherstehende.

In aller Ruhe wendet er sich nun den Damen zu, deren Anwesenheit das Fest erst zu einem großen Ereignis werden läßt. Scheinbar unbeteiligt schlendert er an einer Gruppe junger Mädchen vorbei, die noch etwas befangen dastehen und seinem Blick schüchtern mit den Augen ausweichen. Schön haben sie sich alle gemacht mit ihren bunten Kleidern. Eine gefällt Herdegen besonders gut. Sie scheint eben erst angekommen zu sein und hat ihren *Tasselmantel* noch nicht abgelegt. Elegant hält sie mit der linken Hand die Tasselschnur, die, befestigt an den beiden Spangen rechts und links vom Kragen, den Mantel zusammenhält. Ihre rechte Hand schwingt ihn auf, so daß Herdegen das wertvolle Pelzfutter gut erkennen kann. Darunter trägt sie die *surkot,* ein ärmelloses Kleid, das genau wie bei Herdegen eng am Oberkörper ansitzt und ihre hübsche Figur gut zur Geltung bringt. Unwillkürlich muß Herdegen lächeln, wenn er daran denkt, welch flammende Predigt der Pfarrer letzte Woche gegen diese neue Mode gehalten hat. Schamlos seien alle Frauen, hat er gemeint, deren Kleider so eng sind, daß sie halbnackt zu sein scheinen und im Mann lasterhafte Begierde wecken. Hoffart sei es, sich zu schmükken, bunt wie ein Pfau daherzustolzieren und seine Zeit mit Färben, Zupfen und Nähen zu vergeuden. Herdegen kann sich der Meinung des Predigers nicht ganz anschließen. Erst die enge Schnürung zeigt, wie ebenmäßig eine Frau gewachsen ist und ob sie dem Schönheitsideal entspricht! Wie schwärmt doch Wolfram im Parzival bei der Beschreibung von Antikonie:

Irn gesâht nie âmeizen,
diu bezzers gelenkes pflac,
dan si was dâ der gürtel lac.

Nie habt ihr Ameisen gesehen,
die eine schlankere Taille
als sie hatten.

Wie aber sollte man in einem locker herabfallenden Kleid erkennen können, ob die Dame wirklich so schlank ist?

Auch an der schachbrettartig zusammengesetzten blau-roten Surkot kann Herdegen nichts Anstößiges finden. Um dem Rock noch mehr Weite zu geben, sind *gêren,* Keile, eingesetzt. Edelsteine glitzern auf dem Stoff und verleihen dem jungen Mädchen ein geheimnisvolles Strahlen. Der tiefe Halsausschnitt der Surkot läßt eine prachtvoll gestickte Borte am Unterkleid sichtbar werden. Er wird mit einer wertvollen Brosche, dem *vürspan,* zusammengehalten. Weite, bis auf den Boden fallende Schmuckärmel der Cotte sind wie geschaffen, heimliche Liebesbriefe zu verbergen. Sie sind nicht angenäht, sondern mit Bändern angenestelt. So lassen sie sich beliebig austauschen. Im «Frauendienst», einer Dichtung dieser Zeit mit autobiographischen Elementen, erzählt der Autor von dreißig verschiedenen Ärmeln, die er auf seine große Reise mitgenommen hat.

Auf dem langen blonden, in Locken herunterfallenden Haar des jungen Mädchens sitzt ein kunstvoll geflochtener Blumenkranz, das *schapel.* Welch große Freude wäre es, wenn Herdegen ihn morgen im Turnier erkämpfen könnte. Natürlich weiß er, daß diese Rituale nur ein Spiel sind. Er ist ja schon lange verlobt und wird demnächst heiraten, und auch diese junge Frau ist sicher längst einem Mann versprochen worden und wird niemals wegen einer flüchtigen Liebelei ihre gesellschaftliche Stellung aufs Spiel setzen. Aber ein kleiner Flirt, solange er nach den Regeln erfolgt, ist schon erlaubt, ja er gehört eigentlich zu den gesellschaftlichen Pflichten. Jeder der jungen Männer wird sich heute eine Dame aussuchen, für die er im morgigen Turnier kämpft und deren Anwesenheit ihn zu Höchstleistungen anspornen soll. Dabei spielt es keine Rolle, ob die Auserwählte bereits verheiratet ist oder nicht, sie sollte nur angesehenen Standes sein. Herdegen hat noch nicht erfahren, wer diese junge Schönheit ist; ihrem vornehmen Benehmen und ihrer prachtvollen Kleidung nach muß sie aber von hohem Adel sein. Verheiratet ist sie noch nicht, sonst trüge sie das *gebende,* die Kinnbinde mit dem gesteiften Stirnband, das wie eine Krone getragen wird. Sehr bequem scheint diese Tracht nicht zu sein, denn Herdegen kann feststellen, daß sie viele Frauen beim Essen und sogar beim Sprechen lockern. Und während Herdegens Blicke über schwere Brokatstoffe gleiten, an aufregenden Ausschnitten hängenbleiben und bewundernd bei raffiniert geschnittenen Pelzmänteln haltmachen, hat er nur einen Gedanken: Wie kann ich heute abend mit dieser Frau bekannt werden, wie mit ihr ins Gespräch kommen?

Das Festessen

Immer mehr Gäste treffen ein. Alle werden sie vom Gastgeber willkommen geheißen, manchen wird sogar die Ehre eines Begrüßungskusses zuteil. Es gilt, genau das höfische Protokoll einzuhalten und *Rangunterschiede* durch Gebärden deutlich zum Ausdruck zu bringen. Was bei uns heute zu einer reinen Formalität erstarrt ist, hatte im Mittelalter große Bedeutung: Der Gruß war ein Zeichen für Frieden. Jeder der Anwesenden konnte sehen, wen der Herzog zu seinen Vertrauten rechnete. Eine Verweigerung des Grußes oder des Kusses wurde als feindliche Haltung interpretiert und konnte schwerwiegende politische Folgen haben.

Äußerlichkeiten hatten eine große Bedeutung im politischen und gesellschaftlichen Leben. Feine Zurückhaltung oder gar «understatement» waren verpönt. Jeder zeigte, was er hatte, und möglichst noch ein bißchen mehr. Und so nützen die ankommenden Gäste ihren Aufmarsch zur Selbstdarstellung. Manche lassen ihr Erscheinen von Musikern und Fahnenträgern ankündigen. Sie selbst werden eskortiert von zahlreichen Knappen und schönen Damen auf kostbar geschmückten Pferden. Andere müssen sich mit einem kleinen Gefolge zufriedengeben und werden dementsprechend weniger beachtet.

Kleinere Gruppen haben es sich auf der Wiese bequem gemacht, andere schlendern umher und diskutieren eifrig über das morgige Turnier. Schade, daß wir nicht zuhören können, aber wir wollen doch sehen, was in dem mitten auf der Wiese aufgebauten Zelt geschieht. Prachtvoll glänzen seine Seitenwände aus feinem Seidenstoff, in den Adler, die Wappentiere des Babenberger Herzogs Leopold, eingewebt sind. Sein Sohn Friedrich II. wird nur wenige Jahre später statt dessen den rot-weiß-roten Bindenschild führen, den die österreichische Fahne heute noch trägt.

Das Zeltdach im Innern ist als künstlicher Sternenhimmel gestaltet. Mägde und Küchenjungen tragen Holzböcke und Bretter herbei. Im Nu sind lange Tische und Bänke aufgestellt. Ein junger Mann bestimmt die Anordnung. Neben ihm liegt ein Stapel weißer Tischtücher. Sorgfältig zählt er sie ab und läßt sie dann auflegen. Blumen werden auf Boden und Tische gestreut, und schon rufen Fanfarenklänge die Gesellschaft zum Essen.

Vor den Tischen steht der Truchseß. Ihm fällt die schwere Aufgabe zu, jeden an den Platz zu setzen, der ihm aufgrund seines Standes gebührt. Schon häufig ist es auf Festen zu blutigen Auseinandersetzungen gekommen, weil sich einer der Anwesenden «zurückgesetzt» gefühlt hat. Mit einem langen Stab zeigt der Truchseß jedem den Ort, an dem er Platz nehmen soll: Der *wirt* und die *wirtin*, Gastgeber und Gastgeberin, sitzen ganz oben an der Schmalseite des Tisches. An ihre Seite werden der Bischof und die Grafen gewiesen, und dann dürfen die jungen Ritter Platz nehmen. Erfreut kann Herdegen feststellen, daß er – im wahrsten Sinne des Wortes – in der hierarchischen Stufenleiter ein ganz schönes Stück hinaufgerutscht ist, denn viele werden hinter ihm plaziert. Dem besonderen Anlaß entsprechend, dürfen heute auch die Damen am Tisch der Männer essen – im täglichen Leben sitzen die Geschlechter meist getrennt. Und wer wird unserem jungen Helden an die Seite gesetzt? – die blonde Schöne, die ihm gleich bei seiner Ankunft so gut gefallen hat. Elisabeth heißt sie und ist die Tochter eines Grafen, der zum Rat des Herzogs gehört. Herdegen schätzt sie auf etwa fünfzehn Jahre, sie selbst weiß ihr Alter nicht so genau, aber daß sie in wenigen Wochen heiraten wird, das weiß sie, und daß sie wahrscheinlich heute zum letzten Mal mit dem Schapel auf einem Fest erschienen ist. Viel Zeit für eine Unterhaltung bleibt nicht, denn kaum haben alle ihren Platz eingenommen, erscheinen Edelknaben mit Becken zum Händewaschen und Handtüchern. Andere bringen brennende Kerzen in silbernen Leuchtern, die das Zelt in ein warmes Licht tauchen und die Sterne am Zeltdach zum Leuchten bringen. Fiedler und Sänger begrüßen mit fröhlicher Musik die Gäste. Dahinter ziehen Schenken ein mit großen Weinkannen, und die Truchseßen tragen den ersten Gang des Festessens auf.

Viele verschiedene Weinsorten werden angeboten: der *clâret* oder *lûtertranc,* ein weißer Wein, der mit Nelken gewürzt und mit Honig gesüßt ist, auch roter Gewürzwein, der *sînopel,* ein süßer Fruchtwein, *lît,* und – ganz besonders beliebt – Zyperwein. Die Mundschenken haben alle Hände voll zu tun, die schweren Silberbecher immer wieder neu zu füllen. Wie viel schöner ist es doch, aus einem solchen Pokal zu trinken als aus den Holzbechern, die Herdegen gewöhnt ist.

Die Schüsseln, in denen die Speisen serviert werden, sind überaus kostbar aus Silber und Horn, teilweise sogar goldverziert. Vorschneider und *spisære,* Speisemeister, zerteilen Fisch und Fleisch in mundgerechte Stücke und legen sie den Gästen auf runden Broten, den *gâstel,* vor, die als Teller dienen. Viele haben zum Servieren ihre

eigenen Diener mitgebracht. Jeweils vier Gäste bedienen sich aus einer Schüssel. Herdegen langt tüchtig zu. So gut, findet er, hat er noch nie gegessen. Da werden die verschiedensten Braten aufgetragen, gesottene Fische, Geflügel, Wildbret und dicke Würste. In der Auswahl zeigt sich adeliges Selbstverständnis. Einem Bauern sind alle diese Gerichte verboten. Er darf nur Selchfleisch, Kraut und Gerstenbrei essen, so habe es Leopold V. in einer Rechtsordnung verfügt, erfahren wir in einer zeitkritischen Dichtung des 13. Jahrhunderts, dem Seifried Helbling:

man schuof in zeiner lîpnar
fleisch und krût, gerstbrî
ân wiltpraet solden sie sîn
zem vasttag hanf, lins und bôn;
visch und öl sie liezen schôn
die herren ezzen, daz was sit.

Sie durften essen
Fleisch, Kraut, Gerstenbrei,
aber kein Wildbret;
an Fastentagen Hanf, Linsen, Bohnen;
Fische und Öl ließen sie
die Herren essen, wie es Recht war.

Wertvolle Gewürze wie Pfeffer, Safran und Ingwer sind reichlich verwendet. Herdegen muß manchen tiefen Schluck nehmen, um die
Schärfe etwas zu mildern. Als Beilagen werden Rüben gereicht und
Kraut, dazu kleine weiße Semmeln, die Inbegriff höfischer Lebens-
weise waren. Im «Helmbrecht», einer bissigen Ständesatire aus dem
letzten Drittel des 13. Jahrhunderts, sind sie für den Bauernsohn, der
Ritter werden möchte, Zeichen seines sozialen Aufstiegs. So spricht
er zu seinem Vater:

ich wil ouch unz an mînen tôt
von wîzen semeln ezzen brôt:
haber der ist dir geslaht.

Ich will bis zu meinem Tod
Semmeln aus Weizenmehl essen:
zu dir paßt Hafer.

Kartoffeln gibt es nicht. Sie wurden im 16. Jahrhundert als Zierpflanzen aus Südamerika nach Europa gebracht und erst seit dem 18. Jahrhundert als Nahrungsmittel angebaut. Auch Mais ist noch unbekannt, genauso wie die Zubereitung von Salat. Jeden neuen Gang kündigen Trompeten und Trommeln an. Sänger und Sängerinnen unterhalten die Tischrunde. Stundenlang wird gegessen. Auf die verschiedenen Fleisch- und Fischspeisen folgen gebratene Äpfel und Pflaumen, Honig- und Pfefferkuchen, Nüsse, Mandeln und süße Eierspeisen. Über die genaue Zubereitung der einzelnen Gerichte zu Herdegens Zeiten wissen wir wenig, denn ein Kochbuch ist erst aus der Mitte des 14. Jahrhunderts erhalten, das *«buoch von guter spîse»*. In ihm sind eine Vielzahl von Rezepten, die uns auch heute noch gut munden, etwa die *«Huenre von Kriechen»*:

Man sol huenre braten vnd ein fleisch eines swines, weich gesoten. vnd gehacket vnder ein ander. vnd nim einen vierdunc rosen dor zuo vnd nim yngeber vnd pfeffer vnd win oder ezzig vnd zukker oder honic vnd siede daz zuo sammene vnd gibs hin vnd versaltzez niht.

Man nehme gebratene Hühner und ein weichgekochtes Stück Schweinefleisch, hacke beides und mische es. Dann gebe man ein Viertelpfund Blutwurst dazu, würze mit Ingwer, Pfeffer, Wein oder Essig und Zucker oder Honig, koche es zusammen, tische es auf und versalze es nicht.

Weniger appetitlich muten uns heute Gerichte an, bei denen ganze Tiere auf den Tisch gebracht und vor den Augen der Anwesenden zerlegt wurden. Überaus aufwendig war deren Herstellung. So wurden große Fasane mit ihrem Federkleid serviert; zur Belustigung der Gäste flogen beim Tranchieren lebendige Singvögel heraus! Sich den Bauch vollzuschlagen, ist ein Privileg des Adels. Es ist bis ins Spätmittelalter nicht selbstverständlich, satt zu werden, und daher ein besonderer Beweis für Macht und Reichtum, ein derart üppiges Mahl auszurichten. Vom Hoffest Kaiser Friedrich Barbarossas, 1184, das in Geschichtsschreibung und Dichtung breiten Niederschlag gefunden hat, wird immer wieder der große Aufwand erwähnt, mit dem die Gäste verpflegt wurden. Der Chronist Arnold von Lübeck erzählt bewundernd von den großen Hühnerhäusern, die «von oben bis unten mit Hühnern oder Hennen angefüllt waren, so daß kein Blick hindurchdringen konnte, zur großen Verwunderung vieler, die kaum glauben konnten, daß es in allen Ländern zusammen so viele Hennen gäbe».

Auch in späteren Jahrhunderten wurden Feste unvorstellbaren Reichtums gefeiert. Zur Hochzeit eines Kärntner Herzogs Anfang des 14. Jahrhunderts mußte sogar eine Sondersteuer erhoben werden, um die 1000 Ellen kostbarster Stoffe, die über 10000 Perlen und Korallen, die vielen Zentner Wachs, Mandeln, Datteln und Zucker, die Schweine, Rinder und Lämmer zu bezahlen.

Unzählige Menschen an allen großen Adelshöfen waren damit beschäftigt, die Versorgung zu gewährleisten. Da gab es den Einkäufer und Aufseher der Küchenvorräte, die Köche, Mundschenke, Kellermeister und Bäcker; andere Aufseher verwahrten Tischtücher und Geschirr und führten genau Buch über ihre Anzahl. Einige wenige dieser Aufstellungen haben sich bis in unsere Zeit erhalten und dokumentieren den materiellen Luxus, der getrieben wurde: Wir hören von Bechern aus Beryll oder Bergkristall mit vergoldeten Füßen und Deckeln und von Schüsseln, die mit Szenen aus höfischen Romanen geschmückt waren. Wassergefäße, sogenannte Aquamanile, die zum Händewaschen auf dem Tisch standen, waren oft kunstvolle kleine Skulpturen in Tier- oder Menschengestalt.

Kämmerer mußten sich um die Herstellung der Kerzen kümmern und auf Festen die Mäntel und Hüte der Gäste versorgen, auch gab es Vorschneider, Fleischverwalter und Truchseße. Solche Hofämter waren sehr begehrt. Das Schenken- und Truchseßamt galt bis ins späte Mittelalter als besondere Auszeichnung für einen Adeligen. Ihre Inhaber waren hohe politische Würdenträger.

Natürlich hat kein Adeliger jeden Tag so üppig und in so wertvollem Geschirr gegessen. Beides gehörte genauso wie die festliche Kleidung zum herrschaftlichen Zeremoniell. Normalerweise begnügte man sich mit irdenem Geschirr und Holzbechern. Die tägliche Kost war eher eintönig. Hauptnahrungsmittel war der Brei: Hafer, Gerste, Hirse, Bohnen und Erbsen, alles wurde püriert und zu einem dicken Mus gekocht. Fleisch mußte eingepökelt werden, um es haltbar zu machen. Stundenlang kochte es in einem großen Topf über dem Feuer, und selbst dann dürfte es für unsere heutigen Begriffe noch recht zäh gewesen sein. Frischfleisch gab es nur an Schlachttagen und an Festen. Zahlreiche Fastentage schränkten zudem noch den Fleischverzehr drastisch ein, und nach einer Viehseuche oder Mißernte war auch auf den Burgen allenthalben Schmalhans Küchenmeister.

Auf einem so herrlichen Fest wie heute denkt aber keiner der Anwesenden an solche Zeiten. Jeder stopft in sich hinein, was er nur kann. Nicht alle scheinen dabei in den Tischsitten unterwiesen worden zu sein. Mancher greift in die Schüssel, ohne sich vorher die Hände abgewischt zu haben; die Becher, die einer dem anderen reicht, werden von Mal zu Mal fettiger; halbabgenagte Knochen wandern in die Schüsseln zurück oder liegen auf dem Boden, wo sich Hunde darum raufen. Auch der Wein zeigt allmählich seine Wirkung. Immer lauter wird das Lachen, immer derber die Witze, man schmatzt und rülpst und fühlt sich wohl ...

Herdegen erzählt seiner Tischnachbarin viel von seinen bisherigen Reisen und prahlt ein bißchen mit all den gefährlichen Abenteuern, die er schon erlebt hat. Elisabeth hört aufmerksam zu, aber sie weiß, daß es gegen die Regeln dieses gesellschaftlichen Spiels verstoßen würde, wenn sie ihre Bewunderung zu deutlich zeigen würde. Sie gibt sich recht kühl und spornt damit Herdegen zu immer neuen Schilderungen an. Morgen auf dem Turnier, da wolle er ihr beweisen, was in ihm stecke. Sie sei doch sicher unter den Zuschauerinnen? Nur für sie wolle er kämpfen. Dürfe er wohl auf ein kleines Zeichen ihres Wohlwollens hoffen? Das müsse sie sich erst noch überlegen, meint sie. Mit dieser unverbindlichen Aussage verabschiedet sie sich und läßt Herdegen in quälender Ungewißheit zurück.

«Turnieren daz ist ritterlîch»

Schon vor drei Wochen hat der Herzog Ausrufer, Boten und Spielleute durch das Land geschickt. Sie haben überall verkündet, am Montag nach Pfingsten werde ein großes Turnier stattfinden, auf dem die jungen Ritter, denen Leopold das Schwert leiten wolle, zum ersten Mal ihre Tapferkeit und Geschicklichkeit beweisen könnten. Alle Adeligen sollten mit ihren Pferden und Waffen erscheinen und ihrem Namen Ehre machen. Als Preis setze der Fürst ein kostbar gezäumtes Pferd aus.

Die wenigsten lassen sich da zweimal bitten. Turniere gehörten zum beliebtesten adeligen Zeitvertreib. Der steirische Ministeriale Ulrich von Lichtenstein behauptet, in einem Sommer an zwölf Turnieren teilgenommen zu haben, alle zwei Wochen an einem anderen. Auch wenn wir solche Äußerungen im Rahmen eines literarischen Werks nicht ganz wörtlich nehmen dürfen, zeigen sie doch an, daß Turniere öfters veranstaltet und gern besucht wurden.

Ein zusätzlicher Anreiz zur Teilnahme liegt in der Verbindung von Schwertleite, Fest und Turnier. Sie verspricht einen großen Zulauf von fahrendem Volk, das die tapferen Taten der Herren weiterum erzählen wird und zu deren Ruhm beiträgt! Seit dem Ende des zwölften Jahrhunderts werden Feste fast immer mit Turnieren und Schwertleiten verknüpft. Auch auf dem berühmten Hoffest Kaiser Friedrich Barbarossas 1184, das die Schwertleite der beiden Kaisersöhne feierte, sollte ein Turnier krönender Abschluß sein. Schwere Unwetter, bei denen einige Festteilnehmer den Tod fanden, bewogen den Kaiser aber, darauf zu verzichten. 1222 richtete Herzog Leopold, der Landesherr Herdegens, einen Buhurt aus anläßlich der Hochzeit seiner Tochter und beförderte gleichzeitig eine große Anzahl Knappen zu Rittern.

Die Form des Turniers scheint von Frankreich übernommen worden zu sein. Schon im zwölften Jahrhundert gibt es dort zahlreiche Belege für diese besondere Form des Kampfspiels, von dem manche damals glaubten, es sei Mitte des elften Jahrhunderts von einem Adeligen, Geoffroi de Preuilly, erfunden worden, andere sahen sogar Alexander den Großen oder den legendären König Artus als seinen Begründer an. Auch die Bezeichnung «Turnier» oder *turnei,* wie es im Mittelalter genannt wird, ist aus dem Altfranzösischen übernommen. «Tornoier» heißt ursprünglich «sich drehen, kreiseln, wirbeln». Jeder Ritter mußte, um sich in einer Schlacht behaupten zu können, über die Fähigkeit verfügen, sein Pferd geschickt und schnell drehen und wenden zu können. Daher erstaunt es nicht, daß das Substantiv «Tornoi» die Bedeutung annimmt: «Kampf zu Pferd». Bis ins 15. Jahrhundert kann damit sowohl ein «ernster Kampf» als auch ein nach bestimmten Regeln verlaufender Wettkampf, eben das Turnier, gemeint sein.

Im deutschen Gebiet hören wir zum ersten Mal bei Otto von Freising von einem Kampfspiel, «quod vulgo nunc turneimentum dicitur», das nun allgemein Turnier genannt wird. Er beschreibt in seiner Biographie Kaiser Barbarossas aber eine Reiterschlacht, die noch nicht die allgemeinen Regeln eines Turniers erkennen läßt und schließlich in einen ernsten Kampf mündet.

Harmlos sind die Kämpfe auch in einem Turnier nicht, wie wir noch sehen werden. Dennoch unterscheiden sie sich von einer Fehde und einem Krieg ganz entscheidend, denn *ein Turnier setzt Frieden voraus,* es wird an einem begrenzten Ort abgehalten, der nicht verlassen, und zu einer bestimmten Zeit, die nicht überschritten werden darf. Ziel ist nicht die absolute Vernichtung, von der auch Land und Leute des Gegners betroffen sind, sondern nur der eigene Sieg. Neben materiellem Gewinn ermöglicht es vor allem Ruhm und Ansehen. Kampf wird zu einem *Gesellschaftsspiel,* bei dem die *Damen als bewundernde Zuschauerinnen* teilzunehmen haben.

Die Regeln und die festliche Form eines Turniers schildert im deutschsprachigen Raum zum ersten Mal Hartmann von Aue in seinem Roman «Erec» Ende des zwölften Jahrhunderts. Er verweist auf die formelle Einladung, drei Wochen im voraus, beschreibt die

Rüstung und die tapfere Haltung seines Helden in Tjost und Massenkampf, und er läßt ihn einen Speerkampf zu Ehren seiner Dame austragen.

Herzog Leopold hat keine Ausgabe gescheut, um seinem Turnier ähnlichen Festcharakter zu geben. Auf einer Wiese vor den Toren Wiens ist eine große Tribüne aufgebaut, um dem Publikum einen möglichst guten Überblick über das Geschehen zu geben, das sich vor ihm abspielen wird. Der Turnierplatz ist nicht abgesteckt, das wird erst Mitte des 13. Jahrhunderts mehr und mehr Brauch. Wenn die Kämpfe sehr hitzig werden, kann es daher durchaus vorkommen, daß sich die Parteien bis in die umliegenden Felder verfolgen und große Flurschäden anrichten.

Genau bestimmt sind die Zonen, in die sich die Kämpfer zurückziehen können, um Atem zu schöpfen oder Verwundungen behandeln zu lassen, ohne daß sie angegriffen werden dürfen. Leopold hat die Stadt zum *hamît*, zum Schutzbereich seiner Partei erklärt, der *fride* der Gäste liegt außerhalb in deren Zeltlager.

Schon früh am Morgen strömen die Menschen aus der Stadt herbei. Sie wollen sich das Schauspiel nicht entgehen lassen. Die Zeit bis zum Turnierbeginn vertreiben ihnen Akrobaten, Spaßmacher und Sänger. Schon gestern haben sie beim Festessen ihre Künste gezeigt und durften so manches Geschenk entgegennehmen. Natürlich hoffen sie heute wieder auf reiche Entlohnung. Pferdehändler, Gastwirte, Krämer und Geldverleiher haben sich auch eingefunden. Alle wollen sie heute das große Geschäft machen.

In scharfem Galopp sprengen zwei Knappen heran. «Geht zur Seite», rufen sie, «macht Platz unserem Herrn, dem tapfersten Ritter unter der Sonne, dem Grafen Liutold!» Gemessenen Schrittes reitet er durch die Menschenmenge. Staunend betrachtet das Volk den gepanzerten Reiter auf seinem geschmückten Pferd. Es trägt die *covertiure*, eine Decke, die fast bis auf den Boden reicht. In den Stoff ist das Wappen des Grafen eingewebt, das auch am Schild erscheint: ein weißer Anker auf rotem Grund. Ob er sich hier wohl von Gahmuret, dem Vater Parzivals, hat inspirieren lassen, der dieses Symbol trägt, weil es *ein recken zîl* ist, das Vorbild eines Helden? Möglich wäre dies schon, denn es gibt manche Beispiele dafür, daß Adelige die Phantasie-Wappen der arthurischen Literatur angenommen haben. Auch sein «*Zimir*», der Helmschmuck, entspricht demjenigen Gahmurets: Zwischen Pfauenfedern erkennen die Zuschauer den Anker wieder, der mit glänzenden Steinen verziert ist. Helmkleinode waren auf Turnieren äußerst beliebt. Die Phantasie kannte hier keine Grenzen. Am häufigsten wählte der Ritter Symbole seines Wappens, Tiere oder auch nur Federbüsche. Kein Helmschmuck hat sich aus der Zeit vor dem 14. Jahrhundert bis in unsere Epoche erhalten, da die aus Leder oder Holz gefertigten Gebilde sehr zerbrechlich waren. Aus Abbildungen auf Reitersiegeln wissen wir aber, daß Zimire seit dem Ende des zwölften Jahrhunderts benutzt wurden, ab etwa 1240 gehörten sie zum Wappen, das sich innerhalb der Familie vererbte. Auch aus den Dichtungen erfahren wir, daß Helmzierden bekannt waren. Wolfram von Eschenbach verwendet zum ersten Mal den Begriff *zimir,* und Ulrich von Lichtenstein, der steiermärkische Ministeriale, kann gar nicht genug bekommen, Schilde, Wappendecken und Helmschmuck ausführlich zu beschreiben.

Viele der bei Lichtenstein aufgeführten Wappen sind auch am heutigen Turnier zu bewundern, der weiß, blau und gold geteilte Schild der Herren von Lengenbach, das kostbare Zimir des Grafen von Görz aus Pfauenfedern und silbernen Blättern, aber auch der Schild des Kärntner Herzogs mit den drei liegenden Löwen, die wippenden Hahnen- und Straußenfedern der Herren von Sanegg, der Brackenkopf eines Nürnberger Burggrafen und natürlich der sich ringelnde *wurm,* der Drache unseres Herdegen. Stolz reitet er mit den Knappen, die er nach seiner Schwertleite in Dienst genommen hat, auf den Kampfplatz ein. Über der Rüstung trägt er einen grünen ärmellosen Waffenrock. Ausrufer geben seinen Namen bekannt und rühmen ihn als den jüngsten Ritter unter den Anwesenden, den ältesten Sohn des bekannten Grafen Hertneid von der Drachenburg. In seiner Rüstung und dem Helm mit Visier unterscheidet er sich von den übrigen Rittern nur durch die Tinktur, also die Farbe, und die Bilder seiner Wappen. Daher sind *garzune* oder *knappen von den wappen* damit beauftragt, jeden einreitenden Ritter anzukündigen. Im Spätmittelalter werden diese Leute dann Herolde genannt. Sie müssen über eine gute Kenntnis der europäischen Adelshäuser verfügen, um in Schlachten und auf Turnieren jeden anhand seines Wappens identifizieren zu können. An allen Fürstenhöfen werden sie beschäftigt. Wahrscheinlich haben die Ausrufer auf unserem Turnier eine ähnliche Ausbildung durchlaufen, denn sonst wären sie wohl kaum in der Lage, alle Herren zu benennen und ihre wichtigsten Taten bekanntzugeben.

Plötzlich ertönen Fanfaren, und man hört lauten Trommelwirbel. Herzog Leopold ist im Anmarsch! Er wird eine der beiden gegeneinander kämpfenden Parteien befehligen. In seinem Gefolge reiten zahlreiche Damen, die sich nun ihre Plätze auf den Tribünen suchen. Herdegen hält angestrengt Ausschau nach seiner Tischnachbarin. Unter seinem Helm kann er aber nur wenig erkennen. Doch da, winkt ihm nicht jemand von der Tribüne zu? Neben ihm ist niemand, der gemeint sein könnte. Langsam reitet er auf die Sitzplätze zu. Ja, jetzt kann er sie ganz deutlich sehen. Sie lächelt ihm zu und bedeutet ihm näher zu kommen. Höflich begrüßt er die junge Dame, und sie, was macht sie? Herdegen stockt fast der Atem: ruhig nestelt sie ihren rechten Ärmel ab und überreicht ihn unserem jungen Ritter. Eine derartige Gunstbezeugung hat er nicht erwartet. Voller Freude läßt er den kostbaren Stoff an seinem Schild befestigen. Mit diesem *Minnekleinod* fühlt er sich doppelt stark, und mutig wird er den Kampf für seine *vrouwe* wagen.

Der Tjost

Noch immer haben sich nicht alle auf dem Turnierplatz eingefunden. Die jungen Ritter können ihre Ungeduld kaum noch zähmen. In ihrem Übermut beginnen sie sich zu necken, stoßen wie unabsichtlich aneinander und reizen sich mit scharfen Worten: «Ha, beim ersten Stoß werde ich dich aus dem Sattel heben!» prahlen sie. «Mit dem Pferd kannst du bestenfalls noch beim Schlachter etwas bekommen.» «Schaut nur, wie ein Mehlsack hängt er im Sattel.» Immer heftiger werden die Wortattacken. Die Kampflust wächst. Endlich faßt sich einer ein Herz: «Wer wagt gegen mich anzutreten?» «Ich», ruft Herdegen. Endlich kann er zeigen, was er gelernt hat. Die beiden

Kontrahenten lassen sich eine der stumpfen Lanzen reichen und stellen sich etwa 100 Meter voneinander entfernt auf. Ein kurzes Versammeln des Pferdes, und schon geht es los. In gestrecktem Galopp preschen sie einander entgegen, die Lanzen fest eingelegt im Arm, da – ein Schlag, ein Krach, und bevor Herdegen weiß, wie ihm geschieht, liegt er im Gras. Benommen rappelt er sich auf, kein leichtes Unterfangen mit der schweren Rüstung. Das schadenfrohe Gelächter um ihn herum weckt erneut seinen Zorn. «Schnell, mein Pferd», ruft er seinem Knappen zu und läßt sich beim Aufsteigen helfen. «Ihr Feiglinge, könnt ihr nur lachen? Wer kämpft mit mir?» Mit seiner Lanze schlägt er auf einen der Schilde. Sein Besitzer ist damit zum Kampf aufgefordert, und das Spiel geht von neuem los. Diesmal halten beide dem ersten Anprall stand, beim zweiten Anrennen gerät Herdegens Gegner leicht ins Wanken, und beim dritten Angriff hebt er ihn ganz aus dem Sattel. Jetzt sind die Lacher auf Herdegens Seite.

Die Zuschauer haben ihre Freude an dem Geplänkel und fordern die jungen Ritter immer wieder zu neuen Kämpfen auf. Nur ein paar alte Haudegen kritisieren verächtlich diese neue Form, mit stumpfen Waffen zu kämpfen. Sie hätten auch im Zweikampf mit der spitzen Lanze gekämpft, aber diese Weichlinge heutzutage hätten viel zu viel Angst. Es werde sicher noch einmal soweit kommen, daß auch im eigentlichen Turnier nur noch abgestumpfte Schwerter und Lanzen eingesetzt würden. Sie hätten das Turnier als wichtige militärische Übung angesehen, heute wolle jeder nur noch vor den Damen brillieren und habe keine Lust mehr, wirklich sein Leben aufs Spiel zu setzen. Doch von diesen Bemerkungen lassen sich die Jungen den Spaß nicht verderben. Die Alten haben immer etwas auszusetzen, sie lassen kein gutes Haar an den neuen Zeiten. Diese Vorkämpfe sind doch nur als Aufwärmübung zu verstehen, als Vorspiel, um die Stimmung anzuheizen, was nützt es, wenn dabei schon zu viele verletzt werden und nicht mehr am eigentlichen Turnier teilnehmen können? Und schließlich sind auch Stürze vom Pferd nicht ganz ungefährlich. Gerade die Alten müßten sich doch noch recht gut an Herzog Leopold V. erinnern, der 1194 bei einem derartigen Anlaß vom Pferd stürzte und sich dabei das Bein so zerquetschte, daß er es von seinem

Kämmerer sofort abschlagen ließ und nur wenige Tage später an Wundbrand starb.

Noch zweimal gelingt es Herdegen, einen Angreifer ins Gras zu setzen, einmal muß er selber vom Pferd. Glücklicherweise kommt er mit ein paar blauen Flecken davon. Aber heiß ist es unter der Rüstung, und die Kehle ist ausgetrocknet von dem Staub, der aufgewirbelt von vielen Pferdehufen wie eine Wolke über dem Turnierplatz liegt. Eine Erfrischung tut not, und so begibt er sich in die Schutzzone seiner Partei, um frisch gestärkt zum nun folgenden Turnierkampf zu erscheinen.

«rotte in rotte, schar in schar»

Als Herdegen auf den Turnierplatz zurückkommt, sind die Vorbereitungen zum Massenkampf in vollem Gange. Die einzelnen Ritter haben sich unter dem Banner ihres jeweiligen Herrn gesammelt, und

nun wird die Teilung in die zwei Parteien vorgenommen, die gegeneinander kämpfen sollen. Herzog Leopold wird die eine Schar befehligen, die andere steht unter dem Kommando des Grafen von Görz. Die Herren werden aufgefordert, sich für einen der beiden Heerführer zu entscheiden. Herdegen kämpft mit seinen Leuten selbstverständlich im Aufgebot des Babenbergers, an dessen Hof er schon so viele Jahre lebt. Aber auch die Mehrzahl der anderen Ritter entscheidet sich für diese Seite. «Unmöglich», protestieren die Görz-Anhänger, «ein solches Ungleichgewicht ist im Turnier nicht gestattet.» Nach langem Hin und Her wechseln drei Verbände zu dem Görzer. Ganz genau stimmt die Teilung immer noch nicht, da die Gefolge der einzelnen Herren ungleich groß sind, das heißt 300 Kämpfer stehen 250 Streitern gegenüber. Aber das hofft der Görzer mit größerer Tapferkeit ausgleichen zu können.

Als nächstes gilt es, die finanziellen Bedingungen auszuhandeln, unter denen die Kämpfe ausgetragen werden sollen. Die wenigsten sind bereit, nur für die Ehre und das Ansehen vor den Damen zu kämpfen. Junge Ritter, die sich noch keine Existenz haben schaffen können, Zweitgeborene vor allem, die keinen Platz in der väterlichen Burg haben, nützen Turniere, um ihren Besitz zu mehren. Natürlich will man auch ritterliche Bravour und kriegerische Tapferkeit demonstrieren, um Ansehen zu gewinnen, mächtige Herren auf sich aufmerksam zu machen, in deren Dienste man treten möchte, um vielleicht sogar mit einer reichen Frau verheiratet zu werden. Aber so ganz ohne Besitz sind das seltene Ausnahmen. Nicht jeder ist ein Guillaume le Maréchal, der es Ende des zwölften Jahrhunderts geschafft hat, von einem armseligen Ritter zum Ehemann einer reichen Witwe aufzusteigen und schließlich als Earl of Pembroke Ratgeber und engster Vertrauter des englischen Königs zu werden. Vernünftiger ist es sicher, seine Kraft zu benützen, um reichlich Beute zu machen: Damit können dann Fahrende bezahlt werden, so daß sie auf ihren Reisen die großen Taten des freigebigen Gönners besingen, dessen Namen bekannt machen und ihm zu Ruhm verhelfen. Und so einigt man sich darauf, daß Rüstung und Pferd eines Unterlegenen an den Sieger fallen und daß Gefangene gemacht werden dürfen, die je nach Stand und Finanzkraft ein Lösegeld zu zahlen hätten. Uneinigkeit herrscht noch, ob *Kipper* gestattet werden sollen oder nicht. Dies sind Knappen und Knechte, die von ihren Herren mit einer Rüstung ausgestattet und mit Keulen und Stöcken bewaffnet werden. Sobald Gegner zur Flucht ansetzen oder vom Pferd geworfen sind, greifen sie ein, bemächtigen sich der herrenlosen Pferde und zwingen die wehrlosen Herren, sich in Gefangenschaft zu begeben. Wer es auf materiellen Gewinn abgesehen hatte, der bestand auf der Teilnahme der Kipper. Auch heute entscheidet man sich für sie, ihre Zahl wird aber begrenzt. Jeder Adelige darf nur drei Knappen für diese Dienste benutzen.

Wer den vom Herzog ausgesetzten Preis – das wertvoll gezäumte Pferd – erhalten wird, darüber sollen die Damen entscheiden! Ungeachtet des Turnierverlaufs sei es ihnen belassen, den Ritter des Tages zu küren.

Endlich sind alle Bedingungen besprochen. Beide Parteien begeben sich in ihre Schutzzone, um sich zu sammeln und die Schlachtreihen aufzustellen. Jeweils zwanzig Kämpfer reiten dicht nebeneinander, so daß sich die Pferde fast berühren. Hierarchische Unterschiede gibt es jetzt keine mehr. Jeder kann seine Geschicklichkeit beweisen. Herzöge, Fürsten, Grafen, Ministeriale und kleine Ritter kämpfen nebeneinander, geeint durch die beherrschende Idee des Rittertums. Kritisch besieht sich der Heerführer die Formation. Die fünfte Reihe steht ihm noch zu weit auseinander. «Drückt euch enger zusammen», meint er, «der Feind darf keine Möglichkeit haben, sich zwischen euch zu drängen.» Dann gibt er das Zeichen zum Abmarsch. Auf dem Turnierplatz wartet schon die andere Mannschaft. Man grüßt sich von weitem, das Banner senkt sich, Zeichen zum Angriff, und schon reiten in leichtem Galopp die Parteien gegeneinander los. Immer schneller werden sie, und plötzlich – ohne erkennbaren Befehl – findet ein Tempowechsel statt. In schnellster Gangart werden die Pferde vorangetrieben, immer näher kommen sich die feindlichen Parteien, jeder Ritter hat die Lanze fest im Arm eingelegt. Nun der erste Anprall, mit lautem Krachen zersplittern die Schäfte. Blitzschnell wenden sich die Formationen, lassen sich von den Knappen neue Lanzen reichen, nehmen erneut Anlauf und stoßen wieder machtvoll aufeinander. Begeistert verfolgt das Publikum diese ersten Aktionen. Anfeuerungsrufe werden laut: «Wikeli Wa!», «Wicha wich!», «Hoy Osterriche!», «Zay, tschavalier!» Ausrufer kommentieren lautstark das Geschehen. «Seht den Kärntner mit den drei Löwen auf seinem Schild. Wie wendig er sein Roß lenkt!» «Ah, der von Mosburg, welch schöner Mann! Elegant stößt er die Lanze. Ihn kennt man auf allen großen Turnieren. Sogar in Frankreich, in Fougére, in Pleurs, in Lagny, in Saint-Jaimes und Paris, überall spricht man von seinen Heldentaten.» «Achtet auf den Babenberger! Seine ritterliche Tapferkeit macht ihn würdig, Erster im Lande zu sein.»

Die derart Gerühmten hören diese Reden nicht. Sie sind ganz auf den Kampf konzentriert. Immer noch sind die Formationen intakt. Inzwischen sind die Streitenden aber zum Schwertkampf übergegangen. Hart schlagen die Klingen aneinander, der erste fällt vom Pferd, kann sich aber wieder aufrappeln, bevor die Gegner ihn kampfunfähig machen können. Erneut schwenken die Schlachtreihen um, sammeln sich und rennen gegeneinander an. Immer enger verkeilen sich die feindlichen Parteien ineinander, es gibt keinen Platz mehr zum Wenden, *«das turnei faste stuont enstet»,* das Turnier steht. Wild schlagen die Reiter mit ihren Schwertern aufeinander los, immer mit dem Ziel, einander vom Pferd zu holen. Da – die Mannschaft Herdegens macht sich frei, wendet und galoppiert davon. Flieht sie? Mit dem lauten Schlachtruf *«stich oder slach»* werden sie von den Görzern verfolgt. Eine blitzschnelle Kehrtwendung, und die Verfolger laufen auf die vermeintlich Fliehenden auf. «Bravo!» Die Zuschauer klatschen Beifall für dieses geschickte Täuschungsmanöver. Einige sind beim Aufprall vom Pferd gestürzt, und jetzt sind die «Kipper» an der Reihe. Mit ihren Keulen und Stöcken stürzen sie sich auf die am Boden liegenden Feinde ihrer Herren und hindern sie durch Schläge an einer Wiederaufnahme des Kampfes. Herrenlos herumlaufende Pferde fangen sie ein und bringen ihre Beute in die Schutzzone. Die überwältigten Ritter geben ihr Ehrenwort, nicht weiter zu kämpfen, und begeben sich als Gefangene in den gegnerischen *hamit.* Herdegen hat sich auch für kurze Zeit dorthin zurückgezogen, um Atem zu holen und einen Schluck Wein zu trinken.

Als er zum Kampfplatz zurückkommt, sieht er gerade eine gekonnte *widerkere* der Feinde, das heißt, sie fallen Herdegens Partei in den Rücken. Entschlossen setzt er ihnen entgegen. Mit Hilfe der Kipper gelingt es ihm, einen der Herren von seiner Gefolgschaft zu trennen. Er reißt ihm den Zügel aus der Hand, die Kipper schlagen auf den sich Wehrenden ein, Herdegen packt den Arm und hält ihn wie in einem Schraubstock fest. Gemeinsam bringen sie ihren Gefangenen in die befriedete Zone. Herdegen ist sehr stolz auf seine Leistung, nicht jedem gelingt es, auf diese Art einen Gefangenen zu machen, «Zäumen» nennt man diese Technik.

Aber Zeit, um auf seinen Lorbeeren auszuruhen, bleibt ihm nicht. Schon ist er wieder eingekeilt zwischen schwitzenden Pferden und Männern, die aufeinander einschlagen. Längst haben sich die engen Schlachtreihen aufgelöst. Ritter liegen betäubt am Boden, andere bekämpfen sich verbissen mit Schwertern, Lanzen und Keulen, wieder andere versuchen in einem gemeinsamen Angriff den Gegner in die Flucht zu schlagen. Die Garzune haben große Mühe, den Überblick zu behalten. Vor lauter Schreien sind ihre Kehlen heiser geworden. Die Kampfkraft wird merklich geringer, die Bewegungen sind langsamer, die Manöver nicht mehr präzise. Bei jedem Reiter, der vom Pferd fällt, geht ein Aufschrei durch die Menge, freudig, wenn es ein Gegner ist, angstvoll, wenn es den eigenen Mann trifft.

«Paß auf, Herdegen, ein Feind im Rücken!» Noch einmal pariert er die Attacke, doch sein Bein will ihm nicht gehorchen. Er muß es beim Aufprall verletzt haben. Jede Bewegung schmerzt. Er kann das Pferd nicht mehr unter Kontrolle halten. Ein Weiterkämpfen unter diesen Umständen wäre leichtsinnig. Fürs erste hat er ja auch ausreichend Beute gemacht. Doch bevor er sich zurückzieht und seine Verletzung behandeln läßt, reitet er zur Tribüne, auf der Elisabeth seit Stunden seine tapferen Attacken bewundert hat. Er nimmt den Ärmel vom Schild und gibt ihn seiner Besitzerin zurück. Viel ist nicht von ihm übrig geblieben. Zahlreiche Schwert- und Lanzenstiche haben ihn zerrissen und zerlöchert. Aber wieviel wertvoller ist er damit geworden, zeigt er doch, daß unser Held nicht feige zurückgewichen ist, sondern hart gekämpft hat. Dafür hat er schon eine Belohnung verdient, meint die junge Dame, und wenn ihm auch wohl nicht der Siegespreis zugestanden wird, so soll er doch ihren Schapel erhalten, als Zeichen für ihre Bewunderung. Herdegen ist überglücklich. Das war es doch, was er sich erträumt hat. Soll jemand anderer das Pferd erhalten, er hat sich die Anerkennung einer Dame erkämpft, und die Auslösung seiner Gefangenen wird noch so manches gute Stück Geld bringen. Was will man mehr auf seinem ersten Turnier!

Das Turnier ist zu Ende. Keine Partei konnte den eindeutigen Sieg erringen, man wird sich mit einem Vergleich begnügen. Es beginnen die Verhandlungen über die Auslösung der Gefangenen. So manche Rüstung, manches gute Pferd und viele Silberstücke wechseln den Besitzer. Auch die Ausrufer und die Knappen von den Wappen nehmen ihren Lohn entgegen. Sie dürfen aufsammeln, was auf dem Turnierfeld liegengeblieben ist. Und das ist nicht wenig: Pferdedecken, Wappenmäntel, aber auch Edelsteine, die aus den Schilden und Helmzierden gefallen sind. Zusätzliche Geschenke erhalten sie von den Herren, und sie bedanken sich bei ihnen mit lauten Lobrufen, wie sie uns Konrad von Würzburg im «Turnier von Nantes» schildert:

der reine der ist ein fürste zeinem man!
hurtâ hurt! wie wol er kan nâch hôhem prîse dringen

Der tugendhafte ist ein wahrer Fürst!
Hurta hurt! wie gut versteht er es, hohen Ruhm zu erlangen.

Die Damen haben den Ritter des Tages gewählt. Es ist der tapfere Herr von Mosburg. Etwas neiderfüllt schauen die Ritter zu, wie ihr Kampfgenosse stolz den ausgesetzten Siegespreis in Empfang nimmt. Herdegen ist aber mit dem Erreichten ganz zufrieden. Er hat drei Pferde, eine Rüstung und einige Silbermark erhalten, seine *Vrouwe* hat ihm ihre Gunst gewährt und seine Verletzung, ein dicker Bluterguß im Knie, ist zwar schmerzhaft, aber nicht gefährlich.

Nicht überall herrscht Freude. Drei Tote sind zu beklagen. «Tapfer sind sie gestorben», melden die Ausrufer, «sie werden immer Vorbilder der edlen Ritterschaft bleiben.» Doch nicht alle sind von diesen Worten getröstet. Laut beklagen sie die Gefallenen.

Bei den meisten Turnieren gab es Opfer. Die Kirche übte schon daran früh Kritik. Sie verurteilte den «pestifer ludus», das verderbliche Spiel, und versuchte es zu verbieten. Drastische Strafen wurden demjenigen angekündigt, der sich darüber hinwegsetzte. Er sollte exkommuniziert werden und im Fall seines Todes kein christliches Begräbnis erhalten. Prediger schildern in flammenden Reden das sündhafte Verhalten der Turnierteilnehmer, die sich alle Todsünden zuschulden kommen lassen: *superbia*, Hochmut, weil sie um eitlen Ruhm kämpfen, *invidia*, Neid, weil sie den Sieger beneiden, Haß und Zorn, weil sie sich gegenseitig verwunden und sogar töten, Habgier, weil sie Beute zusammenraffen, Völlerei, weil sie große Gelage geben, und Unzucht, weil sie Frauen gefallen wollen und Liebeszeichen von ihnen tragen. Am Schluß steht für viele der Ruin, weil sie, wie der Prediger Berthold von Regensburg meint, ihr Vermögen *verhohverten*, «verhoften», das heißt verschleuderten. Aber obwohl diese Vorwürfe zum Teil wirklich berechtigt waren – auch an unserem Turnier mußten einige ihre letzte Habe versetzen, um das geforderte Lösegeld bezahlen zu können –, hatte die Kirche mit diesen Attacken keinen Erfolg. Turnieren gehörte zu sehr zum Selbstverständnis des Rittertums, als daß es die Drohungen der Kirche ernstgenommen hätte. In vielen Fällen sah sich der Klerus sogar gezwungen, das Verbot aufzuheben. 1206 drohten Ritter, die wegen ihrer Teilnahme an Turnieren exkommuniziert worden waren, sich nicht am Kreuzzug zu beteiligen, und wurden postwendend von der Strafe befreit. Hundert Jahre später verweigerten erneut Adelige dem Papst die Gefolgschaft, falls das Turnierverbot nicht aufgehoben würde: auch diesmal mußte die Kirche sich der Forderung beugen.

Kritik am Turnier wurde auch von weltlicher Seite geübt. Lehrdichter ziehen im 13. Jahrhundert aber nicht die Existenzberechtigung des Kampfspiels in Zweifel, sondern beklagen die rüden Sitten, die auf den Turnierplätzen herrschen:

Turnieren was ê ritterlîch,
nû ist ez rinderlich, toblich, tôtreis, mundes rîch,
mortmezzer unt mortkolbe, gesliffen aks gar ûf des mannes tôt
Sus ist der turnei nû gestalt

Turnieren war früher ritterlich,
heute ist es tierisch, wütig, todbringend und prahlerisch.
Mordmesser und Mordkolben, geschliffene Äxte, nur um den
Mann zu töten,
so sieht das Turnier heute aus.

Daß Turniere wirklich alles andere als ein friedliches Kräftemessen waren, das haben wir eben gesehen. Ob es in früheren Zeiten aber jemals anders war, das muß, wenn wir historische Berichte betrachten, doch sehr bezweifelt werden. Erst im Spätmittelalter hat man die Formen verfeinert und den Spielen den todbringenden Charakter genommen. Einzeltjoste ersetzten dann oft den Massenkampf. Stets wurde nur mit stumpfen Waffen gekämpft, die den Gegner zwar zu Fall bringen sollten, nicht aber ernsthaft verletzen. Kipper verschwanden aus den Kampfarenen, die jetzt genau abgegrenzt waren. Doch selbst dann konnte es noch passieren, daß die Kämpfer in der Hitze des Gefechts die Beherrschung verloren und solange auf den Gegner einschlugen, bis er tot am Boden lag.

Herdegen macht sich über die Entwicklung des Turniers keine Gedanken. Er sitzt inmitten seiner Kampfgefährten und tauscht mit ihnen die heutigen Erfahrungen aus. Prahlerisch lassen alle Essen und Wein auffahren. Jeder will seinen Nachbarn übertrumpfen und beweisen, daß er großzügiger ist als der andere. Die Spielleute wissen die Situation zu nützen, schmeicheln den jungen Herren und animieren sie zum Schenken. Nach wenigen Stunden sind fast alle gewonnenen Silberstücke wieder ausgegeben, die so mühevoll erstritten wurden. Aber wer wird sich darüber aufregen wollen? Das nächste Turnier ist bereits angesagt und damit eine neue Möglichkeit, sich das Verlorene wieder zurückzuholen.

Am nächsten Tag verläßt Herdegen Wien, den Ort seiner Ausbildung, und reitet zum ersten Mal nach sechs Jahren wieder auf die Drachenburg. Jetzt, als Ritter, darf er daran denken, die Frau zu heiraten, mit der er schon seit fünfzehn Jahren verlobt ist, und eine Familie zu gründen. Sein Vater ist vor zwei Jahren gestorben. Die Drachenburg erwartet ihn als ihren neuen Herrn . . .

Herdegen und Anna

Herdegen freut sich, endlich wieder nach Hause zu kommen. Schon von weitem hat ihn der Torwächter heranreiten sehen. Alle Burgbewohner haben sich rasch zum Empfang versammelt. Rudolf, der seit dem Tod des Vaters die Verwaltung der Ländereien übernommen hat, rollen Freudentränen über die Backen, als er seinen ehemaligen Schützling in die Arme schließt. Herdegen erkennt seine Amme, auch wenn ihre weißen Haare und das runzlige Gesicht sie sehr verändert haben. Zwei Mädchen schmiegen sich an sie und schauen Herdegen schüchtern und doch neugierig an. Die Mutter hat ihnen viel von dem großen Bruder erzählt, der bald zurückkommen wird und dem sie dann als ihrem Vormund zu gehorchen haben. Ein Gesicht sucht Herdegen aber vergebens: «Wo ist denn die Mutter?» Die Umstehenden brechen in Tränen aus. Keine vier Wochen sei es her, erzählt die Amme stockend, da sei ihre Herrin von einem heftigen Fieber befallen worden. Starke Hustenanfälle, stechende Schmerzen in der Schultergegend und Atemnot hätten sie gequält. Nichts habe geholfen, keine Kräutertees, keine Wickel und keine Gebete. Jeden Tag sei sie schwächer geworden und nach einer Woche wohlversorgt mit den heiligen Sakramenten gestorben. Die schlimme Nachricht trifft Herdegen hart. Auch wenn er seine Mutter seit dem achten Lebensjahr nicht mehr sehr oft sah, so hat er doch die unbeschwerten Kinderjahre mit ihr nie vergessen. Der Vater, der oft monatelang unterwegs war, ist ihm immer fremd geblieben. Sein Tod hat ihn kaum berührt. Um seine Mutter vergießt er bittere Tränen. Er stiftet ihr eine Messe, die alljährlich an ihrem Todestag gelesen werden soll, damit die Erinnerung an sie bei Gott wachgehalten bleibt.

Doch das Leben geht weiter, und für Herdegen bringt es neue Pflichten und Aufgaben. Jetzt muß er seine Ländereien und das Hauswesen verwalten. Da fehlt ihm die Hilfe einer Hausfrau, die sich um das leibliche Wohl der Burgbewohner kümmert, die Gäste freundlich bewirtet und auch ihm das Leben angenehm macht. Liebschaften – vor allem mit Bauernmädchen – hat er zwar schon einige gehabt, aber jetzt ist es für ihn Zeit, eine Familie zu gründen. Deshalb reitet er an einem hellen Morgen zusammen mit seinem Knappen und dem treuen Rudolf den gleichen Weg, den sein Vater vor fünfzehn Jahren geritten war, zur Burg des Chuonrat von Horndorf. Ein Bote hat das Kommen seines Herrn angekündigt, und so ist alles vorbereitet, als Herdegen vor dem Burgtor laut die Herausgabe des Mädchens Anna, die ihm als Braut versprochen ist, fordert. Begleitet von Vater und Mutter und mit ihren schönsten Gewändern gekleidet, kommt sie ihm aus den Frauengemächern entgegen. Herdegen begrüßt sie freundlich und mustert sie genau. Eine Schönheit ist sie nicht, stellt er fest, aber auch nicht häßlich, und gesund sieht sie aus. Es fallen nur wenig Worte. Annas Ausstattung wird auf einen Karren geladen, sie besteigt das Pferd, das Herdegen für sie mitgeführt hat, und mit dem Versprechen, morgen mit dem Horndorfer die rechtlichen Angelegenheiten zu erledigen, reitet er mit ihr davon. Welche Gedanken und Gefühle mögen Anna wohl bewegen, da sie jetzt mit dem wildfremden Mann, den sie nie vorher gesehen hat, in eine ungewisse Zukunft reitet?

Wir wissen es nicht, wir wissen aber, daß diese Form der Brautübergabe absolut üblich war. Als etwa anfangs des 14. Jahrhunderts Friedrich der Schöne mit Elisabeth von Portugal verlobt werden sollte, mußte sich die zwölfjährige Prinzessin halbnackt dem Gesandten präsentieren, damit an ihrer Weiblichkeit keinerlei Zweifel aufkommen konnten. Im weiteren Verlauf schickte man das Kind mit nur wenigen Begleitern nach Österreich. An der Landesgrenze wurde sie von Angehörigen der österreichischen Familie in Empfang genommen, und sie mußte von ihren Vertrauten endgültig Abschied nehmen. Ab jetzt gehörte sie der Habsburger Familie. Jede andere Beeinflussung sollte ausgeschaltet werden. Wildfremde Menschen, deren Sprache sie nicht verstehen konnte, brachten sie an einen wildfremden Hof zu einem wildfremden Mann, dessen Ehefrau sie wenige Jahre später sein sollte. Häufig wurden Mädchen schon mit vier oder fünf Jahren in die Familie des zukünftigen Ehemannes gebracht und dort erzogen.

Das war Anna erspart geblieben. Andererseits muß sie sich jetzt ganz plötzlich an die neue Umgebung gewöhnen. Wieder laufen alle

Bewohner der Drachenburg zusammen, als der Torwächter die Ankunft Herdegens meldet. Alle wollen die neue Herrin sehen. Herdegen hat einige seiner Freunde eingeladen und ein großes Festessen ausrichten lassen. Es wird gegessen, getrunken und gelacht, und schließlich kommt der Augenblick, wo die Festgesellschaft das junge Paar ins Schlafzimmer geleitet. Anna und Herdegen lassen sich ausziehen und ins Bett legen. Dann verlassen die Freunde den Raum. Aus dem jungen Paar werden Mann und Frau. Am nächsten Morgen überreicht Herdegen die vom Vater vereinbarte Morgengabe: das Pferd, die Goldtaler und das Nutzungsrecht an der Mühle. Er zeigt damit, daß er Anna als seine Frau akzeptiert hat. Am Nachmittag reitet er zu seinem Schwiegervater und läßt sich die Übergabe des Landes bestätigen, wie es im Verlobungsvertrag vereinbart war. Das Linnen hat Anna bereits mitgebracht.

Für uns heute ist das eine merkwürdige Form der Eheschließung! Im Mittelalter war sie ganz und gar nicht ungewöhnlich. Ehe hatte nichts mit Liebe zu tun. Andreas Capellanus, der den berühmtesten Traktat über die Liebe geschrieben hat, schließt sogar aus, daß beides gleichzeitig bestehen kann – denn Liebe braucht Eifersucht, und wie sollte man auf etwas eifersüchtig sein, das einem sowieso schon gehört? Und eine Ehefrau *gehörte* dem Mann. Seit germanischen Zeiten kannte man die «Muntehe», in der die Frau aus der Vormundschaft des Vaters in diejenige des von der Familie gewählten Ehemannes wechselte. Der Mann verfügte in allen Bereichen über sie: er durfte sie schlagen, durfte sie verstoßen, wenn sie sich ungebührlich benahm, und wenn er sie mit einem anderen Mann ertappte, konnte er beide ungestraft umbringen. Ludwig von Bayern hat seine Frau Maria von Brabant, die er des Ehebruchs verdächtigte, 1256 hängen lassen, wobei er nicht einmal Beweise für ihre Schuld hatte. Das brachte ihm dann zwar die scharfe Kritik von Chronisten und Spruchdichtern ein, die Maria als tugendhafte Märtyrerin verehrten, seine Tat hat aber niemand verhindern können.

Andere Chronisten erzählen von drakonischen Strafen, die auch den Ehebrecher betrafen: Gliedmaßen wurden ihm abgeschnitten, er wurde gehängt, ertränkt oder erschlagen. Frauen konnten lebendig begraben werden. Hinter dieser für uns unverständlichen Brutalität stand vor allem die Angst, das Ansehen in der Gesellschaft zu verlieren und illegitime Kinder untergeschoben zu bekommen, die den Bestand des eigenen Geschlechts gefährdeten.

Emotionale Gründe spielen also ganz sicher keine Rolle für eine Eheschließung, auch wenn uns dies die höfischen Romane zu Herdegens Zeit suggerieren wollen: Laudine verliebt sich beim ersten Anblick in Iwein; Erec liebt Enite so sehr, daß er ganz seine gesellschaftlichen Pflichten vernachlässigt, er *verligt* und kann erst nach vielen bestandenen Abenteuern sein Ansehen wieder herstellen; Herzeloyde verzehrt sich in Sehnsucht nach ihrem Ehemann Gahmuret; Parzival verbindet sich aus Liebe mit Condwiramurs.

Die literarische Betonung einer liebevollen Eheverbindung ist sicher auch mit den Versuchen der Kirche zu erklären, Einfluß auf diesen zwischenmenschlichen Bereich zu gewinnen. Das war nur möglich, wenn aus dem weltlich-juristischen Vertrag «Ehe» eine Institution gemacht wurde, die außer auf familiäre Zweckmäßigkeit auch auf gefühlsmäßige Bindung angelegt war. Die Steuerung dieser Gefühle ist dabei Sache der Kirche. Begierde und Lust sind in jedem Fall Sünde. Nur wenn der Geschlechtsakt auf die Zeugung von Nachkommenschaft ausgerichtet ist, kann er vor Gott verantwortet werden. Herdegen macht sich aber darüber keine großen Gedanken. Warum sollte er sich gegenüber seiner Frau Hemmungen auferlegen: Er will ja möglichst viele Kinder bekommen, zu diesem Zweck hat er schließlich geheiratet. Seine Familie soll ein mächtiges Geschlecht werden.

Und wie hat Anna dieses Los, immer überwacht und bevormundet zu werden, empfunden? Waren sie und ihre Geschlechtsgenossinnen unglücklicher als die heutigen Frauen? Die Frage ist schwer zu beantworten, da nur sehr wenige Aussagen von mittelalterlichen Frauen überliefert sind. Es ist aber anzunehmen, daß die meisten die damals bestehende Ordnung als gottgewollt akzeptierten. Frei und unabhängig zu sein, ist im Mittelalter nämlich kein erwünschtes Ziel. Mit *freyheit* wird ein Landstreicher bezeichnet, der nicht in ein soziales System eingebunden ist und damit von niemandem Schutz verlangen kann. Das machte sein Leben willkürlich und sehr gefährlich.

Natürlich konnte sich der Mann gewalttätig gegenüber seiner

Frau verhalten. Sehr häufig eilten dann die Verwandten ihr zu Hilfe. Im Normalfall aber bot die Ehe Sicherheit und Schutz vor der gefahrvollen Umwelt und wog die möglichen Nachteile bei weitem auf. Beispiele für Liebesheiraten finden sich in historischen Quellen. Sie sind aber recht selten, und vielleicht ist schon ihre ausdrückliche Erwähnung ein Indiz dafür, daß sie als Ausnahme, als Sonderfall galten. Das Gelingen einer Ehe wurde im Mittelalter nicht nach dem liebevollen Verhältnis der Partner zueinander bemessen, sondern daran, ob beide gemeinsam die machtpolitischen Interessen der Familie vertraten. Es gab viele Frauen, die sehr aktiv ihre Rolle als Gemahlin übernahmen oder sogar große Eigeninitiative entwickelten.

Am bekanntesten ist *Eleonore von Aquitanien,* die Enkelin des berühmten Troubadours Wilhelm von Aquitanien. Sie war französische und englische Königin, Mutter zweier Könige, hatte den Kaiser herausgefordert und den Papst bedroht. Sie wurde jahrelang von ihrem Mann, dem englischen König, gefangengehalten und mußte den Tod von vielen ihrer Kinder miterleben. Doch in keiner Situation hat sie resigniert. Ihr Hof war Treffpunkt aller großen Dichter und Künstler der Zeit. Bis zu ihrem Tod – sie starb im hohen Alter von 84 Jahren – ist sie geistig aktiv geblieben.

Margarete Maultasch, eine Kärntner Herzogstochter, war im Alter von zwölf Jahren mit dem erst achtjährigen Johann von Böhmen verheiratet worden. 1341 setzte sie ihn buchstäblich vor die Tür: Als er auf die Jagd geritten war, befahl sie, alle Burgtore zu schließen und dem Gemahl bei seiner Rückkehr nicht mehr zu öffnen. Noch bevor ihre Ehe vom Papst aufgelöst worden war, heiratete sie einen Bayernherzog.

In den Städten gab es Handwerksbetriebe, die von Frauen geführt wurden. An manchen Orten konnten sie sogar einer Zunft beitreten. Handelsfrauen hatten weitgehend selbständig die Möglichkeit, ihre finanziellen und juristischen Angelegenheiten zu regeln.

Trotzdem, derart unabhängige Frauen blieben die Ausnahmen. Die Frau galt gegenüber dem Mann als minderwertig. In der Gestalt Evas war sie die große Verführerin. Ihre Listigkeit konnte nur durch

strenge Unterwerfung im Zaum gehalten werden. Es gab ernstge-
meinte Traktate, die sich damit auseinandersetzten, ob die Frau ein
Mensch oder ein Tier sei und ob sie eine Seele habe.

Dichtung und Erziehungslehren postulieren ein traditionelles
Rollenverhalten: Die beste Frau ist die, die sich bedingungslos dem
Mann unterwirft. Eine Geschichte in der Kaiserchronik zeigt dies
besonders deutlich:

> Ein römischer Krieger wettet mit dem König Tarquinius, die
> allerbeste Frau zu haben. Um diese Frau, Lucretia, auf die Probe
> zu stellen, kommen sie mitten in der Nacht nach Hause. Sie
> springt sofort aus dem Bett, begrüßt Ehemann und Gast freund-
> lich und bewirtet sie. Selbst als der Mann ihr einen Becher Wein
> ins Gesicht schüttet, bleibt sie zuvorkommend und sorgt aufop-
> fernd für den Gast, bis er schlafen gegangen ist. Die Frau des
> Königs weigert sich, die gleichen Dienste zu verrichten, und
> Lucretia wird zur besten Ehefrau erklärt.

Auch Lehrdichter betonen die Gehorsamspflicht der Frau. Nur
wenige verlangen vom Mann ein entsprechendes Verhalten:

> Er soll sie *meistern,* das heißt über sie und ihren Besitz bestim-
> men. Sie soll seinem Willen gehorchen. Er soll der Mann sein und
> sie die Frau. Auch soll er sie wert halten. Sie soll nichts ohne sei-
> nen Rat tun, das ist gut für sie. So können sie in Freuden alt wer-
> den.

Die handelnde, aktive Welt im Mittelalter ist vornehmlich männlich.
Frauen haben in dieser Männerwelt eine dienende Funktion, müssen
aber aufgrund ihrer Schwäche beschützt werden.

Nur im *Minnesang,* der literarischen Form der Frauenvereh-
rung, erhält die Frau die Position einer Herrscherin, der sich der
Mann bedingungslos unterwirft. Die bestehenden Machtverhält-
nisse werden da auf den Kopf gestellt: «Einer Herrin war ich untertan», singt Friedrich von Hausen um 1185, «die mich ohne Lohn in
ihre Dienste nahm. Von der sage ich nichts als Gutes.» Ein anderer

bezeichnet sich gar als *dienestman und eigen,* als Dienstmann und Leibeigener, der geliebten Frau.

Minne wird zur erzieherischen Kraft. Sie spornt den jungen Ritter zu höchster Tapferkeit an, sie lehrt ihn Selbstbeherrschung und höfische Umgangsformen. Die Erfüllung der Liebe ist auch im Minnesang das Ziel aller Bemühungen, oft kann sie aber nicht erlangt werden, denn nicht die Ehefrau ist es, der bis zur Selbstaufgabe gedient wird, sondern eine edle Dame, die meist schon wegen ihres Standes unerreichbar für den sehnsüchtig Liebenden ist.

Im 19. Jahrhundert hat man die Lieder, die von Liebe und Leid, von Sehnsucht und Erfüllung singen, gerne für bare Münze genommen. Das Bild vom Minnesänger, der unter dem Erker der Geliebten steht und mit der Laute ein Lied singt, hat nachhaltig unsere Vorstellung vom Mittelalter geprägt. Heute weiß man, daß diese Form der Verehrung ein gesellschaftliches Spiel war. In den Liedern liefern uns die Dichter keine konkreten Angaben über ihr Leben, sondern sie spielen Rollen wie Schauspieler nach genauen Regeln. Trotzdem war diese Literaturform dazu angetan, die Sitten und das Verhalten den Frauen gegenüber zu verfeinern. Zumindest im höfischen Lebensbereich galten sie nicht länger als freie Beute für den Mann. Im Gegenteil, die Dichter und Sänger von Minneliedern machten ihrem Publikum weis, der Mann müsse sich vor einer *vrouwe* erniedrigen, wolle er Aussicht auf eine kleine Geste der Zuneigung haben.

Warum sich gerade in der Zeit um 1200 diese literarische Form so großer Beliebtheit erfreute? Man erklärt es unter anderem mit veränderten Lebensformen an den großen Adelshöfen. Immer mehr junge Ritter, die keinen eigenen Besitz hatten, scharten sich um einen Herrn. Immer weniger von ihnen hatten Aussicht auf eine standesgemäße Heirat. Der Minnesang mit seinen genauen Regeln konnte möglicherweise dazu dienen, angestaute Triebe in ungefährliche Bahnen zu lenken.

Außerdem gelang es der Gruppe der Ministerialen – das waren ursprünglich unfreie Dienstleute –, ihren politischen Einfluß am Hof zu erweitern und repräsentative Aufgaben zu übernehmen. Neben Fürsten, Herzögen und Grafen sind auch viele Ministeriale Minnesänger gewesen. Im Mittelalter gehörte höfische Musik zu den adeligen Privilegien. Wenn daher Ministeriale als Sänger und Dichter am Hof auftraten, dann betonten sie ihre Gleichwertigkeit mit freien Adeligen. Und nicht zuletzt waren und sind Literatur und Gesang zu allen Zeiten geeignete Medien, Gemeinsamkeit zu demonstrieren, den Mitgliedern einer Gruppe Zusammengehörigkeitsgefühl zu vermitteln und sie gegen außen abzugrenzen. Der Minnesang mit seiner Verherrlichung höfischer Lebensformen war Repräsentationskunst und diente der höfischen Adelsgesellschaft zur Selbstdarstellung. Herdegen wird in seinem Leben viele Minnelieder hören. Die meisten wird er selber singen können und sogar gelegentlich vor höfischem Publikum vortragen. Wer weiß, vielleicht sehnt er sich sogar insgeheim manchmal danach, auch in seinem wirklichen Leben eine so vollkommene Dame kennenzulernen und lieben zu dürfen. Seiner Ehefrau gegenüber wird er sich aber solch sentimentale Regungen nicht gestatten, auch wenn er ihr herzlich zugetan sein sollte. Besonders pointiert beschreibt Ulrich von Lichtenstein den Unterschied von Minnedienst und Ehe. Er erzählt von einer Turnierfahrt, die er im Dienst seiner «Herrin» unternimmt. Als ihn die Reise an seiner Burg vorbeiführt, nützt er die Gelegenheit und besucht seine Ehefrau, bei der er drei Tage lang *gemach und wunne,* Bequemlichkeit und Glück, findet. Frauendienst und eine glückliche Ehe schlossen sich für ihn offensichtlich nicht aus.

Iuventus: Der Mann

Der Kreuzzug

Aufbruch und Reise

Lange hält es Herdegen auf der heimatlichen Burg nicht aus. Alles ist so eng und düster. Auch im Hochsommer herrscht dumpfe Kälte in den Wohnräumen; im Winter sinken die Temperaturen sogar unter den Gefrierpunkt. Das Wohnen auf engem Raum macht aggressiv. Immer wieder kommt es zu Streitigkeiten, keiner nimmt Rücksicht auf den anderen. Wer schon einmal in den Ruinen einer Höhenburg herumgeklettert ist, kann sich heute kaum vorstellen, daß zwanzig bis dreißig Menschen zusammen mit ihren Tieren einmal dort Platz gehabt haben sollen. Oswald von Wolkenstein jammert von den

Nöten eines Burgherrn und Familienvaters: Anstatt sich in anregender Gesellschaft zu befinden, muß er mit «*kelber, gaiss, böck, rinder und knospot leut, swarz hässelich*» auskommen. In seiner Verzweiflung schlägt er die Kinder. Doch wehe, dann «*kumpt ir mueter zuegepraust*» und beginnt mit ihm zu schimpfen, er kann ihr Gekeife schon kaum noch hören. Die einzige Abwechslung ist «*eselgsang und pfauengschrai*» und das monotone Rauschen des Baches. Wie gern wäre er doch in der großen, weiten Welt!

Herdegen geht es kaum anders. Und darum übergibt er – nachdem er den Hausstand in Ordnung gebracht hat – seiner Frau die Schlüsselgewalt, stellt sie unter den Schutz der Dienstleute und verläßt die Drachenburg, um in der großen Welt neue Gefahren zu bestehen. Er ist ein seltener Gast bei sich daheim in den nächsten Jahren. Wenn er zurückkommt, findet er meist ein Kind in der Wiege, manchmal fehlt aber auch eines der größeren. Schmerzlich trifft ihn der Tod seines bisher einzigen Sohnes. Doch er hat keine Zeit, sich der Trauer hinzugeben. Boten Kaiser Friedrichs II. ziehen im Jahr 1227 durch das Land und rufen zur Teilnahme am *Kreuzzug* auf. Herdegen hat schon lange auf diesen Augenblick gewartet. Viel hat er in den letzten Jahren gehört von der schlimmen Lage, in der sich das Heilige Land befindet. Dichter und Prediger haben flammende Appelle an die Christenheit gerichtet, nicht mehr tatenlos zuzusehen, sondern Jerusalem von der muslimischen Besatzung zu befreien:

Jerusalem, nu weine, wie din vergezzen ist!
Der heiden überhere hat dich verschelket sere!

Jerusalem nun weine, wie du vergessen bist!
Der Übermut der Heiden hat dich ganz unterworfen!

so klagt Walther von der Vogelweide und malt gleichzeitig in düsteren Farben das Schicksal derer, die sich vor einer Kreuzzugsteilnahme drücken:

We waz eren sich ellendet von tiuschen landen!
witze unde manheit, dar zuo silber und daz golt,
swer diu beidiu hat, belibet der mit schanden,

we wie den vergat des himeleschen keisers solt!
dem sint die engel noch die frowen holt.
armman zuo der werlte und wider got,
wie der nu fürhten mac ir beider spot!

Weh, wieviel Ansehen verlieren die deutschen Lande! Wer Verstand und Tapferkeit, Silber und Gold besitzt und hier bleibt mit Schande, weh, wie der den Lohn des himmlischen Kaisers verlieren wird! Weder Engel noch edle Damen sind ihm gewogen. Er ist ein Unfreier vor der Welt und vor Gott. Wie der den Spott beider fürchten muß!

Nein, Herdegen möchte nicht so verachtet werden. Er glaubt an die Verheißung Walthers, erst der Anblick des Heiligen Landes, *«da got menschlichen trat»*, wo Gott als Mensch gelebt hat, führe zum richtigen, erfüllten Leben, und er möchte dabei sein, wenn Gott den Streit zwischen *kristen, juden, heiden* zugunsten der Christen entscheiden wird. Daß die Kreuzzugswerber auch hohen materiellen Gewinn in Aussicht stellen, erleichtert seinen Entschluß zusätzlich, und auch Abenteuerlust und Neugier sind mit im Spiel. Er heftet sich das Kreuz an seinen Mantel und läßt den Kaplan kommen, um ihm sein Testament zu diktieren, denn niemand kann wissen, ob er von dem gefahrvollen Unternehmen überhaupt zurückkehrt. Dann verpfändet er einen kleinen Teil seiner Besitzungen an das Nachbarkloster, um Bargeld für die nächsten zwei Jahre zu haben. Eigentlich möchte er ja nicht so lange bleiben, aber über die Dauer des Aufenthalts hat nicht nur er zu bestimmen. Die Finanzierung der Kreuzfahrten stellte viele Teilnehmer vor große Probleme. Je mehr das Angebot an Schmuck, Land oder Naturalien stieg, um so mehr sanken die Preise, die dafür gezahlt wurden. Mancher nützte die Notsituation der Kreuzritter und bereicherte sich auf ihre Kosten, so daß deren Verschuldung zur Verarmung der ganzen Familie führen konnte. Wie so oft entlud sich dann die Wut auf die Besitzenden an den Juden, denen es ja schon wegen ihres Glaubens verboten war, an einem Kreuzzug teilzunehmen. Häufig kam es deshalb zu grausamen Pogromen, wie sie sich im Abendland noch oft wiederholen sollten, ein düsteres und beschämendes Kapitel unserer Geschichte.

Herdegen hat sich ausreichend Geldmittel beschaffen können. Ledersäcke werden gepackt mit Rüstungen, Lanzen und Waffen, aber auch mit Nahrungsmitteln. Maultiere tragen große Weinfässer. Im Mai macht sich Herdegen mit zwei Begleitern auf die beschwerliche Reise, die ihn nach Brindisi bringen soll, wo sich das Kreuzheer unter Friedrich II. sammelt.

Erinnern wir uns. Bei der Geburt Herdegens war gerade der Vater Friedrichs, Heinrich VI., gestorben und hatte den dreijährigen Sohn in Sizilien zurückgelassen. Der staufischen Partei war es nicht gelungen, das Kind ins Reich zu holen. Sein Onkel Philipp, den die staufischen Anhänger als Gegenkönig zu dem Welfen Otto IV. ausgerufen hatten, war 1208 ermordet worden. Otto wurde darauf als römischer Kaiser anerkannt. Er verhielt sich aber gar nicht so, wie es der Papst und seine Anhänger gerne gesehen hätten, im Gegenteil, er versuchte sogar, Sizilien einzunehmen, das der Papst als Vormund Friedrichs verwaltete. Die Kirche wußte auf diese Provokation nur eine Antwort – im Einverständnis mit den meisten deutschen Fürsten krönte sie 1211 Friedrich zum römischen König. «Das Kind aus Apulien», wie ihn Zeitgenossen nannten, nahm die Herausforderung an. Mit nur wenigen Getreuen zog der Achtzehnjährige 1212 nach Deutschland. Noch nie vorher hatte er das Land gesehen, das er von nun an regieren sollte! Zwei Jahre später war Otto geschlagen. Nicht nur hatten seine Verbündeten, die Engländer, bei Bouvines 1214 eine empfindliche Niederlage gegen die Franzosen einstecken müssen, auch er selbst konnte sich gegen seinen Widersacher nicht durchsetzen. Als im gleichen Jahr Konstanz dem anrückenden Friedrich die Tore öffnete und ihn als den neuen römischen König empfing, da mußte Otto, der auf der anderen Seite des Bodensees in Überlingen lagerte, einsehen, daß er verspielt hatte. Zwar hielt er bis zu seinem Tod 1218 die Herrschaftsansprüche aufrecht, durchsetzen konnte er sie aber nicht mehr. Friedrich II. war unangefochten römischer König; am 22. November 1220 wurde er in Rom zum Kaiser gekrönt. Kurz zuvor hatte er die Wahl seines Sohnes Heinrich zum deutschen König erreicht. Ende 1220 kehrte Friedrich nach Sizilien zurück, das zeit seines Lebens seine Heimat bleiben sollte. Im Reich hatte er den Erzbischof von Köln, Engelbert, als Verweser eingesetzt. Bereits 1218 – bei der Königskrönung in Aachen auf dem Thron Karls des Großen – hatte Friedrich die Ausrichtung eines Kreuzzuges versprochen. Jahrelang verschob er dieses Gelübde, um seine politischen Angelegenheiten bereinigen und seine Herrschaft sichern zu können. Papst und Kirche verfolgten unwillig die Machtpolitik des jungen Herrschers, der das Königreich Sizilien zu einem mächtigen und wohlhabenden Staat ausbaute und immer weniger die Einmischungsversuche der Kirche duldete.

Endlich, im Juli 1225, gelobt Friedrich, bis 1227 den Kreuzzug anzutreten. Er verpflichtet sich, 1000 Ritter für zwei Jahre in seinen Sold zu nehmen und weiteren 2000 Teilnehmern Schiffe zur Verfügung zu stellen. Sollte er dieses Versprechen nicht halten, so möge er mit dem Kirchenbann belegt werden. Außerdem habe er eine Konventionalstrafe von 100 000 Unzen Gold zu zahlen. Eine ungeheure Summe! Kurz darauf heiratete Friedrich mit Genehmigung des Papstes Isabella, die Tochter des Königs von Jerusalem, und erklärte damit deutlich seine Absicht, diese Krone selbst in Besitz zu nehmen.

Im August 1227 sammelt sich das Kreuzfahrerheer im Hafen von Brindisi. Herdegen ist auch dabei. Er hat eine lange Reise hinter sich. Auf dem Landweg ist er gekommen, über den Reschenpaß nach Aquileja, sodann über Venedig, Rimini und Rom bis nach Brindisi, auf einer der wenigen Straßen, die es im Römischen Reich gibt. Sie waren alle in schlechtem Zustand, schmal und voller Schlaglöcher. Mehr als einmal mußte Herdegen einen weiten Umweg machen, weil eine Brücke weggeschwemmt worden war. An anderen Orten hatte er das Wasser an einer seichten Stelle zu durchwaten, oder er war gezwungen, die Hilfe eines Fährmannes in Anspruch zu nehmen, auch wenn der unverschämt viel Geld verlangte. Für einen Aufpreis konnte Herdegen dann allerdings wichtige Auskünfte von ihm erhalten: über besonders gefährliche Wege, an denen Banditen lauern, über den Herrn, der in dem Territorium herrscht, und über besondere Vorschriften, die den Reisenden gemacht werden.

Es war keineswegs selbstverständlich, die Genehmigung für den Durchzug eines Landes zu erhalten. Mönche und Pilger genossen zwar meist den Schutz des jeweiligen Landesherrn, und auch Herdegen durfte als Kreuzfahrer auf allgemeines Wohlwollen hoffen, aber manchmal hatte er sich unter das Geleit eines Herrn zu begeben, auch wenn er eigentlich keinen Wert darauf legte, und mußte diesen erzwungenen Schutz natürlich bezahlen. Überhaupt ließen größere oder kleinere Landbesitzer keine Gelegenheit aus, sich an den Reisenden zu bereichern. An jedem Weg, jeder Brücke und jedem Stadttor waren Zollstationen, denen Kaufleute, Pilger, Mönche und andere Vorüberziehende einen Obulus zu entrichten hatten, wollten sie die Genehmigung zum Weiterreisen erhalten. Und wehe, jemand verließ die vorgeschriebenen Wege, um billiger und unerkannt sein Ziel zu erreichen. Er verlor sofort den Anspruch auf freien Durchzug, jeder konnte ungestraft seinen Besitz einziehen. Ungefährlich war aber auch das Reisen auf den vorgeschriebenen Straßen nicht, denn Wegelagerer und Straßenräuber ließen sich von den drastischen Strafen – sie reichten vom Händeabschlagen bis zum Tod am Galgen – nicht abschrecken und lauerten überall im unwegsamen Gelände den Durchreisenden auf. Zu all diesen Bedrohungen kamen geographische und klimatische Schwierigkeiten: Berge mußten mühsam überquert werden, in den unübersehbaren Wäldern konnte man sich leicht verirren, Gewittern, Kälteeinbrüchen und sengender Hitze waren die Reisenden schutzlos ausgesetzt. In Italien mußte Herdegen Angst haben, mit der gefürchteten Malaria infiziert zu werden. Daß sie von Mücken übertragen wurde, wußte er nicht, konnte sich daher auch nicht gegen sie schützen. Während die Einwohner des Landes weitgehend immun waren, fielen zahllose Reisende der Krankheit jedes Jahr zum Opfer.

Trotz all dieser Schwierigkeiten und Gefahren waren die Menschen erstaunlich mobil. Herdegen trifft auf seiner Reise ein buntes Völkchen: Kaufleute mit ihren Waren; Bettler, Spielleute; kirchliche Würdenträger, die sich in Sänften tragen lassen; Mönche, Pilger, Abenteurer; Boten, die die Nachrichten ihrer Herren übermitteln; und natürlich Ritter, die sich einen neuen Kampfplatz suchen oder sogar das gleiche Reiseziel wie er haben.

In den wenigen Herbergen und Gasthäusern, die am Weg liegen, sieht Herdegen so manchen wieder, teilt oft das Bett mit einem von ihnen. Bis zu zehn Leute schlafen in einem Bett, häufig Frauen und Männer gemischt. Es gibt unzählige Geschichten, die von lustigen oder auch peinlichen Mißverständnissen berichten, wenn der müde Gast das falsche Bett aufsucht oder sich neben jemand ganz anderen zu legen glaubt. Alle schlafen nackt, und so mancher konnte am nächsten Tag nicht weiterreisen, weil ihm seine Kleider gestohlen waren. Wirte genießen kein besonders gutes Ansehen. Zu oft hauen sie den Reisenden übers Ohr, stecken womöglich mit Dieben unter einer Decke. Und doch ist Herdegen froh, wenn er in Italien auf einen deutschen Wirt stößt, der sich dort niedergelassen hat, mit dem er sich problemlos verständigen kann und der ihm so manchen guten Tip für die Weiterreise gibt.

Ein eigenes Bett – diesen Luxus gibt es bestenfalls, wenn Herdegen bei einem Verwandten oder Bekannten Aufnahme findet. Es war ungeschriebene Pflicht, Standesgenossen als Gäste bei sich aufzunehmen und sich alle Mühe bei ihrer Bewirtung zu geben. Ausführlich beschreibt Wolfram von Eschenbach, wie fürstlich der junge, unerfahrene *Parzival* von Graf Gurnemanz aufgenommen wird: Junge Knappen entwappnen ihn, der Graf selbst verbindet ihm die Wunde, die er sich im Kampf zugezogen hat. Nach einem guten Essen wird ihm sein Bett hergerichtet. Am nächsten Morgen findet Parzival ein Bad bereitet. Junge Mädchen bedienen ihn. Seine armselige Kleidung ist mit reicher, kostbarer «*wat*» vertauscht worden. Viele Wochen verwöhnt ihn sein Gastgeber auf diese Weise. Unserem Herdegen sind solche Wohltaten nicht widerfahren. Aber ein Bett und ausreichendes Essen hat er doch an manchen Orten vorgefunden.

Auch Klöstern war es zur Pflicht gemacht, Reisende aufzunehmen. Grundsätzlich mußte dies unentgeltlich geschehen, was der Mönchsgemeinschaft erhebliche wirtschaftliche Schwierigkeiten bringen konnte, andererseits aber dem Armen die Möglichkeit gab, genauso wie die hohen Herren auf Pilgerfahrten oder Reisen zu gehen.

Nicht immer hatte Herdegen das Glück, Aufnahme in einem Gasthaus, einem Kloster oder auf einer Burg zu finden. Manche Nächte verbrachte er in Scheunen oder unter freiem Himmel. Die Angst vor räuberischem Gesindel ließ ihn dann nicht so gut schlafen. Der Weg ins südliche Italien erschien ihm unendlich. Maximal 50 Kilometer konnte er am Tag zurücklegen. Um die Pferde und seine eigene

Gesundheit zu schonen, mußte er Ruhetage einschalten. Anhaltende Regenfälle forderten Zwangspausen. So war er sehr froh, nach «nur» zwei Monaten unbeschadet den Sammelort zum Kreuzzug erreicht zu haben. Das eigentliche Unternehmen beginnt aber erst jetzt! Der Kaiser kommt im August nach Brindisi. Als Vertreter seines Kommandos ernennt er den Landgrafen Ludwig von Thüringen, der mit einem großen Gefolge erschienen ist. Im Lager herrschen chaotische Zustände. Die Versorgung der vielen Menschen ist nur unzureichend gewährleistet, vor allem fehlt es an sauberem Wasser. Noch bevor die Schiffe beladen sind, bricht eine schwere Seuche aus, die in wenigen Tagen viele Menschen dahinrafft. Herdegen ist nicht verschont geblieben. Schwer fiebernd liegt er in seinem Zelt und hört wie von ferne, daß trotz der Erkrankung des Kaisers und des Landgrafen abgefahren werden soll. Seine Begleiter kümmern sich um die Beschaffung der notwendigsten Nahrungsmittel. Am 8. September 1227 sticht die Flotte in See. Herdegen nimmt es kaum wahr. Während er sich aber zusehends erholt, muß das Schiff mit dem Kaiser und dem Landgrafen nach zwei Tagen wieder umkehren. Ludwig stirbt, Kaiser Friedrich läßt sich, völlig entkräftet, in den Bädern von Pozzuoli gesundpflegen.

Herdegen reist auf einer *Kogge,* dem beliebtesten Schiffstyp der Zeit. Mit seinen etwa 30 Metern Länge und 8 Metern Breite war es nicht allzugroß und konnte daher noch leicht gelenkt werden. Halbdecks am Heck und Bug und das Hauptdeck schützten die Passagiere vor überrollenden Wellen. Dank einiger Bestechungsgelder haben die Begleiter Herdegens einen Platz auf dem seitlichen Oberdeck reservieren können. Hier ist es angenehm kühl, anders als unten im Schiffsbauch, wo eine fast unerträgliche Schwüle herrscht und Menschen und Tiere zusammengepfercht sind. Den besten Platz hat sich der Leiter der Expedition, Hermann von Salza, gesichert. Er bewohnt mit seinen Dienern drei Kabinen am Oberdeck.

Wohl fühlt sich Herdegen auf dem schwankenden Bretterboden nicht. Er als Landratte fürchtet das unendliche Meer mit seinen unberechenbaren Stürmen. Immer wieder leidet er unter der Seekrank-

heit. In der Nacht schreckt er aus dem Schlaf, wenn Wellen an den Bug krachen, daß die Balken ächzen und knarren, oder Ratten über den hölzernen Boden trippeln. Schon nach wenigen Tagen stinkt es überall nach Rattenurin, faulendem Wasser, nach verdorbenen Lebensmitteln, in denen Maden ein fettes Leben führen, und nach menschlichen Exkrementen. Wenn haushohe Wellen das Deck überrollen, erinnert sich Herdegen aller Gebete, die er einmal gelernt hat... Er ist kein Dichter, und daher erfährt später niemand mehr von seinen Ängsten und Schreien. Es wird ihm aber nicht anders ergangen sein als dem Tannhäuser, der sich ebenfalls im Gefolge Friedrichs auf einem der Schiffe befunden hat. Sechs Tage war er vor Kreta in höchster Seenot:

Diu ruoder mir zerbrachen, nu merket wie mir wære
die segel sich zerzarten, si flugen uf den se.
[...]
die winde, die so sere waent

gen mir von barbarie
daz si so reht unsuoze blaent
die andern von Türkie!
die welle und ouch die unde gent mir groz ungemuete.

Die Ruder zerbrachen, stellt euch vor, wie mir zumute war,
die Segel zerfetzten und flogen ins Meer
[...]
die Winde wehten so sehr unsanft
von Nordafrika
die anderen von der Türkei!
Die Wellen und Wogen machten mir großes Ungemach.

Genauso schrecklich wie große Stürme aber ist auch tagelange
Flaute. Unbarmherzig brennt dann die Sonne herunter, die Zunge
klebt am Gaumen, die Wasservorräte neigen sich bedenklich dem
Ende entgegen – wenn doch jetzt nur ein großer Sturm käme! Herde-
gen bewundert den Kapitän und die Schiffsbesatzung, die selbst in
schwierigen Situationen klaren Kopf behalten und ohne erkennbare
Hilfsmittel den Weg ins Heilige Land zu finden scheinen. Ihm ist es
unbegreiflich, wie man sich an den Strömungen, an der Farbe des
Wassers, an Wolken, Wind, Sonne und Sternen orientieren kann.
Zusätzlich benutzt der Kapitän ein merkwürdiges Gerät mit einer
Nadel, die angeblich immer nach Norden zeigt. Das grenzt ja schon
fast an Zauberei! Woher sollte unser Herdegen den Kompaß, das
wichtigste Hilfsmittel der Seefahrt, kennen. Allerdings wissen auch
wir nicht, ob er im 13. Jahrhundert allgemein benutzt wurde, denn
schriftliche Aufzeichnungen über die Seefahrerkunst finden wir erst
im 16. Jahrhundert.

Nach knapp vier Wochen hört Herdegen plötzlich Möwen-
schreie. Ein ganzer Schwarm davon umkreist das Schiff. Da kann das
Land nicht mehr weit entfernt sein! Der Kapitän informiert die aufge-
regten Reisenden: Man nähere sich Limassol, der Hafenstadt von
Zypern. Jedem sei dort die Möglichkeit gegeben, frische Nahrungsmittel einzukaufen; wer wolle, könne auch dort bleiben und auf die
Ankunft Friedrichs warten. Voller Spannung beobachtet Herdegen

das Einlaufen in den Hafen. Wie froh ist er, wieder einmal festen Boden unter den Füßen zu haben. Trotzdem entschließt er sich, die Reise bis nach Akkon fortzusetzen. Es sind ja nur mehr wenige Tage auf See, und es schadet sicher nichts, sich schon mal ein bißchen umgesehen zu haben, bevor der Kampf um Jerusalem losgeht.

In Akkon

Vier Tage nach dem Auslaufen aus Limassol tauchen am Horizont schemenhaft die Umrisse einer Stadt auf: Akkon, ersehntes Ziel aller Kreuzfahrer! Schon kann Herdegen die gewaltigen Mauern erkennen. Fast eintausendsiebenhundert Meter sind sie lang und führen in zwei hintereinanderliegenden Ringen um die Stadt. Dazwischen klafft ein tiefer Graben. Mehr als vierzig Kirch- und Wehrtürme unterstreichen den trutzigen Anblick. Beim Einfahren in den Hafen, der durch eine Landzunge gut geschützt ist und über achtzig Schiffen Anlegemöglichkeit bietet, bestaunt Herdegen den mächtigen Templerpalast und die Andreaskirche, die auf der Landzunge der Mauer vorgelagert sind. Sein erster Weg führt ihn zu dieser Kirche, um Gott zu danken für die insgesamt glückliche Reise und gesunde Ankunft im Heiligen Land.

Seine Begleiter haben sich inzwischen um das Gepäck und die Pferde gekümmert und sich nach einer Unterkunft umgesehen. Leider ohne Erfolg, denn die meisten Herbergen sind bereits besetzt. Herdegen hat alle Mühe, seine Gefährten wiederzufinden. Trotz der breiten Straßen und den großzügigen Plätzen herrscht ein unglaubliches Gedränge. 40 000 Christen leben in der Stadt. Akkon ist nicht nur Ankunftsort von Kreuzfahrern und Pilgern, sondern Anfangs- und Endpunkt von Handelswegen, die nach Persien, Mesopotamien und Indien führen. Christliche Händler sitzen daher in der Stadt und bieten ihre Waren an, Schiffe werden entladen, orientalisch gekleidete Männer feilschen lautstark miteinander, Kirchenglocken läuten, hohe Würdenträger werden mit Sänften an Herdegen vorbeigetragen, Bettler sitzen an jeder Ecke, berittene Boten preschen durch die Straßen, die ganze Stadt ist erfüllt vom Rufen, Lachen und Fluchen in den verschiedensten Sprachen und vom Duft exotischer Gewürze.

Der Kapitän hat Herdegen auf dem Schiff den guten Rat gegeben, nicht die Dienste eines Fremden in der Stadt anzunehmen, denn es gäbe zuviel Gesindel, das es auf nichts anderes abgesehen hätte, als die Ankommenden übers Ohr zu hauen. Er wäre nicht der erste Pilger, den man wenige Tage nach seiner Ankunft irgendwo tot aufgefunden hätte. Vernünftig wäre es, erst einmal zu den Deutschrittern ins Hospital zu gehen und um Hilfe zu bitten. Auch bei ihnen werde es zwar nicht ohne Schmiergelder abgehen, aber zumindest könne man sicher sein, nicht einer Mörderbande in die Hände gefallen zu sein. Herdegen ist damals wütend gewesen über die Respektlosigkeit, mit der der Kapitän von diesen ehrenwerten Kirchenleuten gesprochen hat, sie würden ihm sicher Aufenthalt gewähren, wenn er darum bäte.

Das Hospital zu finden, ist nicht schwer. Es befindet sich im prächtigsten Teil der Stadt, in der Nähe der Königsburg mit ihren wunderschönen Gärten und dem Großmeisterpalast der Johanniter, deren Festsaal der prunkvollste der ganzen Stadt sein soll, wie Herdegen gehört hat. Vor dem Eingang des Hospitals drängen sich die Menschen. Nicht nur er hat offensichtlich die Idee gehabt, hier erste Aufnahme zu finden. Lange muß er warten, bis er endlich zum Eingang kommt. Unwirsch wird er gefragt, woher er komme, wie lange er zu bleiben gedenke. «Bis zur Ankunft unseres Kaisers Friedrich», antwortet Herdegen. «Da kannst Du lange warten», meint einer der Umstehenden. «Erst gestern ist die Nachricht eingetroffen, der Papst habe den Kaiser gebannt, weil er sein Kreuzzugsgelübde nicht gehalten hat.» «Aber – er war doch krank, er konnte sein Versprechen doch gar nicht einhalten!» Herdegen ist entsetzt. Sollte dies schon das Ende seiner Kreuzfahrt sein? Er hört gar nicht mehr genau hin, als der Ordensritter ihm eine Unterkunft verspricht bei entsprechender Zahlung. Einer seiner Begleiter gibt die gewünschte Summe, und tatsächlich finden sich zwei kleine Kammern, in denen sie sich einrichten können.

Die nächsten Tage vergehen in banger Ungewißheit. Die eintreffenden Nachrichten sind widersprüchlich. Einmal heißt es, der Papst werde den Bann schon lösen, damit der Kaiser das Unternehmen zu einem glücklichen Ende führen könne; ein andermal hören die Kreuzfahrer, der Papst bleibe hart, Friedrich sei nicht der geeignete Mann, die Interessen der Kirche zu vertreten; und wieder andere glauben zu wissen, Friedrich werde trotz des Banns die Reise antreten, sobald er sich erholt habe. Selbständig einen Krieg zu beginnen, wagen die Kreuzfahrer nicht, denn bis 1229 läuft noch ein Waffenstillstand, der vor acht Jahren mit dem Sultan hatte geschlossen werden müssen, um das damalige Christenheer vor dem vollständigen Untergang zu retten. Die Zustände in Akkon tragen auch nicht dazu bei, die Stimmung der Kreuzfahrer zu verbessern. Herdegen muß zugeben, daß der Kapitän nur allzu recht hatte. Die äußere Pracht der Stadt täuscht. Wohin man sieht, überall herrscht Korruption. Die Ritterorden befehden sich untereinander, die christliche Idee einer Befreiung des Heiligen Landes ist dabei völlig in den Hintergrund getreten. Jeder versucht, auf Kosten des anderen, sich ein möglichst bequemes Leben zu machen. Ganz anders tönen hier die Lieder der Dichter. Die Euphorie und ideelle Begeisterung für den gemeinsamen Glaubenskampf ist der Resignation über die wahren Zustände gewichen. Freidank, der sich wie Herdegen dem Kaiser angeschlossen hat, klagt mit bitterbösen Worten die Zustände an: «Akkon verschlingt ‹silber, gold, ros und wât›, Silber, Gold, Pferde und Kleidung von Tausenden von Menschen», meint er, «ein Heer von 100000 Mann ist dort schneller verkauft ‹dan zehen ohsen anderswâ›, als andernorts 10 Ochsen. Der Tod ist so selbstverständlich, selbst wenn hunderttausend täglich stürben, würde man einen Esel mehr beklagen, denn:

Diu erste frâge, die man tuot
nâch tode ‹herre, wâ ist z'guot?›

Die erste Frage, die man stellt
nach dem Tod, heißt: ‹Herr, wo ist sein Geld?›

Und wer gar arm und krank nach Akkon kommt, dem wird gerne *ein hûs von siben füezen* da gegeben – Särge hatten im allgemeinen sieben Füße! Und das, obwohl das Gesundheitswesen viel besser ausgebaut war als in der Heimat. Beeinflußt von den arabischen Medizinern, die über viel bessere Kenntnisse verfügten als die christlichen Ärzte, gab es in allen Kreuzfahrerstädten schon im elften Jahrhundert Spitäler mit festangestellten Ärzten und mit Hygienevorschriften, wie sie in westlichen Ländern unüblich waren: Die Betten sollten sauber und bequem sein, mit gewaschenen Decken und abziehbarer Bettwäsche. Jeder Patient hatte Anspruch auf einen Pelz, Schuhe und eine Wollmütze. Auf bekömmliche Ernährung mit viel frischem Obst und Gemüse wurde Wert gelegt. Besonders den Armen und Bedürftigen sollten die Johanniter, denen die Pflege anvertraut war, ihre Aufmerksamkeit schenken. Aber Theorie und Praxis sind selten ein und dasselbe. In Akkon durfte nur auf Hilfe hoffen, wer diese gut bezahlen konnte.

In Tavernen, bei Würfelspiel und Trinkgelagen mit Reisegefährten, vertreibt sich Herdegen die Zeit. Oft schlendert er über die Märkte, bestaunt die fremden Waren, ersteht auch ab und zu eine Kleinigkeit, die er nach Hause mitnehmen möchte. Es gibt nichts, was man in Akkon nicht kaufen könnte. Die Feindschaft zwischen Christen und Muslims ist nicht größer als die zwischen anderen rivalisierenden Parteien. Man hat sich miteinander arrangiert, bewundert vielleicht sogar ein wenig den prächtigen Lebensstil der Orientalen. Unversöhnlich ist man nur im Glauben, nicht im täglichen Leben. Viele der Menschen, die hier seit Generationen leben, kennen ihre ursprüngliche Heimat nur vom Hörensagen. Schon mehr als hundert Jahre ist die Küste auf einer Länge von rund 800 Kilometern in der Hand christlicher Einwanderer. Die Pilger und Kreuzfahrer, die aus dem Westen kommen, sind ihnen nicht weniger fremd als den Arabern. Bereits 1127 schreibt Bischof Fulcher von Chartres:

Die wir Abendländer waren, sind jetzt zu Orientalen geworden. Schon haben wir die Orte unserer Geburt vergessen. Schon besitzt der eine eigene Häuser und Diener wie aus väterlichem Erbrecht, andere freiten, aber nicht nur eine Landsmännin, sondern auch eine Syrerin oder Armenierin, bisweilen auch eine getaufte Sarazenin.

Kein Wunder, daß die anreisenden Kreuzfahrer nicht auf die gleiche Kampfbegeisterung stoßen, mit der sie selbst die mühsame Reise auf sich genommen haben.

Nach einigen Wochen neigen sich die Geldmittel Herdegens bedenklich dem Ende entgegen... Da kommt ihm der Aufruf des Deutschen Ordens sehr gelegen, am Bau einer Festung zwischen Akkon und Tyrus mitzuwirken. Montfort, wie sie genannt wird, dient in den folgenden Jahren dem Orden als wichtiger Stützpunkt. Je länger er sich im Land aufhält, um so mehr lernt er die Errungenschaften der arabischen Welt schätzen. Staunend steht er vor den Windmühlen, die Wasser aus den Flüssen pumpen und in künstlichen Bewässerungskanälen auf die Felder leiten. Meist süßt er seine Speisen mit dem aus Zuckerrohr gewonnenen braunen Pulver; davon muß er unbedingt etwas nach Hause mitnehmen. Als er unter einem heftig juckenden Ausschlag leidet, nimmt er gerne die Künste eines arabischen Arztes in Anspruch. «Diese Heiden, das sind ja gar keine blutrünstigen Wilden, wie wir sie uns daheim gerne vorstellen, sondern kultivierte, hochgebildete Menschen», denkt er. «Wenn sie nur den rechten Glauben annehmen wollten, wären sie bei uns hochgeachtet.»

Und während er schwere körperliche Arbeit verrichtet und immer noch auf die Ankunft des Kaisers wartet, hat er viel Zeit, über die Idee des Kreuzzuges nachzudenken und sie mit der Wirklichkeit zu vergleichen.

Geschichte des Kreuzzuggedankens

Ja, was ist eigentlich die Idee des Kreuzzuges, wann entstand sie, und wie hat sie sich entwickelt?

Mehr als hundert Jahre müssen wir zurückgehen, ins Jahr 1095, auf einen Platz in der französischen Stadt Clermont. Eine große Menschenmenge hat sich dort versammelt und blickt zu Papst Urban II., der soeben eine flammende Rede hält: «Wir wollen Euch wissen lassen, welch trauriger Anlaß uns in euer Gebiet geführt hat, welche Not uns hierher gezogen hat. Aus dem Land Jerusalem und der Stadt

Konstantinopel kam eine schlimme Nachricht: das Volk im Perserreich, ein ganz gottfernes Volk, hat die Länder der dortigen Christen besetzt.» Drastisch malt er die Grausamkeiten aus, die an den Christen verübt werden. Wer könnte diese Schmach besser rächen als «ihr überaus tapferen Ritter». Niemand sollte sich um Besitz sorgen, denn – so meint der Papst – «dieses Land, in dem ihr wohnt, ist von euch beängstigend dicht bevölkert. Es fließt nicht vor Fülle und Wohlstand über und liefert seinen Bauern kaum die bloße Nahrung. Daher kommt es, daß ihr euch gegenseitig beißt und bekämpft, gegeneinander Krieg führt und euch meist gegenseitig verletzt und tötet.» Wie recht Urban mit diesen Worten hatte. Keinem Herrscher war es bisher gelungen, einen dauerhaften Landfrieden zu schaffen; Fehde, Mord, Totschlag waren an der Tagesordnung. Wie aber glaubt Urban diese Mißstände beseitigen zu können: «Tretet den Weg zum Heiligen Grab an, macht es euch untertan! Jerusalem ist der Mittelpunkt der Erde, das fruchtbarste aller Länder, als wäre es ein zweites Paradies. Diese Königsstadt, in der Erdmitte gelegen, wird jetzt von Feinden gefangengehalten. Sie erbittet und ersehnt Befreiung. Schlagt also diesen Weg ein zur Vergebung eurer Sünden; nie verwelkender Ruhm ist euch im Himmelreich gewiß.» Begeistert fallen die Menschen auf die Knie und rufen mit Tränen in den Augen: «Deus lo vult!» «Gott will es!»

Außer Landes möchte Urban den Krieg schaffen, die herrschende Gewalt und Aggressivität für die Ziele der Kirche nutzen, ein genialer Gedanke! Der Kampf gegen Heiden verstößt nicht gegen die christliche Pflicht der Nächstenliebe, im Gegenteil, der sündige Krieger wird zum *miles christianus,* zum Gottesstreiter, der sein blutiges Handwerk im Auftrag Gottes verrichtet und dem dafür Vergebung der Sünden in Aussicht gestellt wird. Spätere kirchliche Schriften haben sogar versprochen, ein im Heidenkampf Gefallener komme direkt in den Himmel.

Kaum eine Idee vorher und nachher hat so große Wirkung gehabt. Abenteuerlust, Hoffnung auf sozialen und gesellschaftlichen Aufstieg, religiöse Begeisterung und die Aussicht auf Vergebung der Sünden – alle diese Faktoren mögen dazu beigetragen haben, daß sich in den folgenden zwei Jahrhunderten Tausende von Menschen das weiße Stoffkreuz, Symbol des Kreuzfahrers, angeheftet haben, nicht nur Adelige, sondern auch Bürger, Handwerker, Bauern, Spielleute, Fahrende.

Als sich 1096 ein erster ungeordneter Zug in Bewegung setzte, hatte kaum jemand eine Vorstellung von der geographischen Distanz, die zu bewältigen war. In jedem größeren Dorf vermutete man Jerusalem. Kein Wunder, daß fast alle bereits auf der asiatischen Seite des Bosporus den Tod fanden.

Sehr viel organisierter war das Heer, das sich kurz darauf unter Leitung Roberts von der Normandie in Bewegung setzte und nach fast drei Jahren, am 15. Juli 1099, die Heilige Stadt erstürmte. Glanzvoll zog Gottfried von Bouillon als König von Jerusalem ein. Weniger glanzvoll war das Blutbad, das die siegreichen Christen in der Stadt anrichteten. Jeder Andersgläubige wurde gnadenlos niedergemetzelt. Die islamische Welt war über diesen Vandalenakt entsetzt; die Christen ihrerseits glaubten im Einklang mit Gottes Willen zu handeln. Heiden gehörten nicht zu den Menschen, die Schonung erwarten durften. In ihrer Phantasie waren sie Monsterwesen mit furchterregenden Körpern, deren Vernichtung Christenpflicht war. In manche Dichtung sind diese Vorstellungen eingeflossen. Im Rolandslied des Pfaffen Konrad kämpft Roland solange gegen doppelköpfige Ungeheuer mit Schuppenleibern und tierischen Stimmen, bis er knietief im Blut watet. Breit und genußvoll werden die Schlachten geschildert, Mitleid ist keines zu spüren.

Natürlich gab es auch auf der anderen Seite Haß und Vorurteile. Usama ibn Munqiqh, ein arabischer Ritter im zwölften Jahrhundert, meint: «Wer immer sich vertraut gemacht hat mit dem, was die Franken angeht, kann nicht anders als Allah, den Allmächtigen, rühmen und heilig halten; denn er hat in ihnen Tiere gesehen, die den Vorzug des Mutes und des Eifers im Kampf haben, aber keinen andern, ebenso wie die Tiere uns überlegen sind an Kraft und im Angriff.»

Die Tapferkeit, das war das einzige, was die Araber an den ungeschlachten, ungebildeten *Franken,* wie sie die Christen nannten, bewunderten. Und in der Tat ist es unvorstellbar, welche Mühen und Entbehrungen die Kreuzfahrer auf sich nahmen. Schon der Weg ins Heilige Land war ja alles andere als gefahrlos. Im ersten Kreuzzug versuchten die meisten Heerführer, auf dem Landweg nach Jerusalem vorzudringen. Viele Verhandlungen waren nötig, um die Erlaubnis zum Marsch durch byzantinisches Gebiet zu erhalten und von Kleinasien nach Konstantinopel übersetzen zu dürfen. In der Türkei wurden sie immer wieder von Seldschuken angegriffen und konnten erst nach langwierigen Kämpfen ihre Fahrt fortsetzen. Spätere Kreuzfahrer – wie auch unser Herdegen – haben dann meist den etwas weniger gefährlichen Seeweg gewählt. Im Heiligen Land angekommen, trafen die Männer auf völlig ungewohnte klimatische und geographische Bedingungen. Es war heiß, sehr heiß, das Wasser überall knapp, und wo es vorhanden war, hatten es die Feinde häufig mit Tierkadavern vergiftet oder gar zugeschüttet. Keiner kannte die Wege, so daß überall die Gefahr eines Hinterhalts bestand. Die Rüstungen, die schon in europäischen Breitengraden kein bequemes «Kleidungsstück» waren, ließen hier unter der glühenden Sonne ihre Träger fast ersticken. Und trotzdem kämpften die Ritter unerschrokken bis zum Umfallen gegen die Glaubensfeinde. Allerdings hatten sie auch keine andere Wahl, denn nicht nur die Christen, auch die Moslems gingen mit ihren Gefangenen nicht zimperlich um: wer dem christlichen Glauben nicht abschwor, wurde getötet, die anderen als Sklaven verkauft. Da wählten die meisten doch lieber den tapferen Heldentod, der zumindest einen Platz im Himmel garantierte.

Grausamkeiten, Blutvergießen und Unversöhnlichkeiten auf beiden Seiten also. Erst zu Anfang des 13. Jahrhunderts wagt Wolfram von Eschenbach in seinem «Willehalm» die Frage, ob nicht auch die Heiden als *gotes handgetat,* als «Geschöpfe Gottes» bezeichnet werden müßten und ob es wirklich Sünde sei, nicht an den christlichen Gott zu glauben, wenn man noch nie von ihm gehört habe.

Die Idee des Kreuzzuges wurde mit solchen Toleranzgedanken nicht angetastet, das Verhältnis zwischen den Heiden – die ganz und gar keine Barbaren, sondern hochkultivierte Araber waren – und den Christen hat sich aber in den mehr als hundert Jahren, die zwischen der Rede Urbans II. und Wolframs Heldenepos liegen und in denen vier Kreuzzüge stattgefunden hatten, verändert. Besonders der gebildete Sultan Saladin, dem es 1189 gelungen war, Jerusalem wieder zurückzuerobern, hat viel dazu beigetragen, das Ansehen der

Moslems zu steigern. Er zeichnete sich nämlich nicht durch Grausamkeit gegenüber den Christen aus, sondern gestattete ihnen in einem Friedensvertrag, die heiligen Stätten als Pilger ungehindert zu besuchen. Trotzdem, es blieb bei eher oberflächlichen Kontakten. Man lebte nebeneinander, man paßte sich den klimatischen Bedingungen an und bestaunte gegenseitig so manche Eigenheiten des Lebensstils, sehr viel weiter ging das Kennenlernen aber nicht. Unversöhnlich blieben die Gegensätze der Religionen, obwohl keiner sehr viel von der anderen wußte, die Christen lernten genausowenig Arabisch, wie die Araber Deutsch oder Französisch. Nur in Sizilien waren häufig arabische Gelehrte anzutreffen, und Friedrich II. brachte ihnen größte Hochachtung entgegen, aber davon später.

Die Kreuzzugsidee blieb noch lange wach, auch noch nach der endgültigen Vertreibung der Christen aus Akkon 1291. Nicht mehr Jerusalem war nun aber erklärtes Ziel, sondern die Ostgebiete Preußen, Litauen und Rußland, in denen dann im Spätmittelalter mit dem Anspruch der Heidenbekehrung geraubt und gemordet wurde.

Ankunft Friedrichs II.

Fast ein Jahr lebt Herdegen nun schon in Palästina, als sich plötzlich die Nachricht verbreitet, Kaiser Friedrich sei trotz Bann und ausdrücklichem Verbot des Papstes auf dem Weg nach Akkon. Im Augenblick halte er sich in Zypern auf, er wolle auch dort seinen Herrschaftsanspruch durchsetzen, aber bald schon werde er in Akkon eintreffen. Fiebrige Erwartung liegt über der ganzen Stadt. Herdegen ist wie viele andere jeden Tag am Hafen und späht angestrengt über das Meer. Endlich, am 7. September 1228, tauchen die Segel der Flotte am Horizont auf! Erwartungsvoll strömen die Menschen herbei, die Kirchenglocken läuten, mit freudigen Rufen werden der Kaiser und sein Gefolge begrüßt. 110 000 Kreuzritter sollen sich um ihn gesammelt haben. Nur manche Geistliche, die Templer und Johanniter bleiben dem Empfang fern. Für sie ist der Kaiser ein von höchster Stelle geächteter Mann, wie sollte er berufen sein, die

Heiligen Stätten zu befreien. Das Volk dagegen glaubt fest, der Papst werde nun einlenken, aber der denkt gar nicht daran. Freidank spricht aus, was viele wohl gefühlt haben mögen:

Daz kriuce man für sünde gap,
z'erloesen daz vil hêre grap;
daz wil man nu mit banne wern.
wie sol man nu die sêle ernern

Das Kreuz gab man gegen die Sündhaftigkeit.
um das Heilige Grab zu befreien;
das will man mit dem Bann verhindern.
Wie soll man nun die Seele retten?

Herdegen läßt sich nicht davon abhalten, in die Dienste Friedrichs zu treten. Schließlich will er nicht umsonst all die Entbehrungen auf sich genommen haben! Jetzt wird der Kampf wohl bald losgehen. Aber der Kaiser läßt sich Zeit. Boten, die er mit Geschenken zum Sultan geschickt hat, kommen mit Gegengeschenken zurück, mit exotischen Tieren, Kamelen, Bären, Affen sowie unförmigen Trampeltieren mit langen Greifnasen, die unser Held noch nie gesehen hat. Elefanten hießen sie, erklären ihm Einheimische. Was der Kaiser wohl mit ihnen allen machen will?

Wenige Tage später hört Herdegen, daß der Kaiser als Gast bei dem Sultan weilt und mit arabischen Wissenschaftlern gelehrte Gespräche führt. Geht das nicht ein bißchen zu weit? Jeder weiß, daß Friedrich ein großes Interesse an Wissenschaften hat und an seinem Hof in Sizilien namhafte Gelehrte aus aller Herren Ländern beherbergt. Er selbst beschäftigt sich mit wissenschaftlichen Experimenten und hat oft sehr eigenwillige Ideen. Aber er ist doch nicht zum Disputieren und Studieren hierher gekommen, sondern zur Befreiung Jerusalems von der heidnischen Besetzung.

Immer mehr fühlen sich die Kreuzfahrer verunsichert. Sollte der Papst doch recht haben? Friedrich bemerkt die Unruhe in seinem Heer. Um sie zu besänftigen, gibt er den Befehl, nach Jaffa zu marschieren und dort neue Befestigungen zu bauen. Herdegen – und mit ihm viele andere – ist unzufrieden. Gebaut hat er genug im letzten Jahr, jetzt will er kämpfen. Plötzlich werden die Nahrungsmittel knapp, ein Sturm, so hört man, hat die Schiffe vor Sizilien zerstört, die den Nachschub hätten bringen sollen. Die Unruhe wächst. Wenn jetzt nicht bald etwas geschieht, wird es gefährlich.

Da kommt die Nachricht, einem Einmarsch in Jerusalem stehe nichts mehr im Wege! In einem Vertrag habe der Sultan Jerusalem, Bethlehem, Nazareth und den Weg zum Meer den Christen übergeben, allerdings sollten die heiligen Orte der Muslims, der Felsendom und die El Aqsa-Moschee in Jerusalem, diesen frei zugänglich bleiben. Ohne Blutvergießen hatte Friedrich erreicht, was als Ziel jedes Kreuzzugs galt – *Einzug in Jerusalem.* Und doch erhebt sich kein Jubel, weder beim Heer noch in der Stadt. Nur wenige Pilger lassen den Kaiser hochleben, als er am 17. März 1229 in Jerusalem einzieht. Sonst ist die Stadt fast leer. Herdegen reitet zur Kirche des Heiligen Grabes, wo sich Pilger und Soldaten drängen. Kein Priester ist zu sehen, nur einige Deutschordensherren stehen da. Sie haben unter Führung Hermanns von Salza immer zum Kaiser gehalten.

Als Friedrich die Kirche betritt, wird es erwartungsvoll still. Gemessen schreitet er zum Altar, auf dem die Krone des Königs von Jerusalem liegt, nimmt sie und – setzt sie sich eigenhändig auf den Kopf. Herdegen steht wie betäubt. Das war also das Ziel des Kaisers: König von Jerusalem wollte er werden. Gebrauchte er die Verteidigung des Glaubens möglicherweise nur als einen Vorwand, auch wenn er jetzt in einer kurzen Rede seine Bereitschaft bekundet, der Kirche zu dienen? Und um das Maß vollzumachen, besucht er auch noch die Götzen der Heiden und die Stätten, die die Muslims heilig nennen. Das kann kaum einer verstehen, auch Herdegen nicht. Einerseits bewundert er das diplomatische Geschick, mit dem Friedrich ohne Kampf mehr erreicht hat als fast alle vorher, andererseits fühlt er sich in seiner Kampfbegeisterung verraten und um die Möglichkeit geprellt, Tapferkeit und Mut zu beweisen.

Und die meisten denken so wie Herdegen, auch ein großer Teil der Araber. Ihnen war ein Christ, der die Vorzüge des Islam pries, ohne aber diesen Glauben anzunehmen, und der sich ihnen gegenüber abfällig über das Oberhaupt seiner eigenen Kirche äußerte,

suspekt. Wie die christliche Welt schwankten sie zwischen bewundernder Verehrung und entsetzter Ablehnung dieser schillernden Persönlichkeit, die im mittelalterlichen Ordnungsgefüge nirgends so recht hineinpassen wollte.

In Akkon wird der Kaiser feindlich empfangen, und als er am 1. Mai in aller Früh die Segel zur Abreise setzen läßt, verabschiedet ihn die Bevölkerung mit Schmährufen und bewirft ihn mit Schmutz und Kot. Ein unrühmliches Ende für ein – in den Augen der Zeitgenossen – unrühmliches Unternehmen. Erst viele hundert Jahre später hat man den Weitblick und die politische Klugheit dieses Mannes erkannt.

Auch Herdegen hält nichts mehr in Akkon. Enttäuscht verläßt er das Land, das er sich aus der Ferne als das gelobte Heilige Land, als das Paradies auf Erden vorgestellt hat, das sich aber aus der Nähe betrachtet als genauso unvollkommen, krisengeschüttelt und abhängig von machtpolitischen Intrigen entpuppte wie seine Heimat.

Noch einmal muß er die mühsame Schiffsreise auf sich nehmen. Nach mehr als zwei Jahren Abwesenheit kehrt er auf seine Burg zurück.

Die Fehde

Zum ersten Mal ist Herdegen wirklich zufrieden, daheim zu sein. Die Strapazen sind nicht spurlos an ihm vorübergegangen. Aber er ist dankbar, daß er überhaupt wieder nach Hause gekommen ist. Viele seiner Mitstreiter fielen den ungewohnten klimatischen Verhältnissen zum Opfer, andere fanden bei Streitigkeiten und kleinen Scharmützeln den Tod, und wieder andere haben die Entbehrungen der Schiffsreise nicht überlebt. Herdegen wurde, davon ist er überzeugt, aus allen Gefahren durch den Beistand der Jungfrau Maria gerettet, die er so oft in seinen Nöten angerufen hat. Ihr stiftet er deshalb aus Dankbarkeit einen prächtigen Altar in der Kirche. Er selbst läßt sich als Stifter ganz klein auf dem Gnadenbild darstellen, kniend, in Kreuzfahrertracht, die Hände bittend der gütig lächelnden Madonna entgegengestreckt.

Eine längere Ruhepause ist Herdegen aber nicht gegönnt. Klagend berichtet seine Frau, wie schlecht es ihnen ergangen sei: Der mächtige Herr von Mosburg habe – kaum sei Herdegen weg gewesen – die Situation genützt. Immer wieder sei er in den Dörfern eingefallen, habe Vieh weggetrieben und Felder geplündert. Rudolf habe zwar alles unternommen, um den Mosburger an seinen räuberischen Übergriffen zu hindern, aber der Gute sei eben doch alt geworden und dem Gegner in jeder Hinsicht unterlegen. Und damit nicht genug: der Herr habe sich erdreistet, ihr den Hof zu machen. Ihr Mann käme ja doch nie mehr, habe er gemeint, da wäre es doch für beide Seiten von Nutzen, sich zu verbinden.

Herdegen tobt vor Wut. Das kann er sich nicht bieten lassen! Schon am nächsten Tag ruft er seine Leute zusammen und beschließt mit ihnen, diesem unverschämten Herrn die Fehde anzusagen. Er kennt den Mosburger gut. Damals beim Turnier in Wien hat er den Siegerpreis geholt. Aber Herdegen hat keine Angst. Mit dem wird er es schon aufnehmen können. Wieder einmal ist es der Kaplan, der den Brief schreiben muß:

An den Herrn von Mosburg

Ich, Herdegen von der Drachenburg, tue kund, daß ich nicht gewillt bin, die Schmach und Schande, die Du und Deine Helfershelfer während meiner Abwesenheit, als ich im Dienste unseres Herrn Jesus Christus an den heiligen Stätten der Christenheit für die Verbreitung des wahren Glaubens gekämpft habe, meiner Familie und meinen Getreuen angetan hast, hinzunehmen. Um mein Ansehen und meine Ehre zu bewahren, sage ich Dir die Fehde an. Fortan gibt es kein Wort der Freundschaft zwischen uns, sondern ich und meine Getreuen werden das geraubte Gut

141

von Dir zurückholen und uns für alle Deine Schandtaten rächen. Gegeben am fünften Tag nach dem Fest des Heiligen Georg im Jahre 1230 nach der Geburt des Herrn.

Herdegen von der Drachenburg

Chuonrat von Horndorf

Rudolf von Sachsenriet

Peter am Berge

Ein Bote überbringt den Fehdebrief, und drei Tage später fällt Herdegen in das Gebiet seines Gegners ein, verwüstet zwei Felder und treibt eine Kuhherde, Schafe und Ziegen mit sich zurück. Natürlich läßt sich der Herr von Mosburg das nicht gefallen, und es beginnt ein langwieriges Tauziehen. Wer bleibt wohl der Stärkere? Ausgetragen wird dieser Krieg nicht in einem offenen, ritterlichen Kampf, sondern mit unangesagten Raubzügen, mit dem Ziel, dem anderen möglichst großen Schaden zuzufügen. Die Leidtragenden sind wie so oft *die Bauern:* Dörfer werden überfallen, Hausgeräte und Vorräte geraubt, Vieh weggeführt, Wälder und Felder verwüstet. Niemand ist da, der diesem Treiben Einhalt gebieten könnte. Es gibt kein Gericht, das die Bauern in ihrer Not anrufen könnten oder das einen Vergleich zwischen den beiden Kontrahenten herbeiführen würde. Immer wieder haben die Könige des Römischen Reiches versucht, eine verbindliche Rechtsordnung zu schaffen, bis ins 16. Jahrhundert gelang es aber niemandem, die Fehde zu unterbinden. Im Gegenteil, sie mußte als legitimes Mittel der Selbsthilfe anerkannt werden, sofern die Beteiligten sich an bestimmte Regeln hielten. Da es aber keine Instanz gab, die die Einhaltung dieser Regeln überwachen konnte, kam es immer wieder zu illegalen Ausschreitungen.

Auch Herdegen macht da keine Ausnahme. Seine Wut gegen den Mosburger steigert sich je länger desto mehr, gelingt es ihm doch nicht, diesen Herrn in die Knie zu zwingen; im Gegenteil, seine Bauern sind wiederholt von plündernden Mosburger Anhängern heimgesucht worden. Daher holt er zu einem Gewaltschlag aus. Mitten in

der Fastenzeit, die eigentlich eine Kampfpause verlangt, dringt er mit seinen Leuten in Dörfer des Mosburgers ein, tötet, was sich ihm in den Weg stellt, nimmt junge Burschen als Gefangene mit sich und läßt die Dörfer niederbrennen. Jetzt hat er es seinem Feind aber gezeigt! Doch die Antwort läßt nicht lange auf sich warten. Mit einer großen Anzahl Söldnern, Freunden und Verwandten rückt der von Mosburg heran und belagert die Drachenburg. Schon bald zeigt es sich, daß Herdegen dieser Übermacht nicht gewachsen ist. Die Vorräte sind knapp, da durch die vielen Verwüstungen die Ernte schlecht ausfiel, Feuerpfeile setzen die Holzgebäude in Brand, das Wasser reicht kaum zum Löschen. Der Mosburger hat große Belagerungsmaschinen auffahren lassen. Die Mauern können dem *Widder*, einem mächtigen Rammbock, der auf Holzrollen vorwärts geschoben wird, kaum standhalten. Überall zeigen sich Risse. Zu allem Überfluß schießen die Feinde mit Schleudermaschinen, den *Bliden*, Steine, Unrat, Jauche, ja sogar Tierkadaver über die Mauer. Es stinkt erbärmlich, die Seuchengefahr ist groß. Und eines Tages setzt der Feind zum Großangriff an: im Schutz der Nacht hat er Sturmleitern herangebracht und an den glatten Wänden angelegt. Bevor die Burgbesatzung eingreifen kann, haben sich die ersten im Morgengrauen über die Mauern geschwungen und die Wächter überwältigt. Herdegen bleibt nichts anderes übrig, als zu kapitulieren. Zähneknirschend muß er in der Urfehde allen Feindseligkeiten abschwören, die Gefangenen herausgeben und dem Mosburger Ersatz für den angerichteten Schaden leisten. Hochbefriedigt zieht dieser ab. Zurück bleiben verwüstete Ländereien, geschundene Bauern und ein niedergeschlagener Herdegen.

Ein Unglück kommt selten allein. Kaum sind die ärgsten Schäden geflickt, kaum hat Herdegen wieder Mut zu neuen Taten gefaßt, da stirbt Anna bei der Geburt eines Kindes und mit ihr das Neugeborene. Ein Sohn wäre es gewesen, der langersehnte Stammhalter. Aber was nützt es, mit dem Schicksal zu hadern. Das Leben geht weiter, und schon bald findet Herdegen in der fünfzehnjährigen Tochter seines Cousins eine neue Frau. Zwar sind die beiden ein bißchen zu nahe verwandt, aber schließlich erhält Herdegen doch den Segen der Kirche.

Gravitas: Der Alte

Aufgaben und Pflichten des Burgherrn

Vieles konnten wir mit Herdegen schon erleben. Wir haben ihn während seiner Ausbildung begleitet, sind mit ihm auf Reisen gegangen, haben mit ihm Feste gefeiert, ihn im Kampf beobachtet, wir kennen seine Familienverhältnisse. Womit er dieses Leben aber finanziert, das wissen wir noch nicht. Wer sichert ihm sein Auskommen, und welche Arbeit muß er dafür leisten? Für Kriegsdienst, Turniere und Reisen erhält er ja keine Entschädigung, im Gegenteil, er muß die Leute, die sich ihm anschließen, entlöhnen. Wir sind es gewohnt, für eine erbrachte Leistung bezahlt zu werden. Das Mittelalter kennt diesen Bezug nicht. Hier gilt: Eigentum und Arbeit sind streng getrennt. Das politische und wirtschaftliche System beruht auf *Grundherr-*

schaft, das heißt, der Besitz von Grund und Boden berechtigt zur Herrschaft über Menschen, die dieses Land bewohnen. Das ganze Römische Reich ist in solche Herrschaften aufgeteilt, wobei die jeweilige Größe und die rechtliche Grundlage sehr unterschiedlich sein konnten. Zum Teil unterstehen sie direkt dem König, der sie mit Reichsministerialen, mit ihm verpflichteten Dienstleuten, besetzt.

Herrschaften besitzen die Landesfürsten, die sie ebenfalls von Ministerialen verwalten lassen. Große Ländereien unterhalten Klöster, Bischöfe und Geistliche. Freie Adelige erhalten ihre Herrschaft als Lehen vom Landesherrn. Sie üben darin sämtliche Rechte aus, sind also weitgehend unabhängig, und haben damit eine gesicherte Existenz. Herdegen ist der Besitzer einer solchen Herrschaft. Seit Generationen gehört sie seinem Geschlecht. Jeder neue Herzog hat den Familienbesitz durch eine feierliche Belehnung bestätigt. Herdegen mußte zweimal vor einem Herzog niederknien und geloben, nicht feindlich gegen diesen vorzugehen und ihm im Kriegsfall mit der Waffe zur Seite zu stehen; einmal nach dem Tod des Vaters noch während seiner Knappenzeit, ein zweites Mal beim Herrschaftsantritt Friedrichs II., 1230, vor mehr als fünfzehn Jahren.

Brach der Belehnte den Eid, konnten Kaiser oder Landesherr das Lehen einziehen und über den Besitzer die Acht verhängen. Meist kam es dann zu einer bewaffneten Auseinandersetzung, die häufig mit einem Vergleich der beiden Parteien endete. Der Lehensträger bekräftigte erneut seine Loyalität und erhielt damit sein Land wieder zurück.

Zentrum einer Herrschaft ist die Burg. Auch Herdegen verwaltet von hier aus sein Gebiet. Bewirtschaften läßt er es von Bauern, die in Dorfverbänden zusammenleben. Sie sind Unfreie, sie haben also keine eigenen Rechte, sondern gehören wie das Land ihrem Herrn. Allerdings gibt es Unterschiede der Abhängigkeit. Das um die Burg liegende Land bebauen Hörige, die zum Teil auch im Burgbereich leben. Weiter entferntes Land dagegen ist an Hufenbauern vergeben. Zu einer Hufe gehört ein umzäunter Hof mit Garten, Ackerland, ein Stück Wiese und manchmal ein Anteil an einem Weinberg. Die Bauern wirtschaften selbständig. Die Abgaben, die sie zu leisten haben, sind genau geregelt. Alle Bewohner der Burg wollen versorgt sein;

und so müssen die Bauern genügend Getreide, Gemüse, Obst, Vieh und Wein liefern. Den Mehrertrag dürfen sie für sich behalten. In guten Jahren ist es nicht schwierig, so viel zu erwirtschaften, daß auch die Familie des Bauern leben kann, schwierig wird es bei schlechten Ernten. In großer Furcht begeben sich dann Abgeordnete der Dorfgemeinschaft zu Herdegen und bitten um eine Verringerung der Abgaben. Manchmal stoßen sie auf taube Ohren, entweder weil Herdegen ihnen nicht glaubt, weil er vermutet, sie wollten sich nur vor den Abgaben drücken, oder weil er keine Lust hat, sich selbst einzuschränken. Oft läßt er sich aber auch überzeugen, denn es kann ihm nichts nützen, wenn seine Bauern wegen Unterernährung krank werden oder sterben oder es sogar vorziehen, in die Stadt abzuwandern, weil sie sich dort ein besseres Leben erhoffen.

Man müßte meinen, daß der Bauer – als Träger der gesamten Versorgung, ohne den weder Adel noch Geistlichkeit ihren aufwendigen Lebensstil hätten führen können – ein hochgeschätzter Mann in der mittelalterlichen Gesellschaft war. Doch weit gefehlt. Der Bauer wird uns in den meisten Quellen als roh, ungebildet, gefährlich, einem Tier vergleichbar geschildert. Kleiderordnungen schreiben ihm vor, wie er sich anzuziehen habe, um ihn schon äußerlich deutlich von den Herren abzugrenzen. In der Kaiserchronik können wir lesen:

Nû wil ich iu sagen umbe den Bûman
Waz er nach der Phaht sollte tragen
iz si swarz oder grâ, niht anders erloubet er dâ;
gêren dâ enneben, daz gezîmet sînem leben,
einen rinderînen scuoch
dâmit is es genuoch;
siben elne ze hemde unt ze bruoch
rupfîn tuoch.

Nun will ich euch etwas über den Bauern sagen, was er nach kaiserlichem Gesetz tragen soll: schwarz und grau, eine andere Farbe ist ihm nicht erlaubt; Keilstücke an den Seiten, das ist seinem Stand angemessen, ein rindsledernes Paar Schuhe, mehr benötigt er nicht. Sieben Ellen rauhes Leinentuch für Hemd und Hose sind ihm gestattet.

Keile, das heißt Stoffeinsätze an den Seiten, waren nötig, um beim Arbeiten im knielangen Kleid genügend Bewegungsfreiheit zu haben.

Der bayerische Landfrieden, der 1244, also gerade zu Lebzeiten Herdegens, erlassen wurde, ergänzt diese Bestimmungen noch: Kein Bauer darf sich langes Haar wachsen lassen nach Art der vornehmen Herren. Strikt verboten ist es ihm, eine Waffe zu tragen. Seine Attribute, mit denen er häufig abgebildet ist, sind die Haue, die Gerte und die Sichel. Wer mit einer Lanze oder gar einem Schwert aufgegriffen wird, der soll bestraft werden.

Dichter dieser Zeit, allen voran Neithart, beklagen sich über die Hoffart des Bauern, der sich mit buntglänzenden Knöpfen, modischen Oberröcken und kostbaren Gürteln schmückt, lange gelockte Haare trägt und seiner Frau seidene Schleier, Perlen und Kleider aus kostbaren Stoffen kauft. Vieles ist hier sicher übertrieben. Meist spiegeln sich darin die Angst und der Haß des niederen Ritters gegenüber manchem Bauern, der versucht, aufgrund seines Besitzes und seiner Leistung in den Ministerialenstand aufzusteigen, und damit die Stellung des armen Ritters bedroht. Aber nur wenigen gelang wirklich der soziale Aufstieg. Die meisten Bauern blieben in großer Abhängigkeit von ihrem Herrn.

Die Gesellschaftsordnung wird gerne symbolisch mit dem menschlichen Körper verglichen. *Der Kopf sind die Priester, der rechte Arm der König und die Adeligen,* die für Recht und Gesetz kämpfen müssen, und *die Füße sind die Bauern,* die alle Last zu tragen haben, die aber allen anderen Gliedmaßen erst ein aufrechtes Stehen und eine freie Entfaltung ermöglichen.

Es ist sehr erstaunlich, daß sich die Bauern nicht gegen diese verächtliche Behandlung zur Wehr gesetzt haben. Aufstände sind im Hochmittelalter äußerst selten und richten sich dann auch nicht gegen das System, sondern nur gegen besonders harte Maßnahmen. In diesen Fällen ist nach Auffassung mittelalterlicher Autoren Widerstand gestattet, denn der Herr verletzte hier seine Pflicht des Schutzes gegenüber seinen Untertanen. Die *Ständeordnung,* nach der sich die Menschheit hierarchisch gliederte in den Lehrstand, das ist die Geistlichkeit, in den Wehrstand, das sind die Adeligen, und in den Nährstand, das sind die Bauern, gilt als gottgewollt und wird von niemandem angezweifelt. *Ein jeglich dinc sin orden hat,* jedes Ding hat auf der Erde seine feste Bestimmung, sagt Thomasin von Zerklære in seiner Tugendlehre. Nur weil der Mensch so oft seinen ihm zugewiesenen Platz in der Welt verlassen will, kommt es zu Krieg und Unfrieden. Berthold von Regensburg, der große Prediger, teilt die Christenheit in «zehnerlei Leute»: Die ersten drei sind die Höchsten, die Gott selbst dafür auserwählt hat, die anderen sieben sollen diesen untertänig sein und ihnen dienen. Und weiter meint er: «Wer sollte uns den Acker *buwen,* wenn ihr alle Herren wäret?»

Erst im 14. Jahrhundert gibt es energische Versuche, das harte Joch abzuschütteln. In England stürzen sich 1381 die Bauern mit dem Ruf «als Adam grub und Eva spann, wo war denn da der Edelmann» in den Kampf gegen den Adel. 1525 kommt es in Deutschland zum großen Bauernkrieg, der blutig und grausam niedergeschlagen wird.

Bisher hat Herdegen seinen Besitz selbst bewirtschaftet und nur, wenn er auf Reisen war, einen Verwalter eingesetzt. Seine beiden Frauen haben mit ihrer Mitgift sehr viel Land in die Ehe gebracht, und Rodungen vergrößerten die Anbaufläche, so daß er nicht mehr länger in der Lage ist, alles selbst zu überwachen. Es gilt ja nicht nur, die Abgaben einzutreiben. Die Nutzung des Waldes muß genau festgelegt werden. Der größte Teil gehört direkt dem Herrn. Hier haben die Bauern nur geringe Rechte. Es ist ihnen lediglich erlaubt, Reisig für den Eigenbedarf zu sammeln. Wald gehört aber auch zur dörflichen Allmende. Um Mißbräuche zu verhindern, ist hier eine genaue Regelung nötig, wieviel Bäume gefällt werden können, wann das Vieh hineingetrieben werden soll und wer Beeren und Kräuter sammeln darf. Auch muß Sorge getragen werden, daß das Jagdrecht nicht verletzt wird. Kein Bauer darf jagen, dies war ein Privileg des Adels. Genausowenig ist es erlaubt, beliebig zu fischen. Eine festgesetzte Fangquote muß am Hof abgegeben werden, nur der Fischer im Dorf darf auf Fischfang gehen. Weiter gibt es Bestimmungen, wieviel

Land für den Ackerbau genutzt wird, wieviel als Weideland und welche Fläche dem Weinbau vorbehalten bleibt. Die Mühlen, die Herdegen hat bauen lassen, wollen kontrolliert sein. Mehl ist nur begrenzt haltbar, und nur.gutes Mehl, das durch häufiges Sieben von der Kleie getrennt wird, garantiert ein schmackhaftes Brot. Brot ist Herrenspeise. Der Bauer hat sich meist mit Getreidebrei zu begnügen.

Um von diesen vielfältigen Aufgaben entlastet zu werden, setzt Herdegen Ministeriale ein, die für die Verwaltung einzelner Bereiche zuständig sind. Weiter entfernt liegende Hufen verpachtet er an Bauernfamilien. Diese können ihre Erträge auf dem Markt verkaufen und zahlen nicht mehr in Naturalien, sondern mit Geld. Den Zins setzt er alle sieben Jahre neu fest. Die Tage, an denen dieser *Zehnte* gezahlt werden muß, sind genau festgelegt: am Urbanstag sind die Obst- und Weinzinsen fällig, am Margarethentag müssen die Kornzehnten gezahlt werden, Naturalabgaben nimmt Herdegen am Bartholomäustag entgegen. Immer mehr wird er zum «Großunternehmer». Für jeden Verwalter läßt er ein Steinhaus in dessen Bezirk bauen, das sich deutlich von den niedrigen Katen der Bauern abhebt. Sie wenden sich nicht mehr direkt an ihren Herrn, sondern an den Verwalter, der wiederum Herdegen Rechenschaft schuldig ist. Leichter wird es damit nicht für die Bauern, denn auch der *dienestman* verlangt nun seine Abgaben, und bei Mißständen ist es schwer, direkt beim Herrn auf der Drachenburg Gehör zu finden.

Ein Recht hat Herdegen noch in seiner Hand behalten und nicht einem Vogt übertragen: die *Gerichtsbarkeit.* Als Dank für die tatkräftige Hilfe bei der Rückeroberung seiner Länder hat ihm Friedrich der Streitbare nicht nur das Niedergericht, sondern auch die Blutgerichtsbarkeit verliehen. An festgesetzten Tagen reitet er in seine Dörfer und hält in den Häusern der Verwalter, in den Fron- oder Salhöfen, Gericht. Hierher können die Bauern kommen, wenn sie Klagen vorzubringen haben. Und diese Klagen sind vielfältig. Da gibt es den Bauern, der die Grenzsteine ins Gebiet des Nachbarn versetzt oder sein Vieh auf dem Land eines anderen weiden läßt. Ein anderer hat seiner Frau die Morgengabe verweigert. In diesen Fällen ist der Schaden zu vergüten. Erbstreitigkeiten sind bei Todesfällen fast unvermeidlich. Manchmal ist es sehr schwierig für Herdegen, hier richtig zu entscheiden, denn jeder der Beteiligten führt Gründe an, warum er der rechtmäßige Erbe ist.

Ein Bauer bezichtigt seinen Schwager, ihm nachts Heu entwendet zu haben. Schon einmal war er des Diebstahls überführt worden, jetzt bestreitet er energisch die Tat. In einem derartigen Fall kann Herdegen das *Gottesurteil* anwenden. Nur sehr selten bedient er sich dieser Methode, die seit dem frühen Mittelalter als offizielles, rechtmäßiges Beweismittel gilt, aber in manchen Fällen erscheint sie unabwendbar: der Angeklagte muß ein glühendes Stück Eisen in die Hand nehmen oder diese in kochendes Wasser tauchen. Sofort wird die Wunde verbunden und erst nach einigen Tagen wieder geöffnet. Haben sich Brandblasen gebildet, so gilt der Betreffende der Tat überführt. Hinter diesem für unsere heutigen Begriffe völlig absurden Verfahren steht die Überzeugung, daß Gott unmittelbar auf den Menschen Einfluß nimmt und daher den, der die Wahrheit gesagt hat, deutlich bezeichnet. Zu Herdegens Zeiten hat sich vor allem die Kirche sehr kritisch gegen das Gottesurteil geäußert, 1234 wurde es auf einem Konzil gar verboten, und auch Kaiser Friedrich lehnt es in seinem Gesetzwerk, dem «Liber Augustalis», als Beweismittel ab. Dennoch ist es in der Rechtsprechung weiterhin angewendet worden; weltliche Kritiker zweifeln nicht am unmittelbaren Einwirken Gottes, sondern sind der Meinung, daß der Ausgang des Urteils manipuliert werden kann, sei es durch spezielle Salben, durch Pflanzen- und Steinamulette oder durch doppelsinnige Eide, mit denen sogar Gott überlistet werden kann.

Ein eindrückliches Beispiel für diese Auffassung lesen wir in «Tristan und Isolde» von Gottfried von Straßburg: Isolde, die mit König Marke verheiratet ist, liebt Tristan und trifft sich heimlich mit ihm. Marke erfährt von ihrer Untreue und möchte sie mit Hilfe der Eisenprobe überführen. Mit dem Schiff fährt sie zur Gerichtsstätte, läßt sich von Tristan, der als Pilger verkleidet von niemandem erkannt wird, ans Ufer tragen. Wie unabsichtlich strauchelt er und fällt mit Isolde zu Boden. Und was schwört nun Isolde:

daz mînes lîbes nie kein man
dekeine künde nie gewan

noch mir zu keinen zîten
weder ze arme noch ze sîten
ane iuch nie lebende man gelac
wan der, vür den ich niene mac
gebieten eit noch lougen,
den ir mit iuwern ougen
mir sâhet an dem arme
der wallaere der arme

daß nie ein Mann meinen Körper gesehen hat und nie außer euch [Marke] ein lebender Mann mir zur Seite lag außer dem, den ihr alle gesehen habt, bei dem ich es nicht ableugnen kann, dieser arme Pilger hier.

Damit hat sie die Wahrheit gesprochen, wenn auch auf listige Art, und besteht die Eisenprobe.

In der Realität hat sich eine derartige Szene so wohl nie abgespielt, die meisten Angeklagten, die nicht genug Geld hatten, sich loszukaufen, und das waren vor allem die Unfreien, sind Opfer dieser vermeintlichen göttlichen Gerechtigkeit geworden.

Von schwerwiegenden Vergehen hat der Verwalter zu berichten: einen Fahrenden habe er beim Korndiebstahl auf frischer Tat ertappt, eine Bauersfrau sei mit einem Karren voll Holz im Wald angetroffen worden. In diesen Fällen will Herdegen genau wissen, ob sich der Diebstahl nachts oder am Tag ereignet hat und ob der Landstreicher das Korn weggetragen oder am Ort gegessen hat. Ein Diebstahl in der Nacht bedeutet unweigerlich die Todesstrafe; ist das Delikt am Tag geschehen, droht die Prügelstrafe, dem Dieb kann aber auch eine Hand abgehackt werden. Wenn Herdegen milde gestimmt ist, begnügt er sich damit, dem Übeltäter die Haare scheren zu lassen und ihn aus seinem Gebiet zu jagen. Hat er nur seinen Hunger auf dem Feld gestillt, so muß er lediglich den Schaden vergelten. Ähnlich wird der Holzdiebstahl gesühnt.

Mord und Totschlag sind nicht selten. Hier hat Herdegen zu entscheiden, ob die Tat in Notwehr geschehen ist. In diesem Fall wird sie mit dem Zahlen von Wergeld gesühnt. Ist der Täter ein Kind, so muß dessen Vormund zahlen, weil es selbst noch nicht strafmündig ist. Auf einen des Mordes in räuberischer Absicht Überführten wartet der Galgen.

Eine verbindliche Rechtsordnung gibt es nicht. Zwar ist zu Herdegens Zeiten der *Sachsenspiegel* entstanden, ein umfassendes Gesetzwerk, in dem sein Verfasser Eike von Repgow ausführlich Privatrecht, Strafrecht, Verfahrensrecht und Staatsrecht abhandelt. Es wurde zur Grundlage nahezu aller Rechtsbücher der folgenden Jahrhunderte. Herdegen besitzt aber noch keine der Abschriften, von denen heute noch mehr als 200 vollständig überliefert sind. Er muß in vielen Fällen nach Gutdünken entscheiden, orientiert sich aber gerne an Urteilen, die sein Vater gefällt hat oder die schriftlich überliefert sind und ihm vom Kleriker vorgelesen werden. Dieser ist seine rechte Hand in Rechtsgeschäften. Auch wenn Verträge abzufassen sind, ist er auf die Schreibkunst des Geistlichen angewiesen. Zu Herdegens Zeiten werden Schriftstücke noch meist lateinisch abgefaßt, erst im Spätmittelalter geht man dazu über, eine deutsche Kanzleisprache zu entwickeln. Da nur für den geistlichen Stand bestimmte Männer Schulbildung erhielten, hatte die Kirche das Monopol der Kanzleien inne. Alle wichtigen Rechtsberater von Grafen, Fürsten, Königen und Kaisern waren hohe kirchliche Würdenträger.

Bevor Herdegen nach dem Gerichtstag wieder zu seiner Burg reitet, sucht er die Zollstationen auf und erkundigt sich nach den Einkünften. Jeder Reisende mit Ausnahme von Pilgern und Geistlichen hat an bestimmten Wegstücken und an Brücken Gebühren zu entrichten. Schließlich müssen Straßen und Flußübergänge instand gehalten werden. Die Händler sind verpflichtet, ihre Ware zu deklarieren und nach ihrem Wert zu verzollen, an Markttagen dürfen sogar Sondergebühren erhoben werden. Für einen Kaufmann stellt dies eine große Belastung dar, und oft versucht er deshalb, die großen Kosten zu umgehen durch Bestechung, falsche Angaben oder indem er, statt eine Brücke zu benutzen, an einer flachen Stelle den Fluß durchquert.

Die Zollstationen sind genauso wie die Salhöfe von Angehörigen der *familia* besetzt. Anders als heute gehören alle Leute dazu, die sich in der Umgebung des Burgherrn aufhalten und sich unmittelbar in

seinem Dienst befinden. Sie sind verpflichtet, Waffen- und Wacht-
dienste zu leisten und können zu jeder Art von Handarbeit herangezogen werden.

Doch Herdegen hat nicht nur Rechte, sondern auch Pflichten. Das
Verhältnis zu seinen Untertanen, den Hintersassen oder Grundhol-
den, sollte auf gegenseitiger Treue beruhen. Der Herr erhält Abgaben
und Dienstleistungen, dafür bietet er *Schutz und Schirm.* In Kriegs-
zeiten haben die Bauern das Recht, sich in die Burg zu flüchten, Herdegen ist verpflichtet, sie vor feindlichen Angriffen zu schützen, notfalls sie gegen Eindringlinge zu verteidigen. Oft sieht die Realität aber
ganz anders aus, und auch Herdegen ist hier keine Ausnahme. Die
Bauern haben zu wenig Macht, um ihre Rechte durchsetzen zu können, sie sind, wie wir gehört haben, die Leidtragenden, wenn er mit
benachbarten Herren in Fehde liegt und diese die Felder verwüsten
und das Vieh wegtreiben. Entschädigungen erhalten sie dafür nicht.
Allerdings kann es ihm nicht gleichgültig sein, wenn sein Besitz wirt-
schaftlich und personell so geschädigt wird, daß seine eigene Versorgung in Gefahr gerät. Eine unabhängige gerichtliche Instanz, die sich
der Belange der Bauern gegen den eigenen Herrn annehmen würde,
gibt es nicht. Herdegen ist ja selbst Richter, und er wird sein Urteil
sicher nicht zu seinen Ungunsten fällen. Das Verhältnis zwischen
dem Herrn und den Bauern ist daher oft von Willkür seitens des
Herrn geprägt.

Die Burg wird ausgebaut

Schon lange hat Herdegen den Ausbau seiner Burg geplant. Die vielen Reisen und die Besuche am Hof des Landesherren haben ihm
gezeigt, wie viel komfortabler und großzügiger anderswo gelebt
wird. Und bei der Belagerung durch den Herrn von Mosburg sind die
Mängel der Befestigungsanlage nur allzu deutlich geworden. Die Zeit
für das Unternehmen scheint nun günstig. Wie man heute eine Bau-
bewilligung der Behörde braucht, so mußte der Adelige sich damals

die *Genehmigung vom Landesfürsten* holen. Dieses wichtige Privileg, das bis zu Kaiser Friedrich I. nur dem Kaiser zustand, gab kein Herrscher aus der Hand, und er war auch sehr sparsam mit der Erteilung einer Erlaubnis. Eine größere, besser befestigte Burg bedeutete immer auch einen Machtzuwachs des Burgherrn. Wo keine Gefahr der Niederlage bestand, konnten landesherrliche Gesetze und Forderungen nur wenig erreichen, und wer ein militärisches Potential besaß, hatte die Möglichkeit, eigene Zölle zu erheben und Abgaben willkürlich festzusetzen.

Jetzt war aber der Landesherr Herdegens, Herzog Friedrich, in arge Bedrängnis geraten. Er hatte sich mit seinem gewalttätigen, unbeherrschten Wesen, das ihm den Beinamen «der Streitbare» eintrug, nicht nur den Zorn des landsässigen Adels, sondern auch des Kaisers und einiger Reichsfürsten eingehandelt. 1236 fielen der Böhmenkönig Ottokar, der Herzog von Bayern, der Herzog von Meran und der Patriarch von Aquileja aus allen vier Himmelsrichtungen in seinem Land ein. Friedrich blieb nur die Flucht, und als Ende des Jahres auch noch Kaiser Friedrich anrückte, die Stadt Wien besetzte, sie zur Reichsstadt erhob und in ihr einen Reichstag abhielt, der die Ächtung Friedrichs und den Einzug seiner Reichslehen Österreich und Steiermark bestätigte, schien dessen Schicksal besiegelt. Aber so schnell gibt Friedrich nicht auf. Stück für Stück erobert er sein Land zurück. Natürlich hat er in diesen schwierigen Zeiten keine Möglichkeit, adelige Herren am Neu- oder Ausbau einer Burg zu hindern, und diese nützen die Situation weidlich aus. Überall sind sie bestrebt, ihre eigene Macht auf Kosten des Landesherrn zu erweitern. Herdegen geht besonders klug vor. Als er erkennt, daß der Herzog die Angelegenheit zu seinen Gunsten wird entscheiden können, sagt er ihm Hilfe zu und erhält dafür offiziell die Erlaubnis zur Burgerweiterung. Weitere Herrschaftsrechte werden ihm in Aussicht gestellt.

Bereits 1240 hat Friedrich ganz Österreich wieder in seinem Besitz, die Aussöhnung mit dem Kaiser ist erreicht. Der Ausführung von Herdegens Bauplänen steht nichts mehr im Weg. Ganz willkürlich kann Herdegen die neue Anlage nicht bauen lassen, er muß die landschaftlichen Gegebenheiten berücksichtigen. Zunächst dachte er daran, seine Burg an einem anderen Ort neu zu errichten. Aber beim Ausschauen nach geeigneten Bauplätzen erkennt er, daß sein Großvater, der aus dem nur leicht befestigten Hof im Dorf hier hochgezogen war, den Standort seiner neuen Behausung sehr klug gewählt hat: auf einem Felsvorsprung, mit weitem Blick über das Land. Den Wald hatte er bis zur halben Hügelhöhe abholzen lassen, damit niemand sich darin verstecken konnte. Genügend Platz für die bauliche Erweiterung ist auf dem Plateau vorhanden, und so entschließt sich Herdegen, am Ort zu bleiben. Ein Baumeister ist schnell gefunden. Diesem Meister Wolbero erklärt Herdegen seine Pläne:

Die zwei entscheidenden Anliegen sind eine Vergrößerung des Wohnbereichs und eine erhöhte Wehrbereitschaft. Daher soll zunächst eine neue Ringmauer mit größerem Umfang gebaut werden, mindestens zwei Meter dick. Außen möchte er dazu Buckelquader verwenden. Sie sind zwar viel teurer als glatt behauene Steinblöcke, aber sie haben sich bei der Verteidigung bestens bewährt. Die mit einer aufgewölbten Bauchung versehenen Steine verhindern das schnelle Ausfahren der Sturmleiter, bringen sie zum Schwanken, und der Angreifer muß sich ordentlich festhalten, um nicht hinunterzufallen. Auf diese Weise wird es Herdegen nicht mehr passieren, so mühelos überrumpelt zu werden.

Ein breiter, mehrere Meter tiefer Graben läuft außen um die Mauer. Da unter der Grasnarbe felsiges Gestein zu finden ist, können die dort ausgemeißelten Steine für die Mauer verwendet werden, ein Großteil des Baumaterials wird aber von einem weiter entfernten Steinbruch geholt werden müssen. Besondere Sorgfalt ist auf den Bau der Brücke und des Tors zu legen. Herdegen plant eine Zugbrücke, die, sobald Gefahr droht, mit einer Seilwinde hochgezogen werden kann und dann einen zusätzlichen Schutz bedeutet. Das Tor selbst muß aus schwerem Eichenholz gezimmert sein. Die einzelnen Balken werden mit Eisenringen zusammengehalten und verstärkt. Ein derart schweres Tor kann natürlich nicht dauernd auf- und zugemacht werden. Daher soll es daneben ein Schlupftürchen für einzelne Fußgänger geben. Noch immer scheint dem Burgherrn der Eingang nicht sicher genug. Der Baumeister schlägt vor, zusätzlich ein Fallgatter zu installieren, zehn bis fünfzehn Zentimeter starke Holzbalken, die unten mit Eisenspitzen versehen sind und durch

Querhölzer gitterartig verbunden werden. In Friedenszeiten bleibt es mit Hilfe einer Haspel oder eines Gegengewichts hochgezogen, im Notfall läßt es sich blitzschnell aus der Halterung lösen und saust nach unten. Herdegen stimmt dieser Idee begeistert zu. Wenn man jetzt noch zwischen Fallgitter und Tor eine Fallgrube anlegt, dann ist es jedem, der nicht in friedlicher Absicht kommt, unmöglich einzudringen.

Selbstverständlich werden außen an der Mauer und über dem Eingang Pechnasen und Gußerker angebracht. Der auf der vorderen Mauer verlaufende Wehrgang soll eine Hurdenblende erhalten. Dieser nach vorne herauskragende Holzbau mit Schießscharten hat nach unten Gucklöcher, durch die natürlich auch Steine geworfen werden können. Damit erhalten die Wachposten die Möglichkeit zu beobachten, was direkt vor der Burg passiert. Bei einer Brustwehr, die mit der Mauer abschließt, wäre das nicht möglich. Schließlich kann man sich ja nicht neben den Zinnen hinauslehnen, ohne zur Zielscheibe des Feindes zu werden. Auf der dem Fels zugewandten Seite begnügt sich Herdegen mit einer Zinnenbrustwehr, da ein Angriff von dort unmöglich ist.

Der Mauerbau muß als erstes in Angriff genommen werden, meint Herdegen. Erst dann könne die alte Mauer abgerissen und der Graben aufgeschüttet werden, und man dürfe an den Neubau der Wohn- und Arbeitsgebäude denken. Schließlich solle niemand verführt werden, eine durch den Umbau schutzlose Burg in seine Gewalt zu bringen. Das sieht der Baumeister sofort ein, aber er möchte doch noch gerne wissen, wie es weitergehen soll.

«Danach», sagt Herdegen, «werden wir ein modernes Wohnhaus bauen. Im Turm ist alles zu eng geworden. Als mein Vater noch lebte, hatten wir zwei Mägde, einen Koch, einen Küchenjungen, die Amme, zwei Stallknechte, einen Kleriker, der die tägliche Messe las, drei Knappen und vier Ritter, die mit uns wohnten und meinem Vater in all seinen dienstlichen Angelegenheiten zur Seite standen. Jetzt sind wir mehr als doppelt soviel. Gäste können wir kaum noch unterbringen, wir haben nicht einmal einen großen Saal, in dem wir sie standesgemäß bewirten können. Wie kann ich da politischen Einfluß geltend machen, wie meinen Bauern Respekt einflößen, wenn ich ihnen meine Macht nicht deutlich vor Augen führen kann? Ich will eine stattliche, trutzige Burg, die erst beweist, was für ein mächtiger Herr auf dem Ansitz herrscht!»

Nach diesen Ausführungen, durch die dem Baumeister bewußt wird, wie sehr die Adelsburg zu einem Symbol für Herrschaft, für Autonomiebestrebungen gegenüber König und Landesfürsten geworden ist, erklärt Herdegen das weitere Vorgehen.

Der Stall, den sein Vater gebaut hat, kann stehenbleiben. Daneben soll eine Schmiede errichtet werden und ein großer Hundezwinger. Neu werden hier Gesindewohnungen entstehen. Die herrschaftliche Familie ist lieber unter sich. Auch sie wird den Wohnturm verlassen und an seiner Stelle den Palas beziehen, also einen eigentlichen Wohnbau erhalten. Der *Palas* soll großräumiger angelegt sein als der bisherige Turm. Wieder werden sich im Erdgeschoß Küche und Vorratsräume befinden. Für einen eigenen Bau, wie er ihn an den großen Fürstenhöfen gesehen hat, ist im Burghof kein Platz. Darüber kommt dann der großzügige Saal, der zum Mittelpunkt des gesellschaftlichen Lebens werden soll. Hier, so verlangt Herdegen, müssen die Handwerker größte Sorgfalt auf die Ausstattung verwenden! Die Fenster sollen nicht mehr nur Mauerschlitze sein, sondern eine hübsche Bogenform haben, mit verzierten Fensterfassungen und kleinen Säulen. Glas ist auch für Herdegen noch ein zu großer Luxus, aber an Stelle der Holzläden wünscht er gefirnißtes Pergament oder gewachste Leinwand, die wenigstens ein bißchen Tageslicht hereinlassen. Vielleicht ist es sogar möglich, den Raum mit einem dieser neuen Kachelöfen, die so große Wärme geben, zu beheizen. Als Bodenbelag bieten sich Natursteine an.

Die darüberliegenden Kemenaten werden sich nicht von den bisherigen unterscheiden. Statt einem soll es aber jetzt zwei Aborterker geben, in jedem Stockwerk einen. Und noch einen weiteren Luxus will Herdegen sich leisten: eine heizbare Badestube. Im Winter wird sie der wärmste Raum sein, in den man sich zum Aufwärmen zurückziehen kann. Daß solche Badestuben tatsächlich auch als Wohnräume genutzt wurden, erzählt eine humorige Märe des Strickers, eines Zeitgenossen Herdegens: Ein Ritter kommt völlig durchfroren auf eine Burg. Dort wird ihm der Weg in die Badestube gewiesen, wo sich der *wirt*, der Hausherr, aufhalte. Schnell entkleidet sich der junge Mann, öffnet die Tür und sieht – o Schreck – die ganze Familie dort an einem Tisch sitzen.

Das Dach würde Herdegen am liebsten mit bunten Ziegeln decken lassen, die in der Sonne leuchten. Schade, daß er sich keinen so herrlichen Schmuck leisten kann wie die Burgen, die von den Dichtern beschrieben werden. Da gibt es Bauten ganz aus Marmor in vier Farben: rot, braun, blau und gelb; oder Burgen mit fünfhundert Fenstern, die durch verschiedenfarbige Säulen getrennt und mit Laub- und Tiermustern verziert waren; wieder andere strahlen in der Sonne:

Die türne gezieret obene
mit goldes knophen rôt,
der iegelîcher verre bôt
in daz lant sînen glast

Die Türme waren oben
mit Knäufen aus rotem Gold geschmückt,
und jeder von ihnen
glänzte weit über das Land.

Die Wirklichkeit sieht halt leider ganz anders aus. So teure Materialien können sich heute kaum die großen Fürsten und Könige leisten. Aber früher war alles eben viel besser, zu König Artus' Zeiten – so glaubt Herdegen – lebte der Adelige in ungetrübten Freuden.

Der bisherige Wohnturm verliert mit dem Bau des Palas seine Funktion, erhält aber eine neue Aufgabe. Er soll künftig als *berchfrit* dienen – als letzter Zufluchtsort bei einem Angriff. Der untere Eingang wird zugemauert. Nur eine Leiter führt in den ersten Stock. Sie kann bei Bedarf hochgezogen werden. Das Verlies bleibt an der bisherigen Stelle, zusätzlich werden aber zwei fest verschließbare Zimmer eingerichtet, die dem Gefangenen eine menschenwürdigere Behandlung zugestehen. Ein Raum kann als Rüstkammer dienen. Die Außenmauern werden verstärkt, der Wehrgang mit einem Dach überdeckt. Herdegen sieht sich schon, wie er stolz auf diesem weithin sichtbaren, trutzigen Turm sein Herrschaftsgebiet überblickt, bereit, es mit allen Mächtigen der Erde aufzunehmen...

Der Baumeister hat sehr genau zugehört. Dieser Bau sichert ihm für einige Jahre sein Auskommen. Vier bis sieben Jahre kann er bis zur Fertigstellung rechnen, je nachdem, wie viele Arbeiter ihm zur Verfügung stehen. Etwas aber hat der Burgherr doch wohl noch vergessen, den Raum für die Kapelle. «Nein!» ruft Herdegen, «in keiner Weise vergessen.» Er habe sich dies nur als Höhepunkt bis zum Schluß aufgespart. Er wolle nämlich nicht nur eine Kapelle innerhalb des Palas, er wolle eine freistehende kleine Kirche. Gott habe ihn aus so vielen Gefahren errettet, daß es seine Pflicht sei, ihm zu Ehren ein Gotteshaus zu bauen, auch wenn es nur von bescheidenem Ausmaß sei. Und weihen wolle er es dem heiligen Georg, dem Standespatron aller Ritter, denn der sei ihm überall beigestanden. Er müsse nur noch einen Künstler finden, der einen Altar schnitzt und eine Figur des Heiligen, hoch zu Roß, wie es sich vor dem feuerspeienden Drachen aufbäumt, dem der heilige Georg mit seiner Lanze den Todesstoß versetzt. Dieser Künstler könne vielleicht auch gleich den Festsaal ausmalen. Er stelle sich Szenen aus den *Artusromanen* vor, die ja schließlich jeder kennt und die immer wieder den Wunsch aufkommen lassen, es den Helden nachzumachen. Einmal habe er so etwas schon gesehen, auf Schloß Rodenegg im südlichen Tirol. Dort waren an allen Wänden Szenen aus Iwein zu sehen. Beim Anblick des wilden Mannes, den Iwein im Wald antrifft, habe man richtig Gänsehaut bekommen, so häßlich sah er aus.

Der Burghof wird nach den Plänen Herdegens nicht vergrößert. Zur Ausrichtung von Turnieren ist er viel zu klein, aber es gibt eine große Wiese am Fuß des Hügels, die für solche Zwecke geeignet ist. Neben den Gesindewohnungen ist noch Platz für einen Kräutergarten. Er darf in keiner Burg fehlen, denn Kräuter werden nicht nur zum Würzen der Speisen, sondern vor allem auch als Heilmittel für die verschiedensten Krankheiten gebraucht. Herdegen meint schon den würzigen Duft von Salbei, Bockshornklee, Kreuzkümmel, Liebstöckel, Rosmarin, Pfefferminze und Flöhkraut zu riechen.

Vielleicht läßt sich auch noch ein kleiner Fischteich anlegen, damit man mehrere Fische auf Vorrat aus dem Fluß fangen kann. Je mehr Menschen auf der Drachenburg wohnen, um so größer wird der Bedarf an Fisch, dem Hauptnahrungsmittel an den vielen kirchlichen Fastentagen.

Bevor der Bau beginnen kann, muß der Baumeister das weitere Vorgehen organisieren. Er läßt sich von Herdegen einen Ministerialen zur Verfügung stellen, den er als Aufseher auf der Baustelle bestimmt. Seine Aufgabe ist es, darauf zu achten, daß die Arbeiter am Ort erscheinen, er muß Werkzeug ausgeben und häufig auch Streit schlichten. Der Baumeister ist verantwortlich für den reibungslosen Ablauf des Unternehmens. Er zeichnet die Baupläne, er schließt die Verträge mit den Steinmetzen, Zimmerleuten und Maurern, er ist zuständig für die Lohnlisten, er errechnet die Menge des Baumaterials und macht Herdegen die Kostenvoranschläge. Dieser hat ihm alle Verfügungsgewalt übertragen. Als erstes läßt Meister Wolbero eine einfache Holzhütte bauen. Sie wird in den nächsten Jahren sein Büro, seine Wohnung und Werkzeugdepot sein.

Die große Masse der Handlanger, Zuträger und Schwerarbeiter stellen die Bauern. Widerwillig leisten sie die Fronarbeit, die zu ihren Dienstpflichten gehört. Es bleibt ihnen nur noch wenig Zeit zum Bestellen der Felder, und sie müssen daher um ihre Ernte fürchten. Außerdem ist ein solcher Bau natürlich mit hohen Kosten verbunden, und so ist die Gefahr groß, daß sich die Abgaben und Pachtzinsen erhöhen.

Im Sommer beginnt der Arbeitstag bereits um fünf Uhr früh und endet erst um sieben Uhr abends. Dreimal am Tag ist den Bauarbeitern eine halbe Stunde Essenspause gegönnt. Im Winter kann man nur sieben bis acht Stunden arbeiten, denn kein Scheinwerfer leuchtet das Gelände aus. Ferien gibt es nicht, die Bautätigkeit wird aber durch die vielen kirchlichen Feiertage – Mitte des 13. Jahrhunderts sind es im Jahr neben den arbeitsfreien Sonntagen nicht weniger als 42 – häufig unterbrochen.

Mit Spitzhacke und Schaufel heben die Bauern den neuen Graben aus. Viele Geräte brechen im harten Stein und müssen vom Schmied wieder repariert werden. Kleinere Steine und das ausgehobene Erdreich werden in Körben abtransportiert und dienen beim Mauerbau als Füllmaterial. Aus großen ausgeschlagenen Steinbrocken hauen

die Steinbrecher gleichmäßige Quader. Die meisten Steine kommen auf Ochsenkarren vom weiter entfernten Steinbruch.

Die Mauer besteht aus einem inneren und äußeren Mantel. Mit einem Mauerlotsenkel kontrolliert der Steinmetz, ob die Steine senkrecht aufgeschichtet sind. Unaufhörlich mischen die Männer Mörtel und schleppen ihn heran. Jede Fuge wird sorgfältig ausgestrichen. Andere füllen den Zwischenraum der beiden Mauern mit einem Gemisch aus Steinen, Erdreich und Mörtel auf. Zügig wächst die Mauer empor. Bereits hat man ein Holzgerüst aufbauen müssen. Befestigt ist es durch Querbalken, die in ausgesparte Mauerlöcher, die Rüstbalkenlöcher, gestoßen sind. Flaschenzüge erleichtern den Transport des Baumaterials. Meister Wolbero hat eine ganz neue Maschine mitgebracht, einen Tretkran, der von allen bewundert und auch ein wenig gefürchtet wird. Hat das nicht mit Hexerei zu tun, wenn sich eine Steinzange in den Buckelquadern festkrallt und nur zwei Arbeiter, die ein Laufrad treten, die schwere Last emporheben? Aber eine Erleichterung ist es allemal, auch wenn immer noch viele Arbeiten auf Muskelkraft angewiesen sind. Abenteuerlich erklimmen die Bauarbeiter, schwer beladen oder einen mit Steinen gefüllten Schlitten hinter sich ziehend, auf den schräg nach oben gelegten Brettern die Mauer. Unfälle sind dabei an der Tagesordnung; jeder ist froh, wenn er mit Hautschürfungen und leichten Knochenverletzungen davonkommt.

Bis zum Winteranfang ist die Mauer schon weit gediehen. Zwei Monate muß die Arbeit ruhen, weil die grimmige Kälte den Mörtel brüchig werden läßt. Doch kaum ist es ein bißchen wärmer, geht es weiter. Viel Zeit benötigen die Handwerker für den Eingang. Der Schmied fertigt die Eisenspitzen für das Fallgatter. Die Aufhängevorrichtung will sorgfältig konstruiert sein, nicht daß es eines Tages von alleine hinuntersaust oder im entscheidenden Augenblick klemmt. Für das Tor wählen die Zimmerleute besonders festes Eichenholz und lassen es zusätzlich vom Schmied mit Eisenbändern verstärken. Die Zugbrücke stellt große Probleme. Sie muß der Belastung von Pferden, Wagen und Menschen standhalten, gleichzeitig soll sie aber ohne Mühe hochgezogen werden können. Diese Schwierigkeiten werden mit Hilfe von Gegengewichten gelöst, die zusammen mit einer Seilwinde helfen, die Brücke an dicken Eisenketten hochzuziehen.

Herdegen hat den bisherigen Verlauf genau verfolgt. Es geht ihm alles ein bißchen langsam, aber noch mehr Handwerker kann er sich beim besten Willen nicht leisten. Endlich, im Sommer, ist es soweit: die neue Mauer steht. Der Abbruch der alten kann beginnen. Meister Wolbero hat Herdegen zwar den Vorschlag gemacht, diese Mauer als doppeltes Hindernis stehen zu lassen und die Stallungen und Gesindewohnungen im äußeren Ring anzulegen, aber Herdegen wollte lieber eine großzügigere Wohnanlage. Der jetzige Innenhof scheint ihm zu eng. Mit Brecheisen und Spitzhacke rücken die Bauern dem gewaltigen Bau zu Leibe. Jeder gelöste Stein wird neu behauen, um ihn später wieder zu verwenden. Gleichzeitig ebnen Erdarbeiter das neue Gelände ein, und die Zimmerleute beginnen mit dem Gesindehaus. Es wird aus Holz errichtet. In dieser Zeit verreist Herdegen lieber. Das Wohnen ist hier zu ungemütlich geworden.

Zwei Jahre dauert es, bis die alte Mauer vollständig abgerissen und der Palas aufgebaut ist. Der Baumeister gibt sich alle Mühe, zur Zufriedenheit seines Herrn zu arbeiten. Besonders gute Steinmetzen hat er ausgesucht, um die kunstvollen Fensterfassungen aus dem Stein zu meißeln. Der Boden des Saales ist ganz mit Tonplatten gekachelt, und der Maler ist auch schon gefunden, der den Raum ausstatten will. Weitere zwei Jahre vergehen, bis die Kapelle steht und aus dem ehemaligen Wohnturm ein wehrhafter *berchfrit* entstanden ist. Herdegen ist sehr zufrieden. Der Baumeister entlöhnt die Handwerker, die zum nächsten Bau weiterziehen. Vielleicht ist es diesmal eine der großen Kathedralen, die nun überall in den Städten fast in den Himmel wachsen. Auch Meister Wolbero wird reich belohnt. Untertänigst bedankt er sich. Welch freigebiger Mann ist doch der Herr auf der Drachenburg. Das wird er überall erzählen.

Ungewohnte Ruhe ist auf der Burg eingekehrt. Die Mägde haben einen großen Kräutergarten angelegt, und im Fischteich schwimmen Forellen. Die herrschaftliche Familie hat die neuen Wohnräume bezogen. Wie viel komfortabler lebt es sich doch jetzt! Zwar zieht es immer noch durch Löcher und Ritzen, und die Mauern strahlen große Kälte ab, aber die Pergamentfenster lassen auch im Winter Licht herein, und der große Kachelofen verbreitet eine wohlige Wärme. Der Saal kann mit vielen Kerzen, die in geschmiedeten Wandleuchtern stecken, hell erleuchtet werden. Weiche Kissen laden ein zum bequemen Sitzen. Die Badestube wissen alle zu schätzen. Zweimal wöchentlich leistet sich jetzt jeder ein heißes Bad.

Von einer Reise hat Herdegen etwas ganz Besonderes mitgebracht: ein Spannbett, auf dem es sich sehr viel besser schläft als auf den harten Bettgestellen. Zwischen zwei Bettpfosten sind Seile gespannt, die eine elastische Unterlage bilden. Darauf liegen ein weiches Fell und dicke Kissen und ein mit weichen Daunen gefülltes Oberbett.

Stolz schreitet Herdegen manchmal durch die ganze Anlage. Hoch auf dem Bergfried weht sein Banner, der grüne Drachen auf leuchtend rotem Grund. Jetzt kann jedermann sehen, welch mächtiger Herr er geworden ist. Schnell wird es sich herumsprechen, daß der große neue Bau hier entstanden ist, und die Neugierde wird viele zu ihm treiben.

Die Burg – literarisches und künstlerisches Zentrum

Herdegens Erwartungen werden nicht enttäuscht. Die Handwerker und der Baumeister haben überall von der großen neuen Burg erzählt und von der Freigebigkeit des Herrn geschwärmt. *Spielleute,* die bei diesen Erzählungen in den Herbergen und Wirtshäusern dabeisitzen, hören aufmerksam zu. Vielleicht können sie dort etwas verdienen. Sie sind ein bunt zusammengewürfeltes Volk. So mancher niedere Adelige, der als Zweit- oder Drittgeborener sein Auskommen in der Fremde suchen muß, weil auf dem elterlichen Anwesen kein Platz für ihn ist, hat sich ihnen angeschlossen. Arme Kleriker, die Lotterpfaffen, Pilger, Scholaren und wandernde Künstler gehören genauso dazu wie ganze Familien, die schon seit Generationen von einem Ort zum anderen ziehen. Einen festen Wohnsitz kennen sie nicht. Daher hat kein Fahrender einen Herrn, der ihm Schutz und Schirm bietet, er ist vollkommen rechtlos. Kein Gericht nimmt eine Klage von ihm entgegen, wenn er bestohlen oder tätlich angegriffen wurde. Erklärt sich ein ehrbarer Mann bereit, für ihn zu klagen, so ist die Bestrafung des Übeltäters rein symbolisch. Er muß sich gegen die Sonne an eine Wand stellen, und der Geschädigte darf seinem Schatten an den Hals schlagen.

Trotz dieser Diskriminierung zieht eine große Zahl Fahrender durch das Land, immer auf der Suche nach einem *milten,* einem freigebigen Herrn, der ihnen ihr Auskommen sichert. Und so kehren einige auf der Drachenburg ein, Musiker mit Flöten, Geigen und Trompeten, Akrobaten, Dichter und Geschichtenerzähler. Der Kaplan ist entsetzt. Eindringlich verweist er Herdegen auf die Lehre der Kirche, die alle, die «*guot umb êre nemen»,* also Bezahlung für Lob und Unterhaltung erhalten, als Helfershelfer des Teufels betrachtet. «Sieh sie dir an», sagt er, «wie sie unzüchtig ihren Körper verrenken und sich dabei entblößen. Anstatt schamrot zu werden, glühen die Augen deiner Töchter vor Begeisterung. Sieh, wie die Musik, dieses Gepfeife und Gefiedel, den Mädchen in die Beine fährt, wie sie sich wild mit den jungen Männern im Tanz drehen und ihre keusche Zurückhaltung verlieren. Über die derben Späße der Geschichtenerzähler lachen sie laut und vergessen dabei ganz ihre weibliche Tugend. Siehst du nicht, welches Satanswerk all diese Gaukler und Possenreißer vollbringen? Jage sie von hier fort, bevor Schlimmeres geschieht!»

Aber Herdegen denkt gar nicht daran. Die Darbietungen sind eine willkommene Abwechslung im täglichen Einerlei. Gott wird ihm sicher verzeihen, wenn er dafür nächstens eine Messe stiften wird.

Gerne läßt er sich beim Essen aufspielen. Drei Musiker stimmen mit Fiedel, Flöte und Halsgeige lustige Melodien an. Jeder von ihnen beherrscht mehrere Instrumente, das Repertoire ist vielseitig. Ausgelassene Bänkellieder wechseln mit Minneliedern, biblisch-geistlichen Gesängen und moralisch-politischen Mahnreden. Niemand kann sich dem Zauber ihrer Musik entziehen. Sogar die Gesichtszüge des Klerikers hellen sich auf, und plötzlich ertappt er sich, wie er mit den Füßen den Takt schlägt. Seine Miene verdüstert sich aber erneut, als ein Sänger auftritt, der sich schon durch sein Äußeres von seinen Standesgenossen unterscheidet. Feine Kleidung trägt er wie ein großer Herr. Bruder Wernher heißt er, anders als seine Kollegen, die meist mit einem Satznamen auf ihren fahrenden Status aufmerksam machen: Lobdenfrumen, Rumslant, Reimar der Fiedler, Höllefeuer, Regenbogen nennen sie sich.

Und was singt dieser Bruder Wernher? Der Kaplan traut seinen Ohren nicht:

Ein rehter babes solte vergeben
dem sünder seine missetat;
ein rehter keiser solte rihten gar ane allen haz.
Sit daz ir reht niht rehte enstat,
dez krenket sich ir beider leben.
daz zimet eht dem babest, got gebot im daz,
daz er tœte wider übel guot.
nu wil diu Übele mit der Güete die Kristenheit verstriten.
ein rehter babes erlieze dem keiser valschen muot,
er lieze ouch niht durch in die armen Kristen überriten.
wil er volenden sinen zorn, so wirt ir beider schulde groz:
sul wir dar under sin verlorn, des wirt ieweder Luzifers genoz.

Ein rechtmäßiger Papst sollte dem Sünder seine Schuld vergeben; ein rechtmäßiger Kaiser sollte ohne Haß Recht sprechen. Weil ihr Urteil nicht nach dem Recht erfolgt, schwindet ihr Ansehen. Ein Papst sollte, gemäß dem Gebot Gottes, Gutes anstelle von Schlechtem tun. Jetzt versucht aber das Schlechte gegen das Gute die Christenheit zu entzweien. Ein rechtmäßiger Papst würde dem Kaiser seine Unredlichkeit verzeihen, er ließe auch nicht seinetwegen die armen Christen zugrunde gehen. Wenn er wirklich seinem Zorn nachgeben will, so haben beide große Schuld: Wenn wir ihretwegen verloren sind, so wird jeder ein Genosse des Teufels.

Dieser Mensch wagt es, in seinem Lied dem Papst und dem Kaiser Verhaltensmaßregeln zu geben, die beiden als unfähige Herrscher

anzuprangern, sie gar als Luzifers Genossen zu bezeichnen! Da sieht man wieder die ganze Niedertracht dieses Gesindels. Nichts ist ihnen heilig. Wie können sie es wagen, Herrschende zu kritisieren, die von Gott in ihr Amt eingesetzt wurden. Natürlich, jeder weiß, daß der Papst und der Kaiser einen harten Machtkampf gegeneinander austragen. Gregor hat im Jahr 1239 schon zum zweitenmal Kaiser Friedrich II. bannen lassen, und auch der jetzige Papst, Innozenz IV., geht gegen den Kaiser vor und begünstigt einen Gegenkönig, Wilhelm von

Holland. Ja, er hat sogar einen Kreuzzug gegen Friedrich ausgerufen. Wer weiß, wie das enden wird. Die Weltordnung ist völlig aus den Fugen geraten. Doch solch einem hergelaufenen Sänger steht es einfach nicht an, gegen den Papst, die höchste Autorität im christlichen Weltreich, zu reden. Womöglich hat er wirklich Erfolg mit diesen politischen Liedern und hetzt die Christenheit gegen ihr Oberhaupt auf. Der Standesgenosse unseres Kaplans aus dem Wälschland, der Thomasin von Zerklære, hat schon recht, wenn er in seiner Tugendlehre von einem dieser Sänger, Walther von der Vogelweide, schreibt, er habe tausend Menschen den Kopf verdreht. Auch dieser hat, vor bald dreißig Jahren, ein Schmählied gegen den Papst gesungen, ihn der Habgier bezichtigt und mit beißendem Spott karikiert. Einige Verse sind dem Kaplan noch in trauriger Erinnerung:

Ahi wie kristenliche nu der babest lachet
[...]
er gibt: «ich han zwen Alman under eine krone braht»
Daz siz riche stoeren unde brennen unde wasten!
ie dar under füllen wir die kasten:
[...]
ir pfaffe, ezzent hüenr und trinket win.

Haha, wie christlich der Papst lacht [...] er sagt: «Ich habe es geschafft, zwei Deutsche unter eine Krone zu bringen, damit sie das Reich zerstören und verwüsten, so können wir ungestört unsere Geldkisten füllen» [...] ihr Pfaffen eßt Hühner und trinkt Wein.

Mit solch infamen Äußerungen hat er das Volk gegen die höchste Autorität aufgewiegelt. Und nicht nur der Papst war sein Opfer. Jeder Herr, der sich gegen ihn nicht großzügig genug erwiesen hat, bekam seinen Zorn zu spüren. Keinen hat er geschont, weder Grafen, Könige noch Kaiser. Noch klingen dem Kaplan die höhnischen Worte in den Ohren:

Ich wolt hern Otten milte nach der lenge mezzen,
do hat ich mich an der maze ein teil vergezzen:
wær er milt als lanc, er hete tugende vil besezzen.

Ich hätte gerne die Freigebigkeit des Herrn Otto nach seiner Länge gemessen, doch habe ich mich da sehr verschätzt: wenn er genauso freigebig wäre wie groß, hätte er große Tugend.

Da hat er doch tatsächlich seinen Spott mit der überdurchschnittlichen Körpergröße dieses Königs getrieben, er soll ja über 1,70 Meter gewesen sein.

Und trotzdem nehmen die Mächtigen im Reich diesen Walther immer wieder bei sich auf. Auch bei Kaiser Friedrich hat er sein Auskommen gefunden, ist sogar von ihm mit einem Lehen beschenkt worden. Kein Wunder, daß er dafür hohes Lob von Walther geerntet hat. Alle lassen sich betören von seinen dichterischen Fähigkeiten. Der Kaplan muß selbst zugeben, daß seine Minnelieder und religiösen Lieder wunderschön sind. Auch hier maßt er sich aber viel an, denn eigentlich bleibt diese Art Dichtung den Seßhaften, fest Angestellten vorbehalten, die oft selbst aus dem Adel stammen. Wie dieser Bruder Wernher und das ganze übrige Gesindel bleibt er ein Unruhestifter! Sie leben alle nach dem Grundsatz: «Wes Brot ich eß, des Lied ich sing». So loben sie oft die Schlechten und schmähen die anständigen Leute. Alle gehören sie in die Hölle, jede Gabe an sie ist ein Geschenk an den Teufel. Am liebsten würde der Kaplan aufspringen und sich mit einer flammenden Predigt den ganzen Zorn vom Leibe reden, aber er muß leider einsehen, daß dies gar nicht im Sinne seines Herrn wäre, der ihm ein behagliches Leben hier ermöglicht. Herdegen lauscht gespannt den Darbietungen des Künstlers. Wer so wortgewaltig ist, meint er, ließe sich gut für eigene Zwecke verwenden. Am Schluß läßt er ein Pferd aus dem Stall führen und schenkt es dem Sänger. Hocherfreut nimmt dieser das großzügige Geschenk an; der Bitte Herdegens, noch ein paar Tage zu bleiben, kommt er aber nicht nach, es zieht ihn an den großen Hof nach Wien.

Den anderen Musikern gibt Herdegen einen getragenen Mantel und zusätzlich jedem einen Silberling, und er läßt sie verköstigen. Am nächsten Abend tritt einer von ihnen erneut auf mit einem gerade komponierten Lied. Er betont darin, keiner von diesen Gauklern zu sein, die ihr Mäntelchen nach dem Wind hängen und den loben, der am meisten zahlt. Nein, er wäge genau gut und schlecht ab. Lieber bleibe er arm und hungrig, als einem reichen Bösen gute Worte zu sagen. Was er jetzt von dem Herrn der Drachenburg erzähle, das sei alles wahr; und er beginnt von den Taten Herdegens zu berichten, seine Tapferkeit, Tugend und Freigebigkeit zu preisen, ihn als vollkommenen Herrn zu würdigen. Herdegen sonnt sich in dem Ruhm. Genau das ist es, was er als Gegenleistung für seine Geschenke erwartet: sein Name soll bekannt gemacht werden bei den Leuten im weiten Umkreis. Das schafft Ansehen, und Ansehen garantiert Macht. Er benutzt also die Erzähler und Dichter als wandernde Zeitung. Knappen, herumziehende Ritter und Herolde, die von ihm hören, werden an seinen Hof kommen, bei ihm um Dienst nachsuchen, sein Einfluß in der Landespolitik wächst stetig.

Natürlich kann er sich nicht die bekanntesten Sänger und Dichter leisten. Die gehen lieber an den großen Hof der Babenberger nach Wien. Bei seinem letzten Besuch dort hat er viele rühmende Worte über Friedrich gehört, aber auch ganz schön unverschämte Forderungen. Dem Dichter Neidhart ist es nicht genug, ein Stück Land erhalten zu haben, nein, jetzt möchte er auch noch den Zins erlassen bekommen. Dafür will er dann als wortgewaltiger Kämpfer Friedrichs Lob ausrufen, daß es alle Leute *«von der Elbe unz an den Rin»* vernehmen. So große Wünsche kann Herdegen nicht erfüllen, er kann auch nicht dauernd einen Dichter beschäftigen, ihn auf Bestellung ein großes Werk schreiben lassen. Solche Mäzene sind nur an den Höfen von Landesfürsten zu finden. Der Landgraf Hermann von Thüringen ist Herdegen ein Begriff, weil ihn Wolfram von Eschenbach in seinem Willehalm nennt, und aus dieser Geschichte hat er sich schon oft vorlesen lassen.

Die meisten der Sprecher, die seine Burg aufsuchen, können große Teile der bekannten Romane rezitieren. Herdegen sind sie alle vertraut: Er leidet mit dem unglücklichen Liebespaar Tristan und Isolde, die durch einen Liebestrunk untrennbar miteinander verkettet sind; er verfolgt mit Spannung die Fahrten des Erec und seiner Frau Enite und freut sich mit ihnen über das glückliche Ende; er weint bitterlich, wenn Parzival die erlösende Frage an den kranken Fischerkönig Amfortas nicht stellt, den Gral verlassen muß und verzweifelt umherirrt. Am liebsten sind ihm aber die vielen Schlachtschilderungen. Unvorstellbare Zahlen nennt Wolfram im Willehalm. So große Heere hat Herdegen in seinem Leben noch nicht gesehen. Mehr als hunderttausend glänzend geschmückte Ritter prallen aufeinander, jeder einzelne vollbringt wahre Wunder im Kampf. Am Schluß ist das Schlachtfeld übersät mit Gefallenen, den Siegern merkt man aber gar nichts von den Strapazen an. Ob Wolfram da nicht manchmal ein bißchen übertrieben hat? Schließlich kann doch niemand so weit zählen. Wenn es mehr als tausend Personen sind, dann hat man schnell das Gefühl, es müßten hunderttausend sein. Und nach einer Schlacht, das weiß Herdegen nur zu gut aus eigener Erfahrung, ist auch der Sieger müde und erschöpft, und die Rüstungen sind matt geworden vom Staub, Schweiß und Blut.

Keiner der Künstler, die zu Herdegens Wohnsitz kommen, wird jemals solch große Werke dichten, aber das ist auch nicht Herdegens Ehrgeiz. Er ist froh, sich Unterhaltungskünstler leisten zu können, die ihm lange Geschichten erzählen und von den neuesten Ereignissen im Reich berichten, und er genießt das Ansehen, das er sich und seiner Familie erworben hat.

Um sich häufiger die Geschichten vorlesen lassen zu können, gibt Herdegen im nahen Kloster den Auftrag für zwei *Handschriften*. Eine soll die wichtigsten Teile der höfischen Romane enthalten, die andere Lieder, vor allem Minnelieder, aber auch religiöse Gesänge und eine Tugendlehre zur Erziehung der Jugend.

Schreiben im Mittelalter ist teuer. Das beginnt bereits mit dem zu beschreibenden Material. Papier ist noch unbekannt. Von den ersten Papiermühlen hören wir erst um 1400. So muß für Herdegens

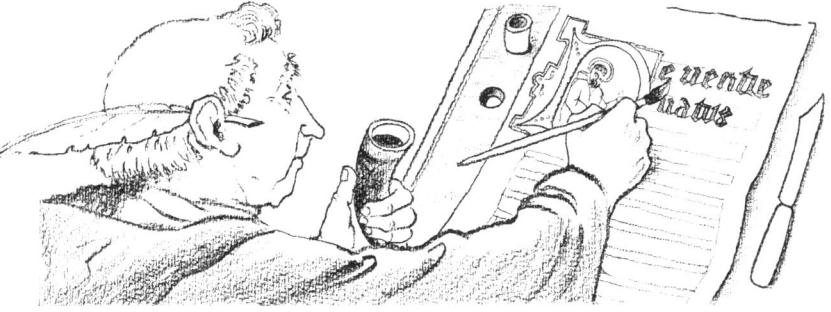

Bücher Pergament hergestellt werden: Schaf- oder Kalbshaut wird mehrere Tage in einer scharfen Kalklauge gebeizt, mit einem halbmondförmigen Schabeisen gereinigt und zum Trocknen in einen Rahmen gespannt.

Äußerst zeitaufwendig ist die Zubereitung von Tinte. Jedes Skriptorium besitzt genaue Anleitungen, die über Jahrhunderte fast unverändert befolgt wurden:

> Wenn Du Tinte machen willst, so schneide Dir im April oder Mai Holz von Dornen, bevor sie Blätter oder Blüten hervortreiben. Lasse diese im Schatten drei oder vier Wochen liegen, bis sie trocken geworden sind. Nimm hölzerne Hämmer und klopfe die Rinde von den Dornen ab. Schütte diese sofort in ein mit Wasser gefülltes Faß. Lasse sie etwa acht Tage darin, bis das Wasser den Saft der Rinde ausgezogen hat. Gieße das Wasser in einen sauberen Topf und koche es bis auf ein Drittel. Schütte es in einen kleineren Topf und koche es, bis es dunkel wird und anfängt, dick zu werden. Füge ein Drittel Wein dazu und koche es solange, bis sich eine Haut bildet. Stelle die Töpfe in die Sonne, bis sich die dunkle Tinte von dem roten Satz trennt. Sodann schütte die reine Tinte in Blasen aus Pergament und hänge sie in der Sonne auf, bis sie völlig getrocknet ist. Nimm davon soviel du willst, mische das Pulver mit Wein über einem Kohlenfeuer und schreibe. Falls die Tinte nicht dunkel genug ist, so nimm ein Eisen von der Dicke eines Fingers, mach es im Feuer glühend und wirf es gleich in die Tinte.

Bevor mit dieser kostbaren Flüssigkeit auf das genauso kostbare Material geschrieben werden darf, fertigt ein Schreiber ein Konzept auf einer Wachstafel an. Mit einem Metallgriffel ritzt er den Text in das geglättete Wachs ein. Fehler lassen sich hier schnell ausbessern. Ein Schreiberlehrling schneidet inzwischen die Pergamentblätter zu, liniert sie und sorgt für eine ausreichende Menge Gänsefedern, die als Schreibgerät dienen. Mit einem Bimsstein rauht er das Pergament auf, damit die Tinte besser haftet. Jetzt erst beginnt die eigentliche Schreibarbeit. Fünf Mönche sind mit Herdegens Auftrag beschäftigt. Der Meisterschreiber übernimmt die schwierigen Textteile, er verbessert Fehler, malt schöne Anfangsbuchstaben, Initialen, und verziert die Seiten mit Blumenranken, in denen kleine Vögel sitzen. Sehr aufwendig ist die Malerei nicht, denn Herdegen sind finanzielle Grenzen gesetzt. Zwar waren die letzten Ernten sehr zufriedenstellend und die Abgaben dementsprechend hoch, er hat aber bereits beim Burgausbau Sonderabgaben gefordert, noch mehr läßt sich kaum aus den Bauern herauspressen.

Ein Schreiber ist verantwortlich für die Redaktion. Er überwacht die Genauigkeit der Abschrift bei seinen Kollegen. Der Lehrling darf überall zusehen. Er wird in die Grundlagen des Schreibens, Korrigierens und Initialenmalens eingeführt.

In der Buchbinderei bereitet ein Mönch den Buchdeckel vor. Mit einem kleinen Beil schlägt er das Holz zurecht, bezieht es mit Leder und versieht es mit einer Schließe. Die fertig beschriebenen Blätter werden von ihm gefalzt, ineinandergelegt und im Einband zu einem Block gebunden.

Endlich hält Herdegen die ersten zwei Bücher, die er sein Eigentum nennen kann, in den Händen. Alle Burgbewohner bestaunen den seltenen Schatz. An einem besonders trockenen und dunklen Ort wird er aufbewahrt. Jedesmal, wenn Herdegen eines der Werke in die Hand nimmt, erfaßt ihn eine sonderbare Erregung. Zärtlich gleiten seine Finger über das kühle, glatte Pergament, verweilen an den kunstvollen Initialen und fahren den Linien der Blumen- und Blätterranken entlang. Er kennt inzwischen alle Texte auswendig, die auf diesen Seiten stehen, und trotzdem läßt er sie sich immer und immer wieder vorlesen.

Oft greift er nach einem solchen Vortrag selbst zur Laute und singt bekannte Minnelieder oder ermuntert seine Töchter, die er sorgfältig hat unterrichten lassen, ihr Können zu zeigen. Gefällig spielen sie auf Saiteninstrumenten und singen sogar französische Lieder, die vom Publikum mit großem Beifall aufgenommen werden.

Gerne fordert Herdegen den Kaplan oder seine Frau zu einer Partie Schach auf, noch lieber spielt er um hohe Geldbeträge mit seinen Rittern Trictrac. Bei diesem Würfelspiel müssen fünfzehn Spielsteine pyramidenförmige Felder durchlaufen. Sieger ist, wer als erster alle Spielsteine vom Brett nehmen kann. Da geht es oft hoch her, und so mancher verläßt den Spieltisch mit leerem Beutel.

Das Leben auf der Burg ist betriebsamer geworden. Wenn Herdegen ein Fest ausrufen läßt, dann kommen die Gäste von weither. Man weiß, Herdegen ist ein mächtiger Mann, jeder möchte sich gut mit ihm stellen. Für zwei seiner Töchter hat er bereits attraktive Heiratsangebote erhalten; eine andere Tochter ist Gott versprochen, sie wird im nächsten Jahr, wenn sie sieben Jahre alt ist, als Braut Christi dem Kloster übergeben.

Noch fehlt ihm aber ein Sohn, der den Namen seines Geschlechts weitertragen kann. Herdegen hat sich schon überlegt, ob er seine zweite Ehe vom Papst annullieren lassen soll. Bei der nahen Verwandtschaft mit seiner Frau würde dies sicher keine großen Schwierigkeiten bereiten. Was nützt ihm eine Frau, die nur Mädchen zur Welt bringt! Er ist in einem Alter, wo er nicht mehr lange warten kann. Wenige Wochen später muß er sich darüber nicht mehr den Kopf zerbrechen: ein *Stammhalter* ist geboren, das Geschlecht derer von Drachenburg wird weiterbestehen. Zum Dank stiftet er in seiner Kapelle einen Flügelaltar. Ein Maler malt eine Kreuzigungsgruppe. Auf dem rechten Flügel läßt sich Herdegen in demütiger Haltung zusammen mit seinem Sohn darstellen, auf der anderen Seite knien seine Frau und seine Töchter. Er hat dabei keinen Wert auf eine wirklichkeitsgetreue Porträtierung gelegt, sondern wollte als schöner junger Mann dargestellt werden. Jeder soll in ihm und in seiner Familie das Ideal eines adeligen Geschlechts erkennen.

Auch für den Kaplan hat Herdegen eine neue Aufgabe: er wünscht von ihm eine schriftlich fixierte *Familienchronik*. Überlieferte Erzählungen helfen ihm bei diesem Vorhaben, und wenn man etwas nicht mehr so genau weiß, hilft auch die Phantasie. Das ganze Trachten Herdegens zielt darauf, sein Geschlecht in eine Tradition einzubetten und sich und seine Familie der Nachwelt in Erinnerung zu halten. Nur wer seine Bedeutung und seine Macht öffentlich sehen läßt, kann politischen Einfluß geltend machen.

Politische Aufgaben

In schnellem Galopp sprengt ein Reiter auf Herdegens Burg zu. Schon von weitem erkennen die Torwächter das Wappen ihres Landesherrn: Ein Bote des Fürsten! Eilends öffnen sie das Tor. Während sich Knechte um das schweißnasse Pferd kümmern, überbringt der Herold des Fürsten seine Nachricht: König Bela von Ungarn zieht mit einem riesigen Heer, in dem sich sogar Kumanen und russische Soldaten befinden, gegen Österreich und hat auf seinem Vormarsch viele Landstriche verwüstet. Jetzt lagert er an der Leitha. Schnelle Hilfe tut not! Friedrich möchte sich den Eindringlingen stellen. Er bittet um Waffenhilfe.

Selbstverständlich will Herdegen bei der Schlacht mit dabei sein. So läßt er sich und seinem Gefolge Waffen und Rüstung bringen. Pferde werden gesattelt und gezäumt, das Banner hervorgeholt. Zelte und Verpflegung finden auf einem Wagen Platz, der so schnell wie möglich den Reitern folgt. Schon am nächsten Morgen brechen Mannschaft und Troß auf. Bei Pottendorf trifft Herdegen auf Herzog Friedrich, der noch Zeit gefunden hat, dem Kloster Neustift einen Berg in der Nähe der Donau zu schenken. Will er Gott zu einem günstigen Ausgang der Schlacht bewegen?

Nur wenige Tage später, am 15. Juni 1246, stehen sich die feindlichen Heere gegenüber. Bald findet sich Herdegen mit seinen Leuten in einer wogenden Masse von Pferden und Menschen. Hoch über den Köpfen wehen die Banner der einzelnen Abteilungen. Herdegen erinnert sich an die Worte Graf Ulrichs vor seinem ersten Kampf: «Das Banner ist Orientierungspunkt für die kämpfenden Parteien. Fällt es, so verliert das Heer seine Ordnung, es kommt zur Auflösung und Flucht. Daher ist das Banner bevorzugtes Ziel des Feindes.» Es heißt also, besonders gute Leute um die Fahne zu sammeln. Herdegen hat seine Leute keilförmig aufgestellt. So können sie mit der größten Schlagkraft gegen die Ungarn vordringen. Er selbst reitet in den hintersten Schlachtreihen, um den Überblick über das Geschehen zu behalten. Stunden schon dauern die Kämpfe an. Langsam gewinnen die österreichischen Truppen an Boden, die Ungarn weichen zurück.

Gefangene werden gemacht und schnell in das Lager gebracht; sie versprechen gutes Lösegeld. Davon können die Söldner bezahlt werden.

Endlich, es dämmert bereits, geben sich die Ungarn geschlagen. Während sie sich vom Schlachtfeld zurückziehen, stellen die Sieger dort ihre Zelte auf. Nur ein derartiges Zeichen kann beweisen, daß sie tatsächlich die Überlegenen sind. Verwundete werden gepflegt, Tote begraben und – da kommt plötzlich die Schreckensmeldung: Herzog Friedrich ist gefallen! Der Stich einer Lanze habe ihn ins Auge getroffen, er sei gestürzt und von seinem Pferd zu Tode gedrückt worden. Schlagartig verwandelt sich die lautstark geäußerte Freude in tiefe Trauer. Der letzte männliche Nachfahre der Babenberger ist tot! Erschlagen im Augenblick höchster Macht und größten Triumphs über seine Widersacher. Nicht nur über Bela hatte er den Sieg davontragen können, auch die Angriffe seiner Nachbarn, der Bayern und Böhmen, hatte er eben erst erfolgreich abgewehrt. Und der Kaiser, sein Namensvetter Friedrich II., hatte der ihm nicht einen Ring geschickt, als Zeichen für die baldige Erteilung der Königswürde? Nur die politisch widrigen Umstände hinderten ihn bisher an diesem Vorhaben. Dazu soll es nun nicht mehr kommen. Der Traum vom Königreich Österreich ist ausgeträumt, und was noch viel schwerer wiegt: der Herzog hinterläßt keinen Erben! Herdegen ahnt, wie es nun weitergeht: jeder wird Besitzansprüche stellen und um den verwaisten Herzogstuhl kämpfen. Da heißt es auf der Hut sein, sich nicht dem Falschen anzuschließen und die Zeit nutzen, um die eigene Stellung zu festigen, wenn möglich sogar auszubauen. Ähnliche Gedanken tragen wohl alle Anwesenden mit sich herum, sie zeigen aber nur ihren großen Schmerz. Ulrich von Lichtenstein, der Bannerträger Friedrichs, uns besser als Dichter bekannt, erinnert sich noch Jahre später in seinem Bericht von der Schlacht an der Leitha an die große Trauer:

Nach disen lieden kôm ein tac,
den ich wol immer hazzen mac
und der mir oft nach trûren gît.
uns kom ein swindiu sumerzît,

darinne der fürste Friderîch,
der hôch geborn von Österrîch
vil jaemerlichen wart erslagen.
den muoz mîn lîp wol immer clagen.

Nach all diesen Liedern kam der Tag, den ich immer hassen werde und der mir immer Anlaß zur Trauer gibt. Es kam die warme Jahreszeit, in der der hochgeborene Fürst Friedrich von Österreich jämmerlich erschlagen wurde. Um ihn muß ich zeit meines Lebens trauern.

Unter lautem Wehklagen wird der prächtig gekleidete Leichnam nach Heiligenkreuz geleitet. Hier hatte der Fürst zu Lebzeiten eine repräsentative Grablege bauen lassen und viele seiner Vorfahren dorthin überführt. Auf dem ganzen Weg laufen die Menschen zusammen und bestaunen die kostbaren Kleider, die glitzernden Waffen und die Wappen, die mitgeführt werden. Mit großem Pomp zelebriert der Priester die Totenmesse, rühmt die Vorbildlichkeit des Verstorbenen und fordert die Gerechtigkeit Gottes: «Das Schwert des Neides hat die Blume der Ritterschaft abgemäht, Schmerz und Klagen haben jegliche Freude erstickt. Gott der Allmächtige räche an den Feinden den Tod des Fürsten, blicke gnädig hernieder und stehe dem Land in diesen schwierigen Zeiten bei. Amen.» Friedrich wird in einem Hochgrab beigesetzt. Noch heute können wir den Deckel des Grabmals bewundern, auf dem er in voller Waffenrüstung dargestellt ist.

In die Klage um den Verstorbenen stimmen auch die fahrenden Dichter ein, die an seinem Hof Aufnahme gefunden haben. Einen von ihnen erkennt Herdegen. Es ist Bruder Wernher, der auf seiner Burg schon einmal eingekehrt ist. Er kann es gar nicht fassen, daß der Herzog, der jede Bitte freigebig erfüllte, tot sein soll. Den Tannhäuser bedrückt nicht so sehr der Tod des Fürsten als vielmehr die Angst um seine weitere Existenz. Mit Friedrich hat er sein behagliches Leben im eigenen Haus verloren:

Jâ hêrre, wie hab ich verlorn den helt ûz Österrîche,
der mich so wol behûset hât nâch grôzen sinen êren!
Von sînen schulden was ich wirt, nû lebe ich trûreklîche,
nû bin ich aber worden gast: war sol ich armer kêren?

O je, wieso habe ich den Held aus Österreich verloren, der mich gemäß seinem hohen Ansehen so gut versorgt hat! Dank seiner Großzügigkeit war ich Hausherr, jetzt lebe ich traurig, denn ich bin wieder Gast geworden: wohin soll ich gehen?

Nach Beendigung der mehrtägigen Feierlichkeiten bleibt Herdegen am fürstlichen Hof. Er möchte die weitere Entwicklung aus der Nähe mitverfolgen. Von allen Seiten versuchen die mächtigen Nachbarn, Österreich in ihre Gewalt zu bringen. Der böhmische und der ungarische König, der bayerische Herzog, ja sogar der Papst glauben sich berechtigt, die Angelegenheit in ihrem Sinne zu regeln, und das heißt, eine der beiden babenbergischen Frauen zu heiraten beziehungsweise zu verheiraten und sich damit das Herzogtum zu sichern.

Papst Innozenz gelingt es schließlich, Gertrud, die Nichte Friedrichs, mit einem badischen Herzog zu vermählen, der hocherfreut in Österreich Einzug hält. Herdegen kann sich mit diesem neuen Herrn gar nicht anfreunden und zieht sich auf seine Burg zurück. Den meisten Adeligen geht es genauso. So kommt ihnen sein Tod im Oktober 1250 sehr gelegen, auch wenn damit erneut alles offen ist.

Doch da verbreitet sich eine neue Schreckensnachricht, und die versetzt das ganze Land in Aufruhr: Kaiser Friedrich ist in Apulien gestorben! Jetzt heißt es handeln, denn in solch bewegten Zeiten braucht das Land einen starken Herrn, der es vor möglichen Übergriffen zu schützen weiß. In ihrer Not wenden sich die Landherren an den böhmischen König Wenzel. Er verweist sie an seinen Sohn Ottokar, und der läßt sich nicht lange bitten. Er zieht in Österreich ein und bringt in kürzester Zeit das Land in seine Gewalt. Die Ehe mit Margarete, der Schwester Friedrichs, legitimiert zusätzlich den Herrschaftsanspruch. Von langer Dauer ist diese Verbindung des Zwanzigjährigen mit der Fünfzigjährigen nicht. Da sie ihm keine Kinder mehr gebären kann, verläßt er sie, sobald seine Herrschaft in Österreich gesichert ist.

Gerne leistet Herdegen dem neuen Landesherrn den Gefolgschaftseid und nimmt erneut aus dessen Hand seine Besitzungen entgegen. Dieser Herzog wird stark genug sein, Angriffen zu begegnen.

Herdegen ist des vielen Kämpfens müde geworden. Mit bald 56 Jahren ist er der Älteste unter den Landesherren. Ottokar zeigt ihm seine Wertschätzung und läßt ihm einen wunderschönen Brokatmantel überbringen, reich bestickt mit Gold und Perlen und rundherum verbrämt mit wertvollem Zobelpelz. Er vertraut der großen Erfahrung des alten Mannes und bittet ihn so manches Mal um Rat. Kein leichtes Unterfangen in diesen schlimmen Zeiten. Im Reich geht alles drunter und drüber. Herdegen begleitet seinen Herrn noch einmal nach Aachen, als 1252 Richard von Cornwall zum «rex Romanorum», zum römischen König, gekrönt wird. Auf der Rückreise wird ihnen die Nachricht überbracht, ein zweiter König sei gewählt worden. Alfons von Kastilien soll er heißen und ein Enkel Philipps von Schwaben sein. Niemand weiß aber so genau, wo er sich aufhält.

Dunkel erinnert sich jetzt Herdegen an Erzählungen seines Vaters: Zur Zeit seiner Geburt habe es ebenfalls zwei Könige gegeben, einer von ihnen sei Philipp gewesen. Erst nach dessen Tod sei dieser Zustand beendet worden. Da kann man nur hoffen, daß es auch diesmal wieder eine Lösung gibt, vielleicht könnte sogar Herzog Ottokar die große Wende herbeiführen. Überall erzählen sich die Menschen, Kaiser Friedrich sei in Wirklichkeit gar nicht tot, er sei nur in einen Berg entrückt, werde als Endkaiser zurückkehren, das Reich erneuern und die Kirche reinigen. Aber niemand weiß, wann diese Zeit anbrechen soll. Noch lange war der Glaube an diesen verheißungsvollen Kaiser wach, nur ist der Mythos im Lauf der Jahrhunderte auf den Großvater Friedrichs, auf Friedrich Barbarossa, übertragen worden.

Von ferne, auf seiner Burg, verfolgt Herdegen die weitere Entwicklung. Hier fühlt er sich sicher, auch wenn bis jetzt keine Anzeichen für ein Ende des traurigen Reichszustandes, der als Interregnum, als «kaiserlose, schreckliche Zeit» in die Geschichte eingehen wird, in Sicht ist.

Die Jagd

Heute herrscht geschäftiges Treiben im Burghof. Pferde stehen gesattelt und gezäumt da und scharren ungeduldig mit den Hufen; dazwischen kläfft ein Rudel Hunde und zerrt an den langen Leinen, mit denen sie festgebunden sind. Das Tor ist weit geöffnet. Herdegen steht davor und begrüßt die ankommenden Gäste. Frauen sind keine darunter, es ist eine reine Männergesellschaft, die sich im Hof versammelt. Herdegen hat sie eingeladen. Seine Bauern haben ihm geklagt, daß ihre Felder immer wieder von Wildschweinen, Hirschen und Rehen verwüstet werden, neulich sei sogar ein Bär gesehen worden. Seitdem trauen sie sich kaum noch aus dem umzäunten Dorf hinaus. Sie selbst dürfen ja keine Jagd auf das Wild machen, daher bitten sie ihren Herrn, allzugroßen Schaden zu verhindern und den Wildbestand etwas zu vermindern. Herdegen hat sich nicht zweimal bitten lassen. Im Gegensatz zu den Bauern ist er hocherfreut über den offensichtlich großen Wildbestand.

Seit er vor vielen Jahren von Friedrich das uneingeschränkte Jagdrecht verliehen bekommen hat, ist es sein höchstes Vergnügen, dem Wild nachzustellen und es nach allen Regeln der Jagdkunst zu erlegen. Und so hat er heute zur großen Jagd gerufen, und von nah und fern kommen die Herren, um an dem beliebtesten Zeitvertreib in Friedenszeiten teilzunehmen. Jeder hat seine Hunde mitgebracht, Herdegen stellt die Treiber. Es sind Bauern aus seinem Herrschaftsbereich, die, wenn auch widerwillig, diesen Frondienst leisten müssen. Der Klang der Hörner gibt das Zeichen zum Aufbruch, die zurückbleibenden Frauen schauen lange den Reitern nach. Ungewohnt ruhig ist es in der Burg geworden. Nur drei Knechte sind zur Burghut und zum Schutz der Frauen und Kinder dageblieben.

Die Jagdgesellschaft hat den Wald erreicht. Zunächst sollen ein paar Wildschweine erlegt werden. In einzelnen Gruppen geht man auf Spurensuche. Die «Sauhunde», eine Rasse, die unseren Boxern ähnelt, nehmen die Witterung auf.

Vor einem dichten Unterholz geben sie Laut. Da drin scheint ein Versteck zu sein. Jetzt ist es Sache der Treiber, die Tiere herauszujagen. Da, ein gewaltiger Eber bricht aus dem Dickicht hervor. Herdegen packt das Jagdfieber. Er gibt das Zeichen zum Angriff. Die Hunde werden von den Leinen gelassen und jagen bellend dem Wild nach. Das Schreien der Treiber hallt durch den Wald. Herdegen galoppiert an der Spitze der Jäger. Es gelingt ihm, näher an den Eber heranzukommen. Doch kaum holt er mit seinem Speer zum Wurf aus, verschwindet das Tier zwischen den Bäumen. Erneut wird es von den Hunden gestellt und weitergejagt. Endlich, nach über einer Stunde, gelingt es, das ermüdete Tier einzukreisen. Verzweifelt versucht es einen Angriff gegen seine Verfolger. Einer der Knechte kann nur noch schnell auf einen Baum flüchten und blickt angstvoll nach unten auf die mächtigen Hauer des Keilers. Herdegen hat kühlen Kopf bewahrt. Kraftvoll schleudert er den Speer, und bevor sich das getroffene Tier wieder erheben kann, versetzt er ihm mit seinem Schwert den Todesstoß. Erleichtert klettert der junge Mann vom Baum, nicht ohne gehörig ausgelacht zu werden, und meldet mit seinem Horn «Sau tot»! Von allen Seiten kommen die Jäger und beglückwünschen Herdegen zu dem Erfolg. Dann werden einige Treiber beauftragt, das erlegte Wild in den nächsten Salhof zu bringen, und schon beginnt die Hatz von neuem.

Am Abend kehrt die Jagdgesellschaft bei dem Ministerialen ein, zu dem die Jagdbeute gebracht worden war. Zufrieden betrachten die Männer die zwei erlegten Eber und vier Wildschweine. Fachgerecht werden die Tiere zerlegt. Inzwischen hat sich der Dienstmann Herdegens um die Versorgung der Pferde gekümmert, die Hunde mit den Innereien des Wilds füttern lassen und in einem Zwinger untergebracht. Er weiß, daß er in der Gunst seines Herrn um so mehr aufsteigen kann, je besser er diese Pflichten erfüllt und für das Wohl seiner Gäste sorgt. Und so hat er schon seit Tagen alles vorbereitet: Frauen kümmern sich um die Blessuren der tapferen Jäger, denn ganz ungefährlich ist die Hetzjagd nicht. Immer wieder gibt es Stürze vom Pferd, und ein Knappe, dem es nicht gelang, einen rettenden Baum zu erreichen, wurde vom Eber übel zugerichtet.

Natürlich ist auch ein üppiges Mahl zubereitet, der Wein fließt in Strömen, und beim geselligen Zusammensein lassen sich noch einmal alle begangenen Heldentaten breit ausgeschmückt erzählen.

Doch schon bald wird manchem der Kopf schwer, und er läßt sich vom Hausherrn eine der Schlafstellen zuweisen, die selbstverständlich in großer Zahl eingerichtet sind. Betten wären allerdings ein zu großer Luxus. In einem Raum des Hauses ist Stroh aufgeschüttet worden. Die Satteldecke dient als Leintuch, der Mantel als Decke, und schon läßt es sich bequem schlafen.

Am nächsten Morgen werden die Männer noch vor Sonnenaufgang geweckt. Eine Hirschjagd ist angekündigt. Der Hirsch gilt als das vornehmste Wild. Bis weit ins 17. Jahrhundert gibt es unzählige Schriften über die richtige Art, ihn zu jagen. Das beginnt schon mit dem Aufspüren. Jeder der Männer hat gelernt, wo sich Rot- und Damwild bevorzugt im Wald aufhält, er kann sowohl die Fußspuren einer Hirschkuh von denen eines Hirsches unterscheiden wie auch deren Losung, und an der Tiefe des Eindrucks in den Boden bestimmt er das ungefähre Alter des Tieres.

Langsam reitet die Jagdgesellschaft durch den Wald. Es gibt unzählige Spuren, noch aber hat niemand die richtige gefunden. Plötzlich erstarrt Herdegen. Vor ihm liegt ein verendetes Reh, dessen Hals von einer Schlinge fest zugeschnürt ist. Also hat doch einer seiner Bauern zur Selbsthilfe gegriffen und Wildfrevel begangen. Dieser Verbrecher muß unbedingt gefunden werden. Keinem Nichtadeligen ist es gestattet, Hochwild zu jagen. Der Wildbann ist ausdrückliches Herrschaftsrecht des Landherrn, genauso wie das Zollrecht und das Gericht. Schließlich können die Bauern noch froh sein, daß er das Jagdverbot bis jetzt nicht auf das Niederwild ausgedehnt hat. Wenn sie sich aber nun anmaßen, Adelsprivilegien zu beanspruchen, dann wird er sich doch überlegen, ob er ihnen nicht auch das Recht nehmen soll, Hasen und Füchse zu schießen. Jedenfalls muß mit harten Strafen gegen diese Übeltäter vorgegangen werden, damit niemand mehr Lust verspürt, es noch einmal zu versuchen. Ihm als Gerichtsherrn ist es ja erlaubt, den Mann blenden oder verkrüppeln zu lassen; selbst wenn er ihn hinrichten läßt, was in Rechtsbüchern eigentlich verboten ist, kann sich niemand dagegen wehren.

Der Ruf des Horns reißt Herdegen aus seinen düsteren Gedanken. Einer der Männer hat eine frische Hirschspur entdeckt. Sie ist deutlich zu sehen und kann gut verfolgt werden. Es dauert gar nicht lange, da haben sie einen kapitalen Zwölfender aufgespürt. Und wieder geht die Hetze los. In großen Sprüngen flieht der Hirsch aus dem Wald aufs freie Feld. Windhunde, Bracken und Jäger preschen hinterher. Niemand achtet auf die bebauten Felder. Rücksichtslos wird – zum Schrecken der Bauern – das Korn niedergetrampelt. Mehr Schaden hat das Wild auch nicht anrichten können. Aber das kümmert die adeligen Herren nicht. Sie sehen nur den Hirsch vor sich, und den gilt es zu erlegen. Das Tier hat keine Chance zu entkommen. Herdegen muß nur aufpassen, daß es, wenn es bereits angeschossen ist, nicht in das Gebiet seines Nachbarn entflieht, denn dann müßte er auf Hunde und Jagdhörner verzichten und könnte seinen Jagderfolg viel weniger auskosten. Schließlich möchte er sich doch vor seinen Gästen als bester Jäger beweisen. Daher wartet er lange, bevor er zum Angriff auf den Hirsch ansetzt. Der erste Schwertstoß soll möglichst tödlich sein. In seiner Ausbildung hat er genau gelernt, welche Stelle es zu treffen gilt, einen Punkt genau zwischen Geweih und Hals. Jetzt wird der Hirsch langsamer, Herdegen lenkt sein Pferd neben ihn, schneidet ihm den Weg ab, und bevor dieser sich eine neue Fluchtrichtung suchen kann, streckt er ihn mit einem Stoß nieder. Lautlos sackt das mächtige Tier zusammen. Schwer atmend steigt Herdegen vom Pferd – er ist ja nicht mehr der Jüngste – und betrachtet stolz seine Beute. Die meisten Jäger haben sich inzwischen eingefunden, und Herdegen beginnt, das Wild zu zerlegen. Dies war nicht einfach ein beliebiges Zerstückeln, sondern ein Ritual, das nach ganz bestimmten Regeln zu erfolgen hatte und genauso wichtig war wie die Jagd selbst. Herdegen hat als junger Knappe diese Kunst gelernt, die uns zum ersten Mal von Gottfried von Straßburg im «Tristan» beschrieben wird und in späteren Jahrhunderten in den meisten Lehrbüchern zur Jagd auftaucht.

Von seinen Knappen läßt er den Hirsch auf den Rücken legen. Er schlägt die Ärmel seines Gewandes zurück und beginnt das Enthäuten mit einem langen Schnitt vom Maul über den Bauch bis zum Hinterteil. Weitere Schnitte nimmt er an den Läufen vor. Dann *enbestet* er den Hirsch, er löst die Haut. Beim *Zerwirken,* dem Zerschneiden des Fleisches, werden die besten Stücke an einer Astgabel, der *furkie,* aufgehängt, zusammen mit der Leber, dem Lendenstück und den

Hoden des Hirsches. Sie wird Herdegen mit auf seine Burg nehmen. Die übrigen Stücke verteilt Herdegen an alle, die an der Jagd beteiligt waren. Die Eingeweide hat er von den Treibern beiseite tragen lassen. Am Schluß schneidet er Kopf und Geweih ab, und jetzt kommen die Hunde zu ihrem Recht: Milz, Herz, Lunge, Magen und Gedärm werden in Stücke geschnitten und auf die Haut geworfen. Gierig macht sich die Meute über die *curie* her, wie Tristan sie nennt, weil sie auf dem «cuire», auf der Haut, liegt.

Für heute ist die Jagd zu Ende. Die Gesellschaft ordnet sich zu einer Rotte, das heißt, jeweils zwei Männer reiten nebeneinander, die folgenden Paare treten in die Spur der vorderen. Hörner an der Spitze des Zuges melden den erfolgreichen Ausgang der Jagd, und beladen mit den Trophäen und dem Fleisch des erlegten Tieres reiten die Männer in der Burg ein.

Die Jagd auf den Bären, der auf den Feldern sein Unwesen treibt, mutet sich Herdegen in seinem Alter nicht mehr zu. Früher hätte er eine solche Herausforderung gerne angenommen, aber man muß sehr wendig sein und «Bärenkräfte» besitzen, um gegen dieses mächtige Tier eine Chance zu haben. Schließlich ist er kein Siegfried, der – wie es im Nibelungenlied erzählt wird – allein mit seiner ungeheuren Körperkraft einen Bären bezwang und das gefesselte Tier der Jagdgesellschaft zur Belustigung vorführte.

Sehr viel weniger gefährlich ist es, den Bären zu überlisten. Er trägt seinem Jäger daher auf, zusammen mit einigen Helfern die Spur des Tieres ausfindig zu machen, dort eine tiefe Grube auszugraben und sie sorgfältig mit Blättern und Reisig abzudecken. Vielleicht tappt der Bär in diese Falle und kann dann leicht überwältigt werden.

Die Vogelbeize

Je weniger Herdegen nunmehr an der Tagespolitik teilnimmt, um so mehr kann er seiner größten Leidenschaft frönen, der Falkenaufzucht und Beizjagd. Schon seit vielen Jahren sind drei junge Adelige bei ihm als Falkner angestellt, deren Arbeit er aufs genaueste verfolgt und überwacht. Herdegens Bestrebungen haben ein großes Vorbild – kein Geringerer als Kaiser Friedrich II. hat ausführlich über die Jagd mit Vögeln gehandelt. Sein Buch, das nur noch in einer Abschrift des Sohnes Manfred existiert, ist heute eines der berühmtesten mittelalterlichen Werke. Schon sein Titel zeigt, daß die Beizjagd etwas Außergewöhnliches ist: «De arte venandi cum avibus», von der Kunst mit Vögeln zu jagen. Eine Kunst ist sie also, und nur die gesellschaftliche Elite des Reichs, der Adel, darf sie ausüben. Auch Frauen nehmen gern an diesem herrschaftlichen Vergnügen teil. Ist schon die Jagd ein Adelsprivileg, so ist die Falknerei noch viel mehr, sie ist ein Erziehungsprogramm. Von einem Falkner wird erwartet, daß er kräftig ist, über ein scharfes Auge und scharfes Ohr verfügt, er muß mutig sein, nicht zu jung, eine ausgezeichnete Erziehung erhalten haben und ein maßvolles, würdiges Benehmen an den Tag legen. Nur mit Hilfe großer Begabung kann er ein Tier zähmen und seinem Willen unterwerfen, das zu den freiesten Geschöpfen zählt, weil es sich in die Lüfte erheben und davonfliegen kann.

Dies ist der besondere Reiz der Vogelbeize: nicht durch Fesseln, sondern durch den menschlichen Willen den Falken an sich zu binden. Friedrich hat mit großer Genauigkeit das Verhalten der Raubvögel studiert, er kann präzise die unterschiedlichen Arten beschreiben und legt seine Beobachtungen über Lebensraum und bevorzugte Beutetiere der verschiedenen Raubvögel in seiner Abhandlung nieder. Der umfangreichste Teil des Buches ist der Aufzucht und Dressur der Falken gewidmet.

Herdegen wird dieses große Werk in seinem Leben nie zu Gesicht bekommen, denn es ist weitab von seiner Burg in Sizilien entstanden, aber die Kenntnis der Beize gehörte zur Bildung eines Adeligen.

Schon das Fangen eines Greifvogels bedarf einiger Anstrengung.

Nur bei einem jungen, noch nicht flügge gewordenen Nestling kann es gelingen, ihn dem Menschen gefügig zu machen. In den zerklüfteten Felsen in der Nähe seiner Burg kennt Herdegen verschiedene Horste. Er beobachtet genau, wann Junge schlüpfen, und wartet dann auf den geeigneten Zeitpunkt, an dem er eines davon den Vogeleltern rauben kann. Einer seiner Männer läßt sich mit einem Seil zu dem Horst herab. Schnell greift er den aufgeregt schreienden Nestling, steckt ihn in einen Korb und wird wieder nach oben gezogen, bevor die Vogeleltern zurückkommen und den Diebstahl bemerken. Das Junge wird in einem kleinen Häuschen untergebracht, abseits von den Wohnbauten und Stallungen, damit möglichst wenig Lärm das verängstigte Tier stört. Diesmal hat Herdegen einen besonders schönen Vogel gefangen. Er wird es sich nicht nehmen lassen, ihn eigenhändig aufzuziehen.

Zunächst erhält der Nestling ausreichend Fleisch, das, in kleine Stücke geschnitten, vom Falkner gereicht wird. Wenn es die erste Scheu verloren hat, erfolgt ein Eingriff, der alles andere als angenehm ist: *das Aufbräuen.* Der Anblick des Menschen macht den Falken wild, daher wird er vor der eigentlichen Dressur für einige Zeit künstlich geblendet. Der Falkner durchsticht mit einem Faden das untere Augenlid und zieht es damit so weit nach oben, daß der Vogel nichts mehr sehen kann. Die Fadenenden verknotet er über dem Kopf. Jetzt nimmt Herdegen seinen Falken zum erstenmal auf die mit einem dicken Handschuh geschützte Hand. Das *Geschüh,* die Beinfessel, hat er schon anfertigen lassen. Einer der Falkner verknotet fachgerecht die Riemen. Solange der Falke lebt, wird er diese Fessel tragen, mit der er auf der Sitzstange festgebunden ist und deren oft reich verzierte Bänder hoch am Himmel glänzen, wenn er dort seine Kreise dreht.

Viele Wochen vergehen, bis sich der Vogel daran gewöhnt hat, ruhig auf der Hand seines Herrn zu sitzen und sich sogar streicheln zu lassen. Auch das Aufsetzen der Haube duldet er nach anfänglichem heftigem Sträuben. Jetzt kann Herdegen ans Losbräuen denken. Der Faden wird so gelockert, daß die Augenlider halb geöffnet sind. Die ungewohnte Helligkeit macht den Falken unruhig. Er «springt», wie der Falkner sagt, er versucht also, sich von der Fessel loszureißen.

Geduldig, mit sanften Worten redet Herdegen auf den Vogel ein und gibt ihm zur Ablenkung ein Hühnerbein zum Kröpfen. Wieder dauert es einige Zeit, bis sich der Vogel an den neuen Zustand gewöhnt. Herdegen wagt den ersten Ausritt. Vorsichtig, ohne die Handhaltung zu verändern, besteigt er das Pferd und lenkt es in langsamer Gangart zu einem kleinen Wäldchen. Erst wenn dem Falken der tägliche Ausritt völlig vertraut ist und er keine Anzeichen mehr von Furcht zeigt, werden die Augen ganz geöffnet. Der Vogel kann nun seine ganze Umgebung sehen. Und wieder beginnt das stundenlange Herumtragen, das Ausreiten, das Aufsetzen der Haube.

Herdegen hat große Freude an seinem Falken. Dieser scheint ihn als seinen Meister anerkannt zu haben, antwortet auf seine Lockrufe, läßt sich willig auf die Hand nehmen und streicheln. Der aufregendste Teil der Dressur steht aber noch bevor... Wird das Tier zu ihm zurückkehren, wenn er es frei fliegen läßt? Schon oft ist die Arbeit von Monaten zunichte gewesen, weil der Falke nicht zu seinem Herrn zurückgekehrt ist. Dann gibt es keine Möglichkeit mehr, ihn zu fangen. Man kann nur noch wehmütig seinen Flug betrachten.

Endlich ist es soweit! Herdegen geht mit dem inzwischen einjährigen Vogel zum ersten Mal auf die Jagd. In der Nähe eines kleinen Sees macht er halt, nimmt dem Falken die Haube ab, löst die Fessel und wirft ihn hoch in die Luft. Mit kräftigen Flügelschlägen schraubt dieser sich in die Höhe und kreist über den Köpfen der gespannt und voller Erregung zuschauenden Männer. Plötzlich schießt er hinunter, ein wilder Aufschrei, ein kurzes Flügelschlagen, dann ist es still. Eilends reitet Herdegen zu der Stelle, auf die sich sein Falke hinunter-

gestürzt hat, und – da sitzt er, festgekrallt in seine Beute, einen prächtigen Fasan. Mit dem *luoder*, einer Beuteattrappe aus Leder mit
Federn, und einem kleinen Stück rohem Fleisch, lockt ihn Herdegen
auf seine Hand zurück. Willig läßt er sich liebkosen und die Haube
überziehen. Die Arbeit hat sich gelohnt. Der Falke hat Herdegen als
seinen Herrn akzeptiert. Bei guter Behandlung wird er immer wieder
zu ihm zurückkehren und so manchen schönen Vogel oder auch
Hasen zur Strecke bringen.

Senectus: Der Greis

Krankheit und Schmerz

Herdegen ist alt geworden. Mit 72 Jahren hat er fast alle seiner Altersgenossen bereits überlebt. Nur den wenigsten ist ein so langes Leben vergönnt. Aber jetzt beginnt ihn die Last der Jahre zu drücken. Die Augen werden schwächer, die Beine wollen den Körper nicht mehr tragen, der Rücken ist gekrümmt. Aus dem stattlichen Herrn von der Drachenburg ist ein zahnloser, eingefallener Greis geworden. Schlimm sind die Schmerzen an den gichtigen Händen und Beinen, die typische Adelskrankheit, hervorgerufen durch übermäßigen Weinkonsum und fette Fleischspeisen. Herdegens Sohn hat die Hebamme rufen lassen, denn sie kennt die Kraft der Heilkräuter, weiß, wo sie zu finden sind und wann sie gesammelt werden müssen.

Kräuterkunde ist Sache der Frauen, ein Arzt hat in diesem Bereich nichts zu suchen. Sorgfältig bereitet sie verschiedene Umschläge und Salben. In einem Topf röstet sie einen Teil Petersilie und vier Teile Raute in Olivenöl, legt die Masse möglichst heiß auf die schmerzenden Stellen und deckt sie mit einem wollenen Tuch. Auch eine Salbe aus zerstoßenem Wermut, Hirschtalg und Hirschmark soll Linderung verschaffen, genauso wie das Kauen von Aarongras mit ein bißchen Salz. Einmal im Monat kocht sie einen Ameisenhaufen mitsamt den Ameisen und bereitet aus dem Sud ein Bad. Auch achtet sie darauf, daß Herdegen leichte Kost bekommt und genügend Wein, der als ausgezeichnetes Heilmittel galt. Sie konnte nicht wissen, daß sie damit Herdegens Beschwerden erhöhte.

Ab und zu kommt ein Bader zum Aderlaß. Mit einer Binde wird der Arm umschnürt. Herdegen muß einen Stab fest in die Hand nehmen, der Bader öffnet in der Armbeuge die Vene etwa an der gleichen Stelle, an der uns auch heute noch Blut für eine Untersuchung abgezapft wird, und läßt etwa einen Deziliter herausspritzen.

Im ganzen Mittelalter galt der Aderlaß als wichtige Therapie, glaubte man doch, daß Krankheiten aus einem Überschuß von Körpersäften entstehen, die sich in den Gefäßen stauen. Hildegard von Bingen, die bereits im zwölften Jahrhundert ein umfassendes Werk über die Ursachen und Behandlung von Krankheiten verfaßt hat, schreibt dazu:

Sind bei einem Menschen die Gefäße mit Blut gefüllt, so müssen sie von dem schädlichen Schleim und dem durch die Verdauung gelieferten Saft durch einen Einschnitt gereinigt werden. Wird bei einem Menschen ein Gefäß angeschnitten, so erleidet das Blut, wie durch einen plötzlichen Schrecken, eine Erschütterung, und was dann zuerst zutage kommt, ist Blut; das faulige und zersetzte Blut fließt aber gleichzeitig mit ab. Daher kommt es, daß das, was jetzt ausfließt, verschieden gefärbt ist, weil es aus Fäulnis und Blut besteht. Sobald nun die Fäulnis mit dem Blut ausgeflossen ist, folgt reines Blut, und dann muß man mit der Blutentziehung aufhören.

Nach dieser Prozedur ist Herdegen immer ganz erschöpft und muß ein bis zwei Tage das Bett hüten. Aber nur selten hört man ihn klagen. Krankheit und Schmerzen gehören zum Schicksal des Menschen wie Geburt und Tod. Vor Adams Sündenfall gab es weder Schmerzen noch Krankheit noch Tod. Jetzt auf dieser Welt aber – so glauben die Menschen im Mittelalter – sind sie von Gott als Strafe oder auch als Sühne für begangene Sünden verhängt worden. Kein Mensch kann sich rühmen, von diesen Strafen verschont geblieben zu sein. Wenn Herdegen zurückblickt, erinnert er sich an so manche Leidenszeiten. Wie oft hatte er auf seinen Reisen an fiebrigen Durchfallerkrankungen zu leiden. Damals in Brindisi, im Lager der Kreuzfahrer, ist er nur knapp dem Tod entronnen.

Mit Schaudern erinnert er sich quälender Zahnschmerzen. Trotz dem täglichen Gebet zur heiligen Apollonia, der Zahnweh-Schutzpatronin, und trotz gelegentlicher Reinigung der Zähne mit gebranntem Brot und Wein, saß sehr häufig der Wurm im Gebiß, der sich – wie Herdegen und seine Zeitgenossen glaubten – in den Zahnschmelz hineinfraß. Umschläge mit Branntwein und Mehl oder das Räuchern, das heißt das Einführen von Rauch durch ein Röhrchen in die Mundhöhle, halfen selten. Oft konnte nur das Ziehen des Zahnes das Übel beseitigen. Vor diesen schmerzhaften Operationen ohne Betäubung hatte Herdegen mehr Angst als vor manchem Kampf. Man kannte zwar narkotisierende Mittel, etwa eine Mischung aus Opium, Alraunwurzel und Bilsenkraut, wendete sie aber nur im äußersten Notfall bei Amputationen oder Kopfoperationen an.

Wir können uns heute kaum noch vorstellen, was es heißt, Schmerzen aushalten zu müssen. Kopfweh, Bauchweh, Halsweh, Schnupfen, Gliederschmerzen, für alles haben wir Tabletten, Tropfen und Salben, die schnell Erleichterung schaffen und die Beschwerden meist nach wenigen Tagen verschwinden lassen. Bei schwereren Krankheiten können wir uns jederzeit an hochspezialisierte und qualifizierte Ärzte wenden, jedem Übel wird genauestens auf den Grund gegangen, notwendige Operationen erfolgen in steriler Umgebung bei vollständiger Narkose. Schön ist es auch heute nicht, krank zu sein. Aber in den meisten Fällen ist es doch möglich, die richtige Diagnose zu stellen, eine schnelle Gesundung herbeizuführen oder zumindest das Leiden erträglich zu machen. Im Mittelalter konnte kaum eine Krankheit medizinisch erklärt, geschweige denn behandelt werden. Infektionen waren wegen der mangelnden Hygiene, dem fehlenden Wissen über genaue Ansteckungsursachen und vitaminarmer Ernährung überaus häufig. Masern, Pocken, Cholera, Diphterie und Viruserkrankungen konnten sich schnell epidemisch ausbreiten und ganze Landstriche entvölkern. Besonders verheerend wütete die Pest, der schwarze Tod, der vom 14. bis zum 18. Jahrhundert regelmäßig auftrat und in den betroffenen Städten und Dörfern oft mehr als ein Drittel der Bevölkerung hinraffte, ganze Familien ausrottete und nur wenig Unterschied zwischen arm und reich machte.

Der mittelalterliche Mensch war daher viel mehr gewohnt, Schmerzen zu ertragen, als wir. Kleinere Verletzungen waren bei Herdegens vielen Kämpfen an der Tagesordnung. Er beachtete sie nicht sonderlich; manchmal ließ er sie sich mit Honig oder dem Saft des Spitzwegerichs bestreichen, um die Heilung zu beschleunigen. Mehr Schwierigkeiten machte ihm da ein Beinbruch, den er sich bei einem Sturz vom Pferd zugezogen hatte. Wochenlang war das Bein mit Holzstäben geschient und in einer «Beinlade» fixiert, nachdem die verletzte Stelle mit Eiweiß- und Rosenölkompressen verbunden worden war. Ganz gerade ist es nicht mehr zusammengewachsen, und Herdegen hatte lange große Mühe beim Reiten. Auch der Speerstoß, der ihm bei einem Turnier den linken Arm durchbohrt hatte, warf ihn aufs Krankenlager. Die Behandlung mit Theriak, einer Paste aus Enzian, Osterluzei, Lorbeeröl, Gamander und Honig, und das Verbinden mit Bartflechten konnten ein hohes Wundfieber nicht verhindern. Erst als die Wunde mit einem Brennkegel ausgebrannt worden war, er viele Tassen Enziantee mit Theriak getrunken und manches Gebet gesprochen hatte, ließ ihn Gott wieder gesund werden.

Denn, das stand für den mittelalterlichen Menschen fest, alle Heilkräuter und ärztlichen Bemühungen können die Heilung nur unterstützen. Gesund wird der Mensch nur dann, wenn es Gottes Wille ist. Der beste Arzt, an den man sich wenden konnte, war Christus. Die Bibel bezeugt, daß es ihm möglich war, unheilbar Kranke zu retten, ja sogar Tote zum Leben zu erwecken. Jeder darf sich mit seinen Nöten vertrauensvoll an ihn wenden. Deshalb haben die Frauen damals am Bett von Herdegens Bruder und seiner Mutter so viele Gebete gesprochen. Und wenn man auch traurig war, daß sie nicht erhört wurden, so hat man sich doch in den unerforschlichen Ratschluß gefügt.

Herdegens Gebete haben bisher immer geholfen, aber Schmerzen hat er trotzdem viele aushalten müssen. Juckende Hautausschläge und Furunkel haben ihn genauso gepeinigt wie Wurmerkrankungen und Läusebisse. Heute kommen diese Krankheiten nur noch selten vor oder lassen sich gut behandeln, im Mittelalter waren sie weit verbreitet.

Von einer Heimsuchung ist Herdegen glücklicherweise verschont geblieben: vor dem gefürchteten *Aussatz,* der Lepra. Immer ist es ihm kalt über den Rücken gelaufen, wenn er den hohlen Ton von Klappern oder Ratschen gehört hat und kurz darauf eine gräßlich anzusehende Person daherkam, gestützt auf Krücken, am ganzen Körper mit eitrigen Geschwüren bedeckt, mit entstelltem zerfressenen Gesicht und einer merkwürdig näselnden Stimme, die ihn um

ein Almosen bat. Herdegen wußte nie so recht, ob er in einem solchen Unglücklichen einen von Gott schwer bestraften Sünder sehen sollte, wie die einen sagen, oder einen von Gott Auserwählten, dem durch sein irdisches Leid die ewige Seligkeit sicher war, wie es andere behaupten.

Von der menschlichen Gesellschaft war ein Aussätziger in jedem Fall ausgeschlossen. Beim Verdacht auf Lepra mußte sich der Erkrankte auf die zwölf sicheren Anzeichen untersuchen lassen: ausgefallene Augenbrauen, verdickte Augenwülste, herausgetretene Augen, eine angeschwollene Nase, blaurote Gesichtsfarbe, starrer Blick, Knoten an den Ohren, weiße und dunkle Flecken, geschwundene Muskeln zwischen Daumen und Zeigefinger, glänzende, gespannte Stirnhaut, Gefühllosigkeit am Schienbein und am kleinen Zehen. War der Befund positiv, so erfolgte unverzüglich die Ausstoßung aus der Gemeinschaft.

Der Kranke verlor den gesamten Besitz, er erhielt das sogenannte «Lazaruskleid der Demütigen», ein langes mönchsähnliches Gewand, Handschuhe, einen Korb, um Almosen zu sammeln, ein kleines Wasserfaß und eine Klapper, Ratsche oder Glocke, mit der er sich überall, wo er ging, bemerkbar machen mußte. Dann wurde er aus seiner Wohnung vertrieben und konnte nur noch in einem der Siechenhäuser Zuflucht suchen, die sich an Brücken, an Pilgerstraßen oder an Kreuzwegen befanden. In der Kirche hielt man ihm die Totenmesse, denn für die Gesellschaft war er tot. Unter Androhung schärfster Strafen war es ihm untersagt, Verbindung zu seiner Familie aufzunehmen, in die Kirche zu gehen oder sich auf Märkten und Versammlungen zu zeigen. Sollte er beim Betteln auf gesunde Menschen treffen, durfte er nur gegen die Windrichtung sprechen. Man kannte offensichtlich Ansteckungsursachen.

Herdegen ekelte sich vor diesen Leuten. Ihm war es völlig unbegreiflich, daß es Menschen gab, die ihr ganzes Leben der Pflege solcher «lebendigen Toten» widmeten. Elisabeth von Thüringen, die Frau des Ludwig von Thüringen, der in Brindisi kurz nach dem Kreuzzugsaufbruch gestorben war, soll sogar einen Aussätzigen in ihr Bett gelegt haben, um ihn zu pflegen, sie hat Aussätzige gewaschen und ihre Geschwüre geküßt, genauso wie Franz von Assisi, der sich nicht einmal gescheut hat, mit den Leprösen aus einer Schüssel zu essen. Auch wenn Herdegen wußte, wie besonders verdienstvoll diese Werke der Nächstenliebe waren, der Abscheu vor den furchterregenden, verstümmelten Gestalten überwog. Nein, Herdegen taugte nicht zum Heiligen!

Da ist es ihm schon lieber, hier auf der Drachenburg von seiner Familie liebevoll gepflegt zu werden. Zusehends verschlechtert sich sein Gesundheitszustand. Der Arzt, ein Pater aus dem nahen Kloster, der ihn ab und zu aufsucht, erläutert Herdegen, wieso der Mensch im Alter solche Beschwerden hat: «In deinem Körper fließen vier Säfte: Blut, Schleim, rote Galle und schwarze Galle. Beim Kind überwiegt die rote Galle, beim Jugendlichen die schwarze Galle, beim Mann das Blut und jetzt im Alter der Schleim. Gesund ist der Mensch, wenn alle Säfte in einem ausgewogenen Verhältnis zueinander stehen. Bei dir, das sehe ich, wenn ich den Urin beschaue, ist der Schleim in solchem Übermaß vorhanden, daß er deine Glieder mit feuchter Kälte durchzieht und das feucht-warme Blut und die trocken-warme Galle zurückdrängt. Daher ist dein Körper steif und kalt geworden, deine Bewegungen langsam und schwerfällig, und dein Schweiß hat einen merkwürdig salzig-süßlichen Geruch.» Herdegen staunt zwar über die Gelehrsamkeit des Mannes, der soviel von der Vier-Säfte-Lehre des antiken Arztes Galen zu berichten weiß, aber im Grunde nützt ihm dieses Wissen wenig, denn ändern kann auch der Arzt seinen Zustand nicht. Herdegen weiß genau, wie es um ihn steht.

In manchen Nächten, wenn er keinen Schlaf finden kann, denkt er an den Spruch, den er einmal gehört hat:

Was das Wort nicht heilt, das heilt das Kraut. Was Kräuter nicht heilen, heilt das Messer. Was das Messer nicht heilt, das heilt der Tod.

Die Kräuter der weisen Frauen und das Messer der Wundärzte hat er kennengelernt. Jetzt können sie nicht mehr helfen. Da bleibt nur noch ein Arzt übrig: der Tod, und der hat noch jeden Menschen besucht und ihn von seinen Schmerzen befreit...

«ich binz, der tod»

Es geht zu Ende. Herdegen weiß es. Er ist dankbar, daß er Zeit hat zum Sterben. Nichts hat er mehr gefürchtet als den *gähen,* den plötzlichen Tod, der ihm die Möglichkeit genommen hätte, seine weltlichen Angelegenheiten zu regeln und gut vorbereitet vor Gottes Gericht zu treten. Ganz anders als wir, die wir uns einen schnellen, schmerzlosen Tod wünschen, erhoffte sich der mittelalterliche Mensch einen Tod, der sich ankündigte, damit er sein Sterben zelebrieren konnte und noch Zeit hatte, seine Sünden abzubüßen. Waren auch Krankheit und Schmerz schwer zu ertragen, noch viel schlimmer war die Vorstellung, in der Hölle auf ewig verdammt zu sein.

Die ganze «familia», alle Burgbewohner, haben sich im Zimmer Herdegens versammelt. Dem Schreiber diktiert er sein *Testament.* Zunächst regelt er darin, wie dies auch heute noch geschieht, die Verteilung seiner Güter. Selbstverständlich ist es der älteste Sohn, dem Burg und Ländereien zufallen. Allerdings erwachsen ihm daraus auch Pflichten. Die beiden noch unverheirateten Schwestern werden seiner Vormundschaft unterstellt. Er soll für sie einen geeigneten Mann suchen und ihnen bei der Verheiratung eine großzügige Mitgift auszahlen. Außerdem hat er für seine Mutter zu sorgen. Ihr ist es freigestellt, auf der Burg wohnen zu bleiben oder ihren Lebensabend in einem Kloster zu verbringen, wie dies viele Witwen gerne tun. Die jüngeren Söhne gehen leer aus. Den einen weiß Herdegen wohlversorgt im Kloster, der andere ist schon seit einigen Jahren in die Welt gezogen. Die Ritter, Knappen, Mägde und Knechte werden ermahnt, loyal ihrem neuen Herrn zu dienen. Einzeln läßt Herdegen sie vortreten und gibt jedem von ihnen ein Kleidungsstück oder ein paar Münzen. Er braucht in dieser Welt nichts mehr, und im Jenseits möchte er arm ankommen. Die Umstehenden weinen, aber Herdegen scheint es gar nicht wahrzunehmen. Er verlangt nach dem Pfarrer, denn mit der Erbregelung ist das Testament noch lange nicht abgeschlossen. Jetzt gilt es, sich von allem Irdischen zu trennen, die Sünden zu beichten und um Vergebung zu bitten. Eifrig notiert der Schreiber Herdegens Verfügungen:

«Ich empfehle meine Seele Gott, meinem Schöpfer, der glorreichen Jungfrau Maria Muttergottes, dem Erzengel Michael und den Heiligen Peter und Paul. Ich bitte um Vergebung aller meiner Sünden, die ich wissentlich und unwissentlich begangen habe. Ich verlange von meinem Testamentsvollstrecker, daß er alle Schulden bezahlt und alle unrechtmäßigen Handlungen, sollte ich solche begangen haben, vergilt. Allen, die mir Unbill und Ärgernis zugefügt haben, vergebe ich von ganzem Herzen und bitte auch Gott, ihnen zu vergeben, wie ich auch bitte, daß die mir vergeben mögen, denen ich Schaden und Leid zugefügt habe.

Ich möchte in unserer Kirche beigesetzt werden vor dem Altar der Jungfrau Maria, den ich damals nach meiner glücklichen Heimkehr aus dem Heiligen Land gestiftet habe. Jährlich vermache ich der Kirche dreißig Silbermark für eine tägliche Messe vor dem Gnadenbild. Sobald mein Tod eintritt, sollen drei Messen gehalten werden, in denen Gott der Allmächtige um Vergebung für meine Sünden angefleht wird. Das gleiche möge im Benediktinerkloster und bei den Zisterziensern geschehen, denen ich das Nutzungsrecht des Waldes am Hornberg beziehungsweise des Weidelandes um den Schwarzsee übertrage.

Am Tage meiner Beisetzung soll ein Gottesdienst vor dem Hochaltar zelebriert werden, dazu zwanzig stille Messen. Alle Armen der Gegend sind auf meine Kosten reichlich zu verpflegen und mit Kleidung zu versehen. Dies soll an meinem Jahrtag wiederholt werden. – Und jetzt will ich beten.» Zusammen mit dem Pfarrer spricht er die «commendatio animae», das Gebet der Sterbenden:

Errette, Herr, die Seele Deines Dieners, wie Du Henoch und Elias vom allen gemeinsamen Tod errettet hast, wie Du Noah aus der Sintflut, Abraham bei seinem Auszug aus Ur errettet hast, Hiob aus seinem Leid, Isaak aus den Händen seines Vaters Abraham, Lot aus den Flammen von Sodom, Moses aus der Hand des ägyptischen Pharao, Daniel aus der Löwengrube, die drei Jünglinge aus dem Feuerofen, Susanna vor falscher Anklage, David aus den Händen von Saul und Goliath, die heiligen Apostel Petrus und Paulus aus dem Gefängnis und die heilige Jungfrau Thekla aus ihren schrecklichen Prüfungen.

Erschöpft sinkt Herdegen in seine Kissen. Der Pfarrer erteilt ihm die Absolution für seine Sünden. Dann salbt er Augen, Ohren, Nase, Lippen, Hände, Füße und die Leistengegend. Mit der *letzten Ölung* werden die läßlichen Sünden getilgt. Eindringlich fragt der Pfarrer, ob Herdegen sich freue, im rechten christlichen Glauben zu sterben, ob er glaube, daß Christus für ihn gestorben sei, und ob er ihm dafür danke. «Ja, das glaube und tue ich.» Nur noch langsam und leise kann Herdegen antworten. Er bekreuzigt sich und erhält das *viaticum,* die Kommunion. Weihrauchduft verbreitet sich im Zimmer. Herdegen atmet schwer. Er will nicht mehr sprechen, er hat alles geregelt, er gehört schon fast nicht mehr zu dieser Welt.

Doch so schnell will der Tod nicht kommen. Stunden und Tage sitzen die Angehörigen abwechselnd an seinem Bett und halten bei ihm Wache. Sie beobachten, wie er immer verwirrter wird. Zeiten apathischer Teilnahmslosigkeit wechseln mit krampfartigen Anfällen und angstvollen Schreien. «Er wird von den bösen Geistern der Hölle bedrängt», flüstern die Leute, «die versuchen, ihn von dem rechten Glauben abzubringen. Hoffentlich stehen ihm die Engel bei, die seinen Glauben, seine Hoffnung und seine Geduld so bestärken, daß ihm das Böse nichts anhaben kann.» Alle Menschen im Mittelalter glaubten an diese Anfechtungen, denen sich der Sterbende ausgesetzt sah. Bis ins 17. Jahrhundert hat man unzählige Bilder gemalt, auf denen wir den Kranken sehen, um dessen Seele sich gräßliche Teufelsgestalten und liebliche Engel streiten, und man hat viele Bücher geschrieben, «artes moriendi», in denen den Menschen genaue Anleitungen gegeben wurden, um «die Kunst zu sterben» einüben und im entscheidenden Augenblick auch anwenden zu können.

Über eine Woche dauert der Todeskampf, dann hat Herdegen alles Irdische überwunden. Der Herr von der Drachenburg ist tot!

Noch bevor sich die Anwesenden der Trauer hingeben, öffnet Herdegens Witwe das Fenster. Die Seele, die im Augenblick des Todes den leblosen Körper verläßt, muß einen Ausgang finden, sonst irrt sie im Raum herum und schlüpft womöglich wieder in den Toten zurück. Damit würde er zu einem gefürchteten Wiedergänger, zu einem Toten, der keine Ruhe im Grab finden kann und immer wieder

den Lebenden erscheint. Man war *abergläubisch* im Mittelalter, allen Aufklärungsversuchen und Strafdrohungen der christlichen Kirche zum Trotz. Auch das Schließen der Augen und des Mundes geschieht nicht wie bei uns, um dem Verstorbenen das Aussehen eines Schlafenden zu geben, sondern aus Furcht vor der «Lebendigkeit» der Leiche, die ihr überirdische Kräfte verleiht. Wen sie anblickt, glaubten viele, mußte als nächster sterben, und durch einen geöffneten Mund konnte sie verderbenbringenden Kontakt zur Welt aufnehmen.

Diese Gefahr ist bei Herdegen gebannt, und nun geben sich die Männer und Frauen ungehemmt ihrem Schmerz hin. Laut aufweinend fallen sie über den toten Körper, raufen sich die Haare, zerreißen die Kleider, kratzen sich im Gesicht. Herdegens Witwe fällt in Ohnmacht, die anderen sind in einem tranceähnlichen Zustand. Laute Totenklage gehörte zum Sterbe- und Begräbnisritual. In ihr lebt der Tote noch einmal auf, man ruft ihn an, nennt seine Taten, preist seinen guten Charakter. Jeder soll es hören, welch großen Verlust der Tod gerade dieses Menschen für die Gesellschaft bedeutet.

Maßlos erscheinen uns die Klagen, sind wir doch gewohnt, Schmerz und Trauer still zu ertragen, möglichst leise zu weinen oder «männlich tapfer» die Tränen hinunterzuschlucken. Im Mittelalter war ein derartiges Verhalten dem Mann ganz und gar nicht angemessen. Kaiser Karl weint im Rolandslied «blutige Tränen», als er seinen toten Neffen findet, viele Männer klagen so sehr, daß sie wie tot lagen. Willehalm weint um den toten Vivianz so lange, bis *sîn herze was trucken gar und beidiu ougen saffes bar,* bis sein Herz ganz ausgetrocknet war und beide Augen ohne Naß. Und beim Tod Siegfrieds, so steht es im Nibelungenlied, war das Klagen im Palast so laut, daß die ganze Stadt Worms widerhallte. Nur mit Mühe gelingt es, die tapferen Helden wieder an ihre Pflichten zu erinnern.

Auch Herdegens Sohn muß energisch aufgefordert werden, sich zu fassen, obwohl er diesen Tag insgeheim schon lange ersehnt hat, denn jetzt ist er der neue Herr auf der Drachenburg. Und als solcher hat er für ein würdiges Begräbnis seines Vaters zu sorgen.

Er gibt den Befehl, den Tod seines Vaters bekanntzumachen, alle Glocken der Umgebung läuten zu lassen und in den Klöstern die von Herdegen gewünschte Messe zu lesen. Die Bauern auf dem Feld, die Mägde und Frauen im Dorf halten mit der Arbeit inne und bekreuzigen sich. Noch bevor der Bote die Nachricht überbringt, ahnen sie, was geschehen ist: ihr Herr, der so ungeheuer alt geworden ist, hat seinen Frieden gefunden. Von allen Seiten strömen sie auf die Burg zu, nicht weil sie besonders traurig sind – Herdegen war kein besonders guter, freilich auch kein besonders schlechter Herr –, sondern weil der Tod des Herrn auf freigebige Verköstigung und ein farbiges Schauspiel hoffen läßt.

In der Burg haben die Frauen den Leichnam ausgezogen, gewaschen und in ein schlichtes, mönchsartiges Gewand gekleidet. Dann wird er in ein Leichentuch gewickelt und auf ein Brett gelegt. Kerzen brennen neben der Bahre. Den ganzen Tag und die folgende Nacht halten abwechselnd die Männer die Totenwache. Schweigen herrscht auf der Burg. Niemand möchte den Toten in seiner Ruhe stören. Am nächsten Morgen wird Herdegens Lieblingspferd in den Hof geführt. Prächtig ist es aufgezäumt, der Körper aber ist mit einer schwarzen Decke bedeckt. Drei Gefolgsleute Herdegens bringen das Brett mit dem Leichnam nach draußen. Hinter ihnen formiert sich der Leichenzug. Das Pferd wird am Zügel neben der Bahre geführt. Knappen tragen das Schwert und den Wappenschild des Verstorbenen, zum Zeichen der Trauer mit dem Knauf beziehungsweise der Spitze nach unten. Dahinter reihen sich die Angehörigen ein. Ihnen schließen sich die Armen der Gegend und Waisenkinder an, die in ein langes Trauergewand gehüllt sind und Kerzen tragen. Dreimal wird auf dem Weg zur Kirche die Bahre abgesetzt, das Volk, das in großer Zahl an den Straßenrändern steht, bekreuzigt sich und murmelt leise Gebete. Auch in der Kirche drängen sich die Menschen. Vor dem Marienaltar ist eine Steinplatte entfernt und ein Loch gegraben worden. Herdegens Körper wird von dem Brett in die Grube gelegt, der Pfarrer spricht nur wenige Worte:

De terra plasmasti me et in carne induisti me, Redemptor meus, Domine, ressuscita me in novissimo die.

Aus Erde hast du mich gemacht und hast mich zu Fleisch werden lassen, mein Schöpfer, Herr, erwecke mich wieder vom Tode am Jüngsten Tage.

Weihwasser wird in das offene Grab gesprengt, das Weihrauchfaß darüber geschwenkt. Alle singen den Psalm 138, der zur Begräbnisliturgie gehörte und deshalb schon im frühen Mittelalter nicht nur im Lateinischen, sondern auch in der Volkssprache überliefert ist.

Jeder schüttet ein wenig Erde in das Grab, dann wird der Boden mit der Steinplatte wieder geschlossen. Große Reden, wie sie im

Spätmittelalter und in der Neuzeit üblich werden, hält niemand. Nur sehr hohen Standespersonen bleibt dies vorbehalten.

Gemäß den Bestimmungen Herdegens werden die Armen verköstigt, das Hochamt vor dem Hauptaltar gehalten und die stillen Messen gelesen. Dann setzt sich auch die Trauergesellschaft zu einem Mahl zusammen. Und wie noch heute weicht die gedrückte Stimmung schon bald einer gedämpften Fröhlichkeit, man erinnert sich gemeinsamer Erlebnisse mit dem Verstorbenen, erzählt Anekdoten über ihn und ist froh, selbst noch zu den Lebenden zu gehören.

Drei Tage nach dem Begräbnis versammelt sich die «familia» erneut am Grab Herdegens, um für seine Erlösung zu beten. Das gleiche wiederholt sich am siebten und am dreißigsten Tag. Maria, die große Fürsprecherin, wird angerufen und der heilige Michael, der mit seiner Waage die guten und schlechten Taten Herdegens wiegen wird. Es war wichtig, die Erinnerung an den Verstorbenen bei Gott wachzuhalten, damit er am Jüngsten Tag nicht vergessen, sondern aufgerufen wird und in die ewige Seligkeit eingehen kann. Seit dem frühen Mittelalter gab es zahlreiche Bruderschaften, deren alleinige Aufgabe es war, die *memoria,* das Gedächtnis an Tote, über Generationen wachzuhalten. Und deswegen wird viele Jahre an Herdegens Todestag sein Name genannt, und es erschallt das «dies irae», die mächtige Sequenz, die apokalyptisch das Weltende heraufbeschwört und am Schluß Gott an alle Verstorbenen erinnert und in ihrem Namen um Vergebung der Sünden bittet:

> *Lacrimósa dies illa*
> *qua resúrget ex favílla*
> *iudicándus homo reus.*
> *huic ergo parce, Deus.*
> *Pie Jesu Dómine*
> *Dona eis réquiem. Amen.*

> Tag der Tränen, Tag der Wehen,
> da vom Grabe wird erstehen
> zum Gericht der Mensch voll Sünden.
> Laß ihn, Gott, Erbarmen finden.
> Milder Jesu, Herr, das tu,
> Allen gib die ewge Ruh. Amen.

Epilog

Die Burgen sind verfallen und mit ihnen die Welt, in der Herdegen und seine Standesgenossen gelebt haben. Übrig geblieben sind monumentale Kirchen, leuchtende Bilder und eindrückliche Skulpturen, ferner Urkunden und politische Dokumente sowie große und kleine literarische Werke. Sie alle erinnern an eine Zeit, die uns zwar fremd erscheint, die aber – ohne daß es uns bewußt wird – Regeln und Normen entwickelt hat, von denen auch unser Denken und Verhalten noch mitbestimmt wird. *Grundmuster von Erfahrungen haben sich erhalten,* auch wenn sie durch die Jahrhunderte Wandlungen durchgemacht haben.

Herdegens Leben hat uns gezeigt, daß es sich lohnt, den Sprung ins Mittelalter zu wagen, um dessen *Andersartigkeit* zu erkennen, aber auch um den *eigenen Standort* aus der geschichtlichen Entwicklung begreifen zu lernen. Dabei geht es, wie der berühmte Historiker Jacob Burckhardt sagt, «nicht darum, uns ins Mittelalter zurückzusehnen, sondern um das Verständnis.» Denn nur Verstehen verhindert, daß Geschichte für politische Zwecke mißbraucht wird.

Kleines Lexikon wichtiger Namen und Begriffe

Adolf von Nassau: (um 1250–1298), 1292 zum römischen König gewählt. Seine machtvolle Territorialpolitik veranlaßte die Kurfürsten, den unbequemen König abzusetzen. Er fällt in der Schlacht bei Göllheim.

Albertus Magnus: berühmter Naturwissenschaftler und Theologe (geboren 1193 bei Lauingen/Donau als Sohn eines Ritters, gestorben 1280 in Köln). 1223 Eintritt in den Dominikanerorden in Padua. Ab 1269 in Köln, wo er Lehrer war von Thomas von Aquin; heiliggesprochen 1622.

Albigenser: eine Gruppe Katharer aus Albi in Südfrankreich. Sie propagierten Armut, Askese und Weltabgeschiedenheit. Ihre Lehre wurde von der Kirche als ketzerisch verdammt. In den Albigenserkriegen 1209–1229 wurden sie ausgerottet.

Albrecht I.: (1255–1308), Sohn des ersten habsburgischen Königs Rudolf I. Er besiegte 1298 den von den Kurfürsten abgesetzten Adolf von Nassau und wurde selbst römischer König. Ausbau der habsburgischen Macht. Von seinem Neffen Johannes Parricida ermordet.

Albrecht III.: (1350–1395), Sohn Albrechts II. Nach dem frühen Tod seines Bruders Rudolf IV., 1365, baute er die von diesem gegründete Universität in Wien aus.

Alfons von Kastilien: (1221–1284), Urenkel Friedrich Barbarossas. Er wurde 1257 von einem Teil der Kurfürsten als Gegenkönig zu Richard von Cornwall gewählt. Mit der Beendigung des Interregnums 1273 durch die Wahl Rudolfs von Habsburg verlor Alfons, der nie in seinem Leben nach Deutschland kam, seine Königsrechte.

Allmende: das allgemeine Land, welches einer Körperschaft (Stadt, Land, Dorf) gehört. Es umfaßte Weideland, Rebland, Wald, teilweise auch Bäche, Flüsse und Binnengewässer. Die Allmende wurde gemeinsam genutzt nach Absprachen, die in sogenannten Weisbüchern festgehalten wurden.

Andreas Capellanus: französischer Geistlicher um 1200. Er verfaßte das berühmte Regelbuch über höfische Liebe «De amore».

Anselm von Canterbury: um 1033 in Piemont geboren. Eintritt ins Kloster Bec in England. 1078 Abt, 1093 Erzbischof von Canterbury; gestorben 1109. Er gilt als Vater der Scholastik, in der als Grundlage für Wissenschaft und Philosophie die christlichen, in den Dogmen festgelegten Wahrheiten angesehen wurden.

Arnold von Lübeck: Seit 1177 Abt des Benediktinerklosters in Lübeck. Er setzte die «Slawenchronik» des Helmold von Bosau für die Zeit von 1171–1209 fort. Besonders ausführlich befaßt er sich mit dem Thronstreit zwischen Philipp von Schwaben und Otto IV. Er starb 1211.

Artusromane: Sie fußen auf der Sage vom britischen König Arthur und seinem glänzenden Hof, an dem sich die berühmte Tafelrunde der Ritter versammelt hatte. Der deutschsprachige Artusroman hat französische Epen als Vorlagen benutzt. Im Mittelpunkt der Handlung stehen nicht König Artus, sondern einzelne Ritter der Tafelrunde – Erec, Iwein, Gawan, Parzival –, die vom Artushof aufbrechen, um große Gefahren zu bestehen. Im ersten Anlauf scheitern sie meist durch eigenes Fehlverhalten; nach einer zweiten, siegreich bestandenen «aventiure» kehren sie am Artushof zurück. Wichtigste Romane der hochmittelalterlichen Zeit: «Erec» und «Iwein» von Hartmann von Aue und «Parzival» von Wolfram von Eschenbach.

Babenberger: ursprünglich fränkisches Grafengeschlecht, von 976 bis 1246 Markgrafen von Österreich.

Bartflechten: Baumparasiten. Symbiose aus Algen und Pilzen mit leicht antibiotischer Wirkung.

Bela IV.: König von Ungarn (1206–1270). Er eroberte die von Friedrich von Österreich besetzten Gebiete zurück und erkämpfte aus dem Babenberger Erbe die Steiermark.

Berthold von Regensburg: (um 1210–1272), Franziskaner, war der bedeutendste Prediger des 13. Jahrhunderts.

Blutgerichtsbarkeit: hatte über schwere Vergehen zu entscheiden, die meist die Todesstrafe forderten.

Chrétien de Troyes: französischer Epiker (vor 1150–vor 1190). Seine epischen Werke dienten den Mittelhochdeutsch schreibenden Dichtern als Vorlage für ihre Romane.

De arte venandi cum avibus: Berühmtestes Lehrbuch über die Beizjagd, von Kaiser Friedrich II. verfaßt. Das kostbare und mit Miniaturen geschmückte Original fiel den Gegnern Friedrichs, den Bewohnern von Parma, in die Hände, die es einem Mailänder verkauften. Seither ist es verschollen. Wir besitzen aber eine Kopie, die von Manfred, dem Sohn Friedrichs, in Auftrag gegeben worden war.

Deutscher Orden: 1198/99 neben den Templern und Johannitern als dritter großer palästinensischer Ritterorden gegründet mit dem Ziel der Heidenbekämpfung. Die Ordensritter unterstanden einer Regel nach klösterlichem Vorbild. Es war ihnen aber ausdrücklich das Führen einer Waffe erlaubt. An der Spitze stand der auf Lebenszeit gewählte Hochmeister. Im 14. Jahrhundert breitete sich der Orden vor allem in Preußen aus, das zum Ziel vieler Kreuzfahrer wurde.

Dienstmann: siehe Ministeriale.

Eike von Repgow: gestorben nach 1233. Schöpfer des «Sachsenspiegels» und der «Sächsischen Weltchronik». Mit dem «Sachsenspiegel» schuf er das bedeutendste Werk des mittelalterlichen Rechts. Schon wenige Jahre nach seinem Erscheinen galt er bei den Gerichten als Grundlage jeder Rechtssprechung. Er wurde in alle deutschen Sprachen übersetzt.

Eleonore von Aquitanien: (um 1122–1204), Enkelin des Troubadours Wilhelm von Aquitanien. Verheiratet mit König Ludwig VII. von Frankreich (1137). Nach der Scheidung (1157) heiratete sie Heinrich II., den König von England. Mutter von Richard Löwenherz.

Elisabeth von Thüringen: geboren 1207 als Tochter von König Andreas II. von Ungarn, gestorben 1231. Mit fünf Jahren wird sie auf die Wartburg gebracht, mit dem 10jährigen Ludwig verlobt und 1221 verheiratet. Früh schon auferlegte sie sich asketische Übungen und widmete sich den Armen und Kranken. 1235 wird sie heiliggesprochen. Über ihrem Grab in Marburg entstand eine der ersten gotischen Kirchen.

Enzian: Gebirgspflanze. Wird heute noch zur Schnapsherstellung verwendet.

Erec: siehe Hartmann von Aue und Artusroman.

Erzämter: Vier Hauptämter sind seit dem 10. Jahrhundert bezeugt – der Truchseß, der Schenke, der Kämmerer und der Marschall. Am Hof des Römischen Königs nahmen Herzöge diese Aufgaben wahr, an Fürstenhöfen adelige Vasallen. Vom 13. Jahrhundert an werden die Ämter erblich.

Etymologiae: siehe Isidor von Sevilla.

Franz von Assisi: als Sohn des reichen Tuchhändlers Piero Bernadone 1182 geboren. 1203 gelobt er in schwerer Gefangenschaft, sich dem Armutsideal zu verpflichten. Er widmet sich der Pflege der Armen und Kranken. 1209 gründet er den Minoritenorden, 1212 den Orden der Klarissen. Er stirbt 1226. 1228 wird er heiliggesprochen.

Frauendienst: siehe Ulrich von Lichtenstein.

Freidank: Spruchdichter, lebte im ersten Drittel des 13. Jahrhunderts. Bekannt sind vor allem die «Akkon-Sprüche», in denen die Ereignisse des Kreuzzugs von 1228/29 zur Sprache kommen.

Friedrich Barbarossa: geboren um 1125, wurde 1152 zum römischen König gewählt, 1155 zum Kaiser gekrönt. Ausbau der staufischen Herrschaft. Auf dem Höhepunkt seiner Macht, als Führer eines großen Kreuzritterheeres, ist er 1190 im Salef ertrunken.

Friedrich der Schöne: Habsburger Herzog (um 1289–1330). 1314 wurde er in einer Doppelwahl zusammen mit Ludwig dem Bayern zum römischen König gewählt, mußte sich aber in der Schlacht von Mühldorf 1322 geschlagen geben. Er behielt zwar seinen Titel, hatte aber keinen Anteil an der Herrschaftsausübung.

Friedrich II. von Österreich: letzter Babenberger. Er fiel bei der Schlacht an der Leitha 1246.

Friedrich II.: Staufer, römischer König und Kaiser (1194–1250).

Friedrich von Hausen: Minnesänger und Ritter aus der Nähe von Mannheim. Ab 1171 ist er urkundlich faßbar. Am 6. Mai 1190 starb er im Kreuzritterheer Kaiser Friedrich Barbarossas, als er in Anatolien vom Pferd stürzte. Er schrieb Minnelyrik, in der erstmals der Typus der Hohen Minne voll ausgebildet ist.

Fulcher von Chartres: geboren um 1059, er nahm am ersten Kreuzzug 1096 teil, blieb in Jerusalem und schrieb als Kaplan des dortigen Königs die «Historia Hierosolymitana», die Geschichte dieses Kreuzzuges. 1127 gestorben.

Galen: griechisch-römischer Arzt (129–199). Er faßte das Wissen der antiken Heilkunde in einem einheitlichen, logisch durchdachten System zusammen. Sein Werk besaß das ganze Mittelalter hindurch absolute Autorität.

Gamander: Lippenblütler; wächst im Gebirge, im Wald und an Wiesenrändern.

Gottfried von Anjou: nach seiner Helmzier, dem Ginsterzweig, «Plantagenet» genannt. Er heiratet 1128 die englische Thronfolgerin Mathilde und wird so zum Stammvater der englischen Dynastie. Gestorben 1151.

Gottfried von Bouillon: (um 1060–1100), Herzog von Niederlothringen. Einer der Führer des ersten Kreuzzugs 1076. Nach der Einnahme Jerusalems nannte er sich «Herzog des Heiligen Grabes».

Gottfried von Straßburg: Von ihm gibt es keinerlei Lebensdaten, der Name ist von späteren mittelhochdeutschen Dichtern überliefert. Sein einziges Werk, «Tristan und Isolde», entstand vermutlich um 1210.

Gregor IX.: (um 1170–1243), Papst seit 1227. Gegenspieler Friedrichs II.

Gregorius: siehe Hartmann von Aue.

Guillaume de Maréchal: (um 1145–1219). Von seinem bewegten Leben, in dem er sich von einem kleinen Ritter zum Berater des englischen Königs heraufgekämpft hatte, erfahren wir in der ersten Biographie, die uns überliefert ist: sie gibt uns wertvolle Aufschlüsse über die Alltagswelt eines Ritters.

Hartmann von Aue: (um 1160–1220). Es gibt keine Urkunde, die seine Person bezeugt. Nach eigenen Angaben war er Ministerialer und war *geleret,* also in den «sieben freien Künsten» ausgebildet. Neben Minnelyrik schuf er die großen Artusromane

«Erec» und «Iwein» sowie die Legendenromane «Gregorius» und «Der arme Heinrich».

Heinrich VI.: (1165–1197), römischer Kaiser. Sohn Friedrichs I. und Vater Friedrichs II.

Heinrich von Morungen: Minnesänger, lebte um 1200. Stammt möglicherweise aus einem Ministerialengeschlecht in Thüringen.

Helmbrecht: siehe Wernher der Gartenære.

Herbort von Fritzlar: stand nach eigenen Angaben in den Diensten Hermanns von Thüringen (1190–1217), in dessen Auftrag er das «liet von troye» verfaßte. Herbort selbst nennt sich einen «gelarten schulere», einen gebildeten Schulmeister. Lebensdaten oder urkundliche Belege gibt es von ihm nicht.

Hermann I. von Thüringen: (um 1155–1217). Die Wartburg wurde von ihm ausgebaut und zu einem Treffpunkt großer Dichter und Ritter gemacht. Heinrich von Veldeke, Wolfram von Eschenbach und Walther von der Vogelweide haben sich zeitweise dort aufgehalten.

Hermann von Salza: (um 1170–1239), Hochmeister des Deutschen Ordens. Er stand in den Diensten Friedrichs II. und begleitete ihn auf den Kreuzzug von 1228.

Hildegard von Bingen: eine der bedeutendsten Mystikerinnen, lebte von 1098 bis 1179. Eigene Klostergründungen. Mit ihrem Werk «causae et curae» schrieb sie die erste umfassende Krankheitslehre.

Innozenz IV.: Papst seit 1243. Unter ihm erreichte der Kampf gegen Friedrich II. seinen Höhepunkt. 1245 ließ er sogar den Kreuzzug gegen ihn ausrufen. Auch nach Friedrichs Tod setzte er den Kampf gegen die Staufer fort; 1254 gestorben.

Interregnum: als Zwischenherrschaft wird die Zeit genetz zwischen dem Tod Konrads IV. (1254) und der Wahl Rudolfs von Habsburg (1273) zum römischen König.

Inzest: Blutschande. Geschlechtliche Vereinigung naher Verwandter. Wird auch heute noch strafrechtlich verfolgt und mit Zuchthaus bedroht.

Isidor von Sevilla: (um 560–636). Als letzter bedeutender Autor der Spätantike schuf er mit seiner Schrift «Etymologiae» eine Realenzyklopädie des gesamten Wissens seiner Zeit, deren Wirkung bis weit ins Mittelalter reichte.

Iwein: siehe Hartmann von Aue und Artusroman.

Johann von Böhmen: (1322–1375), Markgraf von Mähren aus dem Geschlecht der Luxemburger. Er war der Bruder Kaiser Karls IV.

Johanniter: Ältester der drei palästinensischen Ritterorden. 1022 als Spital gegründet und 1099 in einen Orden umgewandelt. Er zeichnete sich vor allem in der Krankenpflege aus. Nach dem Fall Akkons 1291 verlegte der Orden seinen Sitz nach Rhodos. Starke Ausbreitung auch im westlichen Europa.

Kämmerer: siehe Erzämter.

Kaiserchronik: Reimchronik, Mitte des 12. Jahrhunderts wahrscheinlich von einem Regensburger Geistlichen verfaßt.

Konrad von Schwaben: (um 1170–1196), vierter Sohn Friedrich Barbarossas.

Kurfürsten: sie wählten den römischen König. Bis 1257 hatten alle Reichsfürsten ein Wahlrecht. Im «Sachsenspiegel» wird zum ersten Mal von sieben wahlberechtigten Fürsten gesprochen: die Erzbischöfe von Mainz, Köln und Trier, der König von Böhmen, der Pfalzgraf bei Rhein, der Herzog von Sachsen und der Markgraf von Brandenburg. Die Goldene Bulle Karls IV., 1355, hat dieses Recht kodifiziert.

Leopold V.: Babenberger, Herzog von Österreich und der Steiermark, gestorben 1194.

Leopold VI.: Sohn Leopolds V., Herzog von Österreich und der Steiermark, gestorben 1230.

Losung: Exkremente beim Wild.

Ludwig I.: (1174–1231), Sohn Ottos I. von Bayern.

Ludwig von Thüringen: (1201–1227). Er war mit der heiligen Elisabeth verheiratet. Als treuer Anhänger Friedrichs befand er sich im Kreuzheer in Brindisi, erkrankte dort an einer Seuche und starb kurz nach dem Aufbruch zur Fahrt.

Manfred: (1232–1266), Sohn Friedrichs II. Nach dem Tod Konrads IV., seinem Stiefbruder, war er der letzte Staufer. Seine Machtansprüche konnte er aber gegen den Papst und seine Anhänger nicht durchsetzen. Er fiel in der Schlacht von Benevent.

Margarete Maultasch: (1318–1369), Tochter des Kärntner Herzogs Heinrich, der 1307–10 König von Böhmen war. Verheiratet mit Johann von Böhmen, später mit Ludwig von Brandenburg. Ihren Namen erhielt sie wegen ihres großen Mundes.

Marschall: siehe Erzämter.

Maximilian I.: (1459–1519), römischer König. Er wird gerne als der «letzte Ritter» bezeichnet. Unter seiner Herrschaft wurde das Haus Habsburg zur Weltmacht.

Ministerialen: ursprünglich unfreie Dienstleute im Hofdienst. Es gelang ihnen, rechtlich und sozial ihre Stellung so auszubauen, daß sie im 13. Jahrhundert bereits dem niederen Adel zugerechnet wurden.

Muntehe: nach altgermanischem Recht hatte der Mann die personrechtliche Gewalt über die Frau. In unserem «Vormund» steckt noch dieser Rechtsbegriff.

Neidhart von Reuental: Dichter, der die höfische Minnezenerie in ein «antihöfisches Liebes- und Rauftheater mit bäuerlicher Staffage» verkehrt. Wahrscheinlich lebte er in Bayern, später in der Nähe von Wien. Seine Schaffenszeit kann zwischen 1200 und 1240 eingegrenzt werden. Neidharts Werk wurde zum Gattungsbegriff für bäuerlich deftige Schwänke und Raufszenen.

Nibelungenlied: dem Namen nach wohl die bekannteste mittelalterliche Dichtung, schriftlich fixiert zu Beginn des 13. Jahrhunderts. Sage vom burgundischen Hof zu Worms, an dem Gunther, Gernot und Giselher regieren und deren schöne Schwester Kriemhild der starke Held Siegfried, der Sohn des Königs der Niederlande, heiratet. Es wird die Ermordung Siegfrieds und der blutige Untergang der Burgunden am Hunnenhof erzählt.

Niedergericht: war zuständig für Schuldklagen und leichtere Straftaten.

Osterluzei: gelbblühende Heilpflanze, ziemlich selten. Bei falschem Gebrauch giftig!

Oswald von Wolkenstein: (um 1377–1445), bedeutendster Lyriker des Spätmittelalters. Erster Dichter, dessen Biographie (mit Ausnahme des Geburtsjahrs) lückenlos anhand von Quellen nachgezeichnet werden kann. Er hatte ein ruheloses Leben, befand sich in den Diensten König Sigismunds, opponierte gegen seinen österreichischen Landesherrn, geriet zeitweilig in arge Bedrängnis, sogar in Gefangenschaft. Sein dichterisches Repertoire reicht von politischen Liedern mit autobiographischem Gehalt über traditionelle Minnelyrik bis zu geistlicher Dichtung.

Otto IV.: (um 1175–1218), von einem Teil der Kurfürsten 1198 zum römischen König gewählt. Er konnte sich aber gegen die Staufer nicht durchsetzen.

Otto von Freising: (nach 1111–1158), Zisterzienser. Er wurde 1138 Bischof von Freising. Der bedeutendste Geschichtsschreiber des Mittelalters.

Ottokar II.: (um 1230–1278), stammt aus dem Geschlecht der Premysliden, deren Hof in Prag schon unter seinem Vater Wenzel I. eine zentrale Stätte ritterlichhöfischer Kultur war. Ottokar gilt als der letzte «Idealtyp staufischer Ritterkultur». Nach dem Tod des Babenbergers Friedrich II. besetzte er auf Bitte der österreichischen Stände das österreichische Herzogtum. Lange Zeit galt er als der aussichtsreichste Kandidat für den römischen Kaiserthron. Als 1273 überraschend der Habsburger Rudolf gewählt wurde, verweigerte er diesem den Lehenseid. 1272 kam es auf dem Marchfeld bei Dürnkrut zur Schlacht: Ottokar verlor und wurde auf der Flucht von österreichischen Rittern erschlagen.

Parzival: siehe Wolfram von Eschenbach und Artusroman.

Peter Suchenwirt: (etwa 1325–nach 1395), Spruchdichter am Habsburger Hof in Wien. Er schrieb preisende Reden auf lebende oder tote Ritter, geistliche Dichtung sowie didaktische Reden, in denen er die Adeligen auf das Ritterethos verpflichtete.

Pfaffe Konrad: Der historisch nicht faßbare Geistliche hat die Geschichte vom tapferen Roland, dem treuen Gefolgsmann Karls des Großen, der im Kampf gegen eine heidnische Übermacht fällt, wahrscheinlich um 1170 im Auftrag von Heinrich dem Löwen und seiner Frau Mathilde geschrieben.

Philipp von Schwaben: (um 1178–1208), Onkel Friedrichs II., 1198 als Gegenkönig zu Otto IV. gewählt.

Römisches Reich: Nach dem Danielkommentar des Kirchenvaters Hieronymus war das Römische Imperium das letzte irdische Reich vor dem Weltende. Er entwickelte daher die Vorstellung der «translatio imperii», der Übertragung des Reiches auf andere Völker. 879 formulierte Papst Johannes VIII. die sogenannte Translationslehre, nach der der Papst zwar das Imperium übernommen, es aber bei der Kaiserkrönung Karls des Großen auf das fränkisch-deutsche Reich übertragen habe. Endgültig definiert wurde die Lehre von Innozenz II. 1200/01. Zum Römischen Reich gehörten nicht nur die deutschsprachigen Gebiete, sondern vor allem auch Italien, Holland, Brabant, Luxemburg. Bis ins Spätmittelalter gab es häufig römische Könige, die deutsche Sprache gar nicht beherrschten und sich nur selten im deutschsprachigen Gebiet aufhielten. Erst im 15. Jahrhundert kommt die Bezeichnung «Römisches Reich deutscher Nation» auf.

Reichsinsignien: Um die Rechtmäßigkeit der Herrschaft nachweisen zu können, mußte ein römischer König im Besitz der sechs Reichskleinodien sein: Reichskrone, Reichsapfel, Zepter, Reichsschwert, Reichskreuz und Reichsevangeliar. Noch heute können wir sie in der Schatzkammer in Wien bewundern.

Richard Löwenherz: (1157–1199), Sohn Heinrichs II. und Eleonores von Aquitanien. Englischer König von 1189 bis 1199.

Richard von Cornwall: (1209–1272), wurde 1257 vor den Toren Frankfurts, das von Gegnern besetzt war, zum römischen König gewählt. In den fünfzehn Jahren seines Königtums war er knapp vier Jahre im Reich und konnte sich keine Machtgrundlage schaffen. Die wenigsten Reichsfürsten erkannten Richard als König an.

Rodenegg: Schloß, hoch über der Rienzschlucht am Eingang zum Pustertal (Österreich) gelegen. Um 1145 errichtet und bis ins 17. Jahrhundert ausgebaut. Berühmt sind vor allem die erst 1972/73 entdeckten «Iwein-Fresken», die aus der Zeit um 1200 stammen. In zwölf Bildern werden die Abenteuer Iweins erzählt. Sie sind das früheste Beispiel höfisch-profaner Malerei in Europa.

Rolandslied: siehe Pfaffe Konrad.

Ruhr: Infektionskrankheit. Infektionsquelle ist der Mensch, der die Bakterien mit dem Stuhl ausscheidet. Mangelnde Hygiene und verschmutztes Wasser führten im Mittelalter immer wieder zu Massenerkrankungen.

Sachsenspiegel: siehe Eike von Repgow.

Saladin: (1138–1193), Sultan von Ägypten und Syrien. 1187 eroberte er Jerusalem zurück. Gegenüber dem christlichen Gegner verhielt er sich aber großmütig und aufgeschlossen, so daß ihm auch in der abendländischen Welt große Achtung entgegengebracht wurde. Mit ihm entstand das Bild des «edlen Heiden», im Mittelalter verherrlicht in zahlreichen Dichtungen; er war Vorbild für den Sultan in Lessings «Nathan der Weise».

Schenke: siehe Erzämter.

Seifried Helbling: Sammlung von Lehrgedichten eines unbekannten Autors aus dem 13. Jahrhundert.

Sieben freie Künste: Dieser aus der Antike übernommene Bildungskanon gliederte sich in das Trivium mit den Fächern Grammatik, Rhetorik, Dialektik und in das Quadrivium mit den Fächern Arithmetik, Geometrie, Astronomie, Musik. Das ganze Mittelalter hindurch war ihre Erlernung Grundlage allen gelehrten Schaffens.

Siegfried: Held des Nibelungenlieds. Durch das Baden in Drachenblut war er bis auf eine kleine Stelle zwischen den Schulterblättern, auf die ein Lindenblatt gefallen war, unverletzlich. An dieser Stelle ersticht ihn Hagen von hinten mit einem Speer.

Sünden, läßliche: im Gegensatz zu den Todsünden schließen sie von der Gnade Gottes nicht aus, werden auch von Heiligen begangen und lassen sich nicht alle vermeiden, weil das menschliche Erkennen begrenzt ist.

Tannhäuser: (um 1205–nach 1267), Lyriker. Gönner war Friedrich II. von Österreich. Nach dessen Tod wanderte er, anscheinend völlig verarmt, in den Norden Deutschlands. Später wurde er Held der Sage vom Ritter, den Frau Venus in den Zauberberg lockt.

Templer: einer der drei Ritterorden in Palästina. 1119 gegründet. Nach dem Fall von Akkon 1291 sah er sich zunehmender Kritik ausgesetzt. 1312 wurde der Orden aufgelöst, das Vermögen fiel an den französischen König, der bereits seit 1305 die Templer als Ketzer verdammt und verfolgt hatte.

Thomasin von Zerclære: geboren um 1187, gehörte zu einer ritterbürtigen Familie im Friaul, stand in den Diensten des Patriarchen von Aquileja. Er verfaßte um 1200 eine umfassende Erziehungslehre für Adelige, den «Wälschen Gast».

Tischzuchten: didaktische Literatur des 12.–16. Jahrhunderts, die sich mit dem gutem Benehmen bei Tisch beschäftigt.

Truchseß: siehe Erzämter.

Ulrich von Lichtenstein: (1198–1275), steirischer Ministerialer mit großem Besitz und Einfluß. Er war Truchseß, Landesrichter, Landesmarschall, nahm an zahlreichen Kämpfen und Turnierfahrten teil. Seine Lieder sind im «Frauendienst» zusammengefaßt; in ihnen beschreibt er «autobiographisch» ritterliches Leben im Minnedienst.

Usâma ibn Munqidh: (1095–1188), vollständiger Name: Madschdaddîn (der Ruhm des Glaubens) Muajjadaddaula (die Hilfe des Staates) Abu l-Muzaffar Usâma ibn Murschid ibn Alî ibn Muqallad ibn Nasr Munqidh al-Kinânî al-Kalbî. Er war ein arabischer Adeliger, Ritter, Jäger, Literat, politischer Intrigant, wechselte immer wieder die Parteien, stand einmal in hohem Ansehen, ein andermal wurde er politisch geächtet und verlor sein ganzes Vermögen, darunter 4000 (!) Bücher. Auch die Gunst Saladins, in dessen Diensten er stand, verlor er und lebte den Rest seines Lebens zurückgezogen in Damaskus. Aus seinen Memoiren erfahren wir viel über das Leben in der arabischen Welt.

Usurpator: jemand, der widerrechtlich die Macht im Staat an sich reißt. Als solcher wurde Heinrich VI. von den sizilianischen Adligen bezeichnet. Er war mit der normannisch-sizilianischen Prinzessin Konstanze verheiratet. Nach dem Tod ihres Vaters hatte sie Ansprüche auf den sizilianischen Thron. Dagegen wehrte sich der sizilianische Adel und wählte einen Onkel Konstanzes, Graf Tancred von Lecce, zum König, der sowohl Unterstützung beim Papst als auch beim englischen König Richard Löwenherz fand. Graf Tancred starb aber bereits 1193, so daß sich gegen Heinrich kein ernsthafter Widerstand regen konnte, als er 1194 im Dom zu Palermo zum König von Sizilien gekrönt wurde. Doch der Haß auf den fremden Herrn blieb, 1196 entlud er sich in dem geschilderten Aufstand.

Walther von der Vogelweide: (um 1170–nach 1230), wohl der heute bekannteste mittelalterliche Dichter. Nur einmal taucht er in historischen Quellen auf, 1203 als «cantor», als Sänger, in den Diensten Bischofs Wolfger von Erla. Nach eigenen Angaben lebte er an den verschiedensten großen Höfen seiner Zeit. Sein Werk besteht aus einer Vielzahl von Minneliedern sowie religiösen Liedern und politischen Dichtungen, deren Thema aktuelle historische Ereignisse sind.

Wenzel I.: Premyslide, Vater Ottokars II.

Wernher der Gartenære: Es gibt keinerlei Lebensdaten von ihm. Vermutlich war er ein fahrender Sänger. Seine bissige Ständesatire «Helmbrecht» ist etwa im dritten Viertel des 13. Jahrhunderts entstanden.

Wilhelm von Holland: (1227/28–1256), wurde 1247 vor allem von den rheinischen Erzbischöfen als Gegenkönig zu Friedrich II. zum römischen König gewählt. Wilhelm war zwar ein tapferer Ritter, besaß aber keine Macht. Erst nach dem Tod Konrads IV. gelang es ihm, seine Herrschaft auszubauen, er mußte aber immer wieder gegen Gegner auch in der eigenen Familie vorgehen. Bei einem Heerzug gegen die rebellischen Friesen brach er in das Eis bei Alkmaar ein und wurde unerkannt erschlagen.

Willehalm: siehe Wolfram von Eschenbach.

Wolfram von Eschenbach: Nur wenig ist von seinem Leben bekannt; er selbst bezeichnet sich als *ritter*. Vermutlich stammt er aus Wolframs-Eschenbach in Franken. Seine wichtigsten Werke sind die zwei Epen «Parzival» und «Willehalm» sowie ein «Titurel»-Fragment. Auch Minnelieder sind von ihm überliefert. Er war und ist zusammen mit Walther von der Vogelweide der bekannteste mittelalterliche Dichter.

Aus der Perspektive des vierzehnjährigen Lucius erleben wir die harte Arbeitswelt der Sklaven auf einem Gutshof, den Betrieb in einer antiken Töpferei, wir besuchen mit ihm Rom, ein Wagenrennen, eine Theateraufführung. Am dritten Tag verirrt Lucius sich in den proletarischen Vierteln und bekommt die Schattenseiten dieser Hauptstadt der Alten Welt zu Gesicht. Ein packend erzähltes und von Hans-Herbert Römer informativ illustriertes Buch.

Laminierter Pappband, 220 Seiten

Carl W. Weber

Segel und Ruder

Die Welt des Meeres
bei den Griechen
Artemis

Das Meer wurde vom Volk der alten Griechen als Segen und Fluch erlebt. In neun kompetent geschriebenen Kapiteln sowie anhand vieler Illustrationen von Hans-Herbert Römer wird ein fesselndes Panorama entworfen: die große Fahrt der Argonauten, die Schiffbrüche des Odysseus, das Unwesen der Piraten, die griechische Mittelmeer-Kolonisation, der Schiffsbau, die berühmten Seeschlachten, das Abenteuer der modernen Unterwasser-Archäologie.

Laminierter Pappband, 220 Seiten